Wolf Lotter
Unterschiede

Wolf Lotter

UNTERSCHIEDE

Wie aus Vielfalt Gerechtigkeit wird

Bibliografische Information der Deutschen Nationalbibliothek

Die Deutsche Nationalbibliothek verzeichnet diese Publikation in der Deutschen Nationalbibliografie; detaillierte bibliografische Daten sind im Internet unter http://dnb.d-nb.de abrufbar.

© Edition Körber, Hamburg 2022

Umschlag: Groothuis, www.groothuis.de
Covergestaltung und Illustration: Ralf Nietmann|
www.ralfnietmann.de
Herstellung: Das Herstellungsbüro, Hamburg|
buch-herstellungsbuero.de
Druck und Bindung: CPI – Clausen & Bosse, Leck
Printed in Germany

ISBN 978-3-89684-293-0

Alle Rechte vorbehalten

www.edition-koerber.de

*»Always remember that you are absolutely unique.
Just like everyone else.«*
MARGARET MEAD

Für Katharina

Inhalt

I. Unterscheidung
Die wichtigste Kraft der Wissensgesellschaft 9

II. Inventur
Über den Anfang des Aufbruchs 43

III. Gerechtigkeit
Warum Gleichheit nicht gerecht ist 111

IV. Wettbewerb
Finden, was ich wirklich, wirklich will 171

V. Versöhnung
Wie wir lernen, den Unterschied zu lieben 243

Anmerkungen 309

I. Unterscheidung

Die wichtigste Kraft
der Wissensgesellschaft

»Bene docet, qui bene distinguit.«
»Gut lehrt, wer die Unterschiede klar darlegt.«
LATEINISCHES SPRICHWORT

Ermutigung

Wir leben in Zeiten der großen Transformation von der Industrie- zur Wissensgesellschaft. Manches verändert sich dabei spürbar. Der weitaus größere Teil dieser Veränderung aber schleicht sich nahezu unbemerkt in unser Leben, in unsere Arbeit, in unsere Kultur und beeinflusst so die Art, wie wir die Welt verstehen. Je bewusster wir uns all dieser Entwicklungen werden, desto erfolgreicher wird die Veränderung verlaufen. Die Verbesserung der Welt ist kein Zufall und kein Schicksal.

Das Neue ist, was den Unterschied macht. Die Innovation, die Überraschung, die Unterbrechung. Es ist jene »schöpferische Zerstörung«, die der Ökonom Joseph A. Schumpeter als die treibende Kraft des Kapitalismus begriff. Aber sie ist natürlich weit mehr als nur auf dessen Varianten oder auch nur auf die Ökonomie begrenzt. »Der Mensch spürt nur den Unterschied«: Dieser Sigmund Freud zugeschriebene Satz macht klar, was wir uns vergegenwärtigen sollten: Wir sehen nicht nur den Unterschied. Wir machen ihn auch. Wir sind der Unterschied.

> Wir sehen nicht nur den Unterschied. Wir machen ihn auch. Wir sind der Unterschied.

Wir können gar nicht anders. Das ist das Wesen unseres Bewusstseins. Alles Lernen, Lieben, Verstehen erwächst aus diesem Kern. Jedes Talent und jede Qualität erklärt sich aus dem Unterschied. Wie kommt es dann, dass der Unterschied einen so schlechten Ruf hat?

Vielleicht, weil aus denen, die einst angetreten waren, den Unterschied zu machen, schöpferisch zu zerstören und zu erneuern, Etablierte geworden sind. Und das Establishment sich naturgemäß in Routine übt. Weil es bewahren will, sagt es: Never change a running system, und unterschlägt dabei konsequent die eigentliche Frage: Für *wen* läuft das System? Für wen nicht? Auch hier verstellen verborgene Interessen und Moral den Blick. Fragen wir in der Transformation doch vernünftiger: Was soll bleiben? Was soll kommen? Jede Form von Politik lebt davon, einen Unterschied zu machen, nicht etwa in Gleichförmigkeit zu erstarren.

> Unterscheiden heißt Erkennen, und Erkennen ist der Anfang des Aufbruchs.

Unterscheiden heißt Erkennen, und Erkennen ist der Anfang des Aufbruchs. Das ist der Unterschied, um den es in diesem Buch geht. Eine Ermutigung, sich nicht vor der Kompliziertheit des Neuen zu fürchten, sondern sich vielmehr klarzumachen, dass Innovationen und Erneuerungen uns helfen, ein besseres Leben zu führen. Und dass dieses bessere Leben unendlich viele Facetten birgt und eben nicht vereinheitlicht werden kann. So ist es auch gegen den furchtsamen, teils auch manipulativen Zeitgeist geschrieben, der Einheit beschwört und Einfalt erhält. Es ist ein Appell für echte Diversität, für die Einzelgerechtigkeit statt vereinfachender Zuschreibungen und Kategorisierungen, wie etwa männlich/weiblich/divers.

Es ist ein Buch für eine Gerechtigkeit, die sich nicht durch Formalitäten, Regeln oder Verallgemeinerungen definiert. Eine menschengerechte Gerechtigkeit ist nicht buchstabentreu. Unterschiede finden sich jenseits der einfachen Antworten.

Dieses Buch fordert auf, alte Regeln zu brechen und an ihre Stelle jene neuen zu setzen, die dem Individuum gerecht werden und nicht einer Ideologie. Es ist ein optimistisches Buch selbst dort, wo es die Grausamkeiten und Irrtümer totalitärer Kollektive beschreibt, denn der Autor ist fest davon überzeugt, dass nur ein realistisches Menschenbild eine bessere Entwicklung ermöglichen kann. An die Stelle des Zweckoptimismus soll hier also Ingeborg Bachmanns Wort von der *Wahrheit, die dem Menschen zumutbar ist,* treten.

> **Eine menschengerechte Gerechtigkeit ist nicht buchstabentreu.**

Es ist ein zuversichtliches Buch für alle, die sich nicht damit zufriedengeben, nur als Teil des Ganzen definiert zu werden. Es wird hoffentlich deutlich werden, dass jede Vereinfachung die Schönheit der Vielfalt nur verdeckt, dass das Zeitalter der grauen Einheitlichkeit überwunden werden muss – vor allem ihre Denkart und ihre Kultur. Wir werden sehen, dass es sich lohnt, anders zu sein und das Anderssein zu verteidigen, dass Grenzen nicht schlecht sind, wenn wir sie als Merkmal der Unterscheidung zu nutzen verstehen – nicht als unüberwindliche Barrieren, sondern als Leuchttürme unserer Existenz und der Schönheit der Welt. Denn das ist, was uns die Unterschiede lehren, ja der Grund, warum es sie gibt: wie schön es doch ist, wie wunderbar, sie zu bemerken.

Hochauflösend

Die Geschichte der menschlichen Kultur ist die ihrer Erfindungen. Dabei geht es nicht allein um Werkzeuge und Technik, Methoden oder Formeln, sondern vor allen Dingen darum, all diese Ideen und Erneuerungen, Verbesserungen und Verfeinerungen der menschlichen Natur jeweils richtig zu nutzen, aber eben auch darum, ihren Sinn zu verstehen. Es geht also nicht nur um den Zweck eines Mittels, etwa die Vereinfachung von Arbeit durch ein Werkzeug, sondern auch um den beiläufigen Sinn, also das, was uns die Kulturtechnik der Idee zu sagen hat. Es ist leichter, etwas zu benutzen, als dessen Sinn zu verstehen. Wenn die Dinge sprechen könnten, was würden sie uns heute sagen? Zum Beispiel einem Menschen, der vor einem hochauflösenden Bildschirm sitzt, der in 4- oder gar 8K-Auflösung jedes noch so feine Detail zu einem Ganzen zusammenführt?

Die Antwort lautet: Es kommt darauf an, was wir gelernt

haben. Für die einen ist der Blick auf einen hochauflösenden Monitor am Smartphone oder Computer gerade der Beweis dafür, dass alles irgendwie eins ist – eine Einheit also, die umso fester erscheint, je brillanter ihr Bild erstrahlt.

Für andere wiederum bedeutet High Definition eben nicht Amalgam und Einheit, weil sie um die Grundlage des schönen Scheins wissen: Es ist das Detail, ein jeder Bildpunkt in Abermillionen Farben, in unzähligen Varianten. Die eine Sicht auf den Bildschirm ist die von gestern, aus dem Zeitalter der Einheit, Norm und kollektiven Nivellierung. Der andere Blick macht den Unterschied. Er weiß um die Diversität und Komplexität der Welt. Sein Fokus liegt auf der Wissensgesellschaft, auf einem besseren Morgen, in dem nicht mehr Gleiches gerecht ist, sondern das, was dem Einzelnen gerecht wird. Im Sinne dieser Transformation ist der Unterschied die Kraft hinter Innovation, Vielfalt, Wohlstand und Menschlichkeit.

Selbstreflexion

Zum Elend moderner Gesellschaften gehört es, auf sozialer und kultureller Ebene nicht zu verstehen, was technisch längst vollzogen ist. Unser Bewusstsein hinkt unseren Möglichkeiten, die wir selbst geschaffen haben, hinterher. Es wird Zeit, dass wir den Blick auf uns selbst in höchster Auflösung richten. Fangen wir an, Unterschiede zu sehen. Machen wir unserer Fehlsichtigkeit ein Ende.

Alle reden von Vielfalt, von *Diversity*. Aber was ist das eigentlich? Jede einfache Antwort darauf ist falsch. Vielfalt und Diversität werden zum Paradox, wenn man versucht, sie auf Regeln, Normen und Standards festzulegen. Das gilt für Sprache und Organisationen gleichermaßen. Vielfalt lässt sich nicht einhegen, kontrollieren oder verordnen. Dieses Buch will dazu anregen, den Umgang mit der wichtigsten Kraft der Wissensgesellschaft zu kultivieren: der Unterscheidung. Unterscheidung macht uns zu Menschen, und nur wer den Unterschied spürt, kann diese Welt zum Besseren verändern. Wir haben gelernt, uns einzufügen, die Einheit zu bejubeln. Die Wissensgesellschaft braucht aber genau das Gegenteil davon: Menschen, die den Unterschied machen. Die zeigen, dass sie anders und stolz auf dieses Anderssein sind. Der Unterschied ist unser Freund.

> Alle reden von Vielfalt, von *Diversity*. Aber was ist das eigentlich? Jede einfache Antwort darauf ist falsch.

Auf den ersten Blick mag das reichlich banal klingen. Müssen wir nicht jeden Tag, jede Minute eine Sache von der anderen unterscheiden? Ist nicht alles, was wir wahrnehmen, letztlich darauf gebaut? Ist es nicht geradezu ein Merkmal bewussten Denkens, einen Gedanken vom anderen zu unterscheiden?

Zweifellos.

Und dennoch gehen wir in unserer Welt, die vom industrialistischen Denken – der Kultur der vergangenen 250 Jahre – geprägt ist, mit den Unterschieden schlecht um. Wir unterscheiden nicht, um mehr zu erkennen, sondern um auszugrenzen.

Vielfach halten wir den Unterschied deshalb für ungerecht und unfair. Doch anstatt sich über den Sinn der jeweiligen Unterscheidung schlauzumachen, suchen wir allzu oft lieber das, was wir schon kennen – unterschiedslos immer das Gleiche, und dabei geht der Reiz des Originellen verloren. Ähnlichkeit ist gefragt, am besten in Übereinstimmung im Denken und Handeln, und längst auch im Reden. Das scheint Sicherheit zu verleihen in einer Welt, die man kompliziert nennt, weil man ihre Komplexität nicht gelernt hat zu erschließen. Das ist gefährlich und ein guter, vielleicht der beste Grund für Tyrannen und Dogmatiker, frohen Mutes in die Zukunft zu sehen. Wo sich nichts mehr unterscheidet, alles gleich ist, herrscht Gleichgültigkeit.

> Wo sich nichts mehr unterscheidet, alles gleich ist, herrscht Gleichgültigkeit.

Was heißt das in einer globalen Wirtschaft, in Gemeinschaften der Vielfalt, die heute in jeder kleineren Stadt entstanden sind? Was bedeutet das für die Suche nach Innovationen und Lösungen in unserer krisengebeutelten Welt? Das bedingungslose Festhalten an Einheit und Bekanntem kommt hier nicht nur einer Vollbremsung gleich, es bedeutet geradezu das Einlegen des Rückwärtsgangs.

Aus einem Schritt vorwärts, zwei zurück – der selbstkritischen Phrase des russischen Revolutionsführers Lenin – ist ein ängstlicher Dauerlauf ins Einheitliche geworden. Zurück in ein Zeitalter, das nie wiederkommt – und das auf Unterschied verzichtete, weil sich damit schlecht kontrollieren, manipulieren und regieren ließ: zurück in den Industrialismus.

Erst durch den Unterschied werden wir zu Persönlichkeiten, die Selbstbestimmung erlangen können, um selbstverantwortlich zu entscheiden und zu handeln. Das Unterscheiden ist die *Conditio humana* schlechthin. Gerade deshalb muss man über sie grundsätzlich reden.

Die Vielfaltsmaschine

Wir fragen eine Menge nach, wollen Grundlagen verstehen, damit wir lernen, mit Unterschieden richtig umzugehen – kein einfaches Unterfangen, das sei gleich gesagt. Denn auch wenn wir ohne Unterschiede nicht leben können, hat unsere Kultur Muster entwickelt, die das geschickt verbergen – und uns in der Scheinsicherheit wiegen, dass es so etwas wie ein einheitliches Denken und Empfinden gäbe.

Und es ist ja nicht nur der Mensch, der den Unterschied spürt, auch die Natur setzt ihn als Mittel aller Entwicklung ein. Die Evolution ist eine Unterscheidungs- und Vielfaltsmaschine, ein unermüdliches System der Differenzierung, die immer neue Vielfalt schafft – und damit das Leben in seiner ganzen Fülle erst möglich macht. Dahinter steckt weder ein Bauplan noch eine Methode. Es ist ein vielfältiges Experiment ohne Ende, bei dem es stets darum geht, Unterscheidbarkeit an die Stelle vermeintlicher Perfektion und Endgültigkeit zu setzen. Die Natur unterscheidet, das ist ihr Wesen.

Selbst die größten Anhänger des Einheitsdenkens können sich nicht nicht von anderen unterscheiden. Die Unterschiede in den Kulturen und Schichten sind ein alter Quell von Auseinandersetzung und Streit, auch immer wieder neuer Distinktion, dem Bemühen, sich von den anderen abzuheben – und sich damit persönlich kenntlich zu machen. Das gilt in der Wirtschaft, in der Kultur ebenso wie in der, oder besser: *den* Gesellschaften.

Die klaren und offensichtlichen Unterschiede wie all jene, die der französische Soziologe Pierre Bourdieu sozialkritisch als »feine Unterschiede« beschrieben hat – bestimmen unser Leben.[1] Wir vergleichen und werden verglichen. Wir nehmen Maß und werden gemessen. Wir unterscheiden und grenzen ab.

Nichts davon wäre an sich unmoralisch oder schlecht, würde es in unserer Gesellschaft nicht die Mechanismen der Macht beschreiben, die sich der Differenz als Mittel zur Ausgrenzung bedienen.

> Wir vergleichen und werden verglichen. Wir nehmen Maß und werden gemessen. Wir unterscheiden und grenzen ab.

Grenzen, das gleich vorweg, sind wichtig. Gerade die

I. Unterscheidung 19

Kenntnis klarer Grenzen und der Verschiedenartigkeit sorgt dafür, dass man offen mit Differenz umgehen kann. Anders zu sein ist kein Makel, außer, man lebt in einer Gesellschaft, in der das Anderssein bereits als Verrat an den jeweils definierten Werten gilt oder, ebenso häufig, das Andere, Fremde eine negative Konstruktion darstellt. Auf solcher Grundlage stehen Rassismus und Ausgrenzung.

Ausgrenzung und Einheitswahn befeuerten die Totalitarismen des 19. und 20. Jahrhunderts. Sie alle haben ihre Ursache in einem kulturellen Irrtum, der nicht nur im Westen verbreitet ist, hier aber vielfach als Normalität vorausgesetzt wird: dass Übersichtlichkeit und Gleichheit etwas Erstrebenswertes wären. Tatsächlich ist das, wie wir noch sehen werden, nicht nur falsch, sondern bewirkt auch das Gegenteil.

Die Massengesellschaft

Unterschiede stören unsere Denkbequemlichkeit und nähren die falsche Vorstellung, die Welt sei aus einem Guss. Darin, dass Einheit etwas Gutes sei, Differenz aber zumindest den Keim des Chaos, wenn nicht der Zerstörung, in sich trage, ist sich die gelebte Alltagskultur in den »Industrienationen« im Großen und Ganzen einig. In Deutschland hat man dazu eine, dem Einheitskult des Landes gemäße, moderne Volksweisheit geschaffen: Was nicht passt, wird passend gemacht.

Doch wir leben längst in einer Wissensgesellschaft, in der gelebte Differenz, Netzwerke, Originalität und Persönlichkeit unseren Wohlstand und unsere Kultur prägen. In ihr wird die stete Abwehr von Entwicklung und Unterscheidungsfähigkeit, wie sie im »Passendmachen« zutage tritt, zum Problem, denn nun kollidiert die Welt der Differenz und der Diversität mit jener Einheitsvorstellung, in der es sich so viele gemütlich gemacht haben. Deutschlands Einheitskult ist etwas Besonderes: Bis heute wird die »Kleinstaaterei«, also die politische Vielfalt, die vor der Gründung des Deutschen Reiches 1871 herrschte, als Zeit des Chaos beschworen. Die meisten folgen dabei der guten alten und bis heute wirksamen Propaganda Otto von Bismarcks. Dass Einheit gleich Gerechtigkeit ist, wird man kaum irgendwo so sehr im moralischen Kanon eines Landes wiederfinden wie in Deutschland – in allen politischen Lagern zudem. Differenz darf es vielleicht in der Folklore geben – Seefahrerromantik in Hamburg, Lederhose in München –, aber ansonsten wird stramm darauf geachtet, dass anderes, abweichendes Verhalten eingenordet wird. Deutschland hat eine geradezu eiserne Industriekultur – und die wurzelt eben in jenem Massenbewusstsein und jener Einheitsdenke, die regelmäßig für gewaltigen Schaden und Irrtümer sorgt.

Massenpsychose

Die im Zuge der Industrialisierung entstandene Massengesellschaft verfügt über eine eigene Massenpsychologie, wie sie der französische Arzt, Kulturwissenschaftler und Psychologe Gustave Le Bon[2] bereits in den 90er Jahren des 19. Jahrhunderts – vielfach bis heute – zutreffend charakterisiert hat. In der Industriegesellschaft, so seine sozialpsychologische Analyse der Massen, habe »die Organisation ihre Kraft ins Ungeheure gesteigert«. Diese Kraft aber, die in der Regel gewalttätig auf jede Abweichung reagiert, gab es in Gesellschaften immer schon.

In seinem ersten Kapitel des bahnbrechenden Buches »Psychologie der Massen« schreibt Le Bon deshalb von der »Massenseele« und dem »psychologischen Gesetz von ihrer seelischen Einheit«. Dabei geht es Le Bon um ein Phänomen, das man immer wieder beobachten kann: Menschen, die in Massen aufgehen – oder aber auch nur in Gemeinschaften –, verhalten sich dort anders, als sie es als Individuen tun würden. »Unter bestimmten Umständen«, schreibt Le Bon, »besitzt eine Versammlung von Menschen neue, von den Eigenschaften der einzelnen, die diese Gesellschaft bilden, ganz verschiedene Eigentümlichkeiten. Die bewusste Persönlichkeit schwindet, die Gefühle und Gedanken aller einzelnen haben sich nach derselben Richtung orientiert.«[3]

Es würde sich eine »Gemeinschaftsseele« bilden, eine »psychologische Masse«. Und so finde man unter den »wildesten, grausamsten Konventmitgliedern gutmütige Bürger, die unter normalen Verhältnissen friedliche Notare oder ehrsame Bürger geworden wären«.[4] Das kennt man aus allen Massenbewegungen und Revolutionen, aus Sekten und Religionen, so tickten die biederen Familienväter im »Dritten Reich« an der Front und als KZ-Aufseher, als SS-Mitglieder oder, auf der anderen Seite der möglichen Totalitarismen, in den sowjetischen Gulags Josef Stalins. Es gehörte zu jenen unerhörten Entdeckungen nach den Grausamkeiten der Diktaturen des 20. Jahrhunderts – und es gehört nach wie vor zur Geschichte kollektiver Gewalttaten –, dass sich die einzelnen Täter so oft als besonders »normal« herausstellen, als durchaus feinsinnige Individuen, die in der Gruppe doch zu jeder Unmenschlichkeit bereit sind, ganz so, als ob sie durch den Eintritt in die Masse all ihre Verantwortlichkeit verlieren würden. Am treffendsten hat Hannah Arendt diesen Typus des Gemeinschaftsmörders als »Schreibtischtäter« am Beispiel Adolf Eichmanns[5] beschrieben. Es geht darin um die Frage der persönlichen Verantwortung. Selbstverantwortung, die zur Selbstbestimmung und Emanzipation gehört und von ihr nie getrennt werden kann, ist die Grundlage jener positiven Differenz, von der in diesem Buch die Rede ist.[6]

> Wer sich in die falsche Einheit begibt, kommt darin um, noch öfter aber trifft es dabei die Anderen.

Wer sich in die falsche Einheit begibt, kommt darin um, noch öfter aber trifft es dabei die Anderen. Und selbst

I. Unterscheidung

wenn es nicht um die nackte Existenz geht, sind die Schäden, die das Einheitsdenken und der Kollektivismus bis heute anrichten, flächendeckend und gewaltig. Sie betreffen diese wie die nächsten Generationen.

Gefährliche Einheit

Das Einheitsdenken verbaut Zukunft, suggeriert ein Weiter-so!, wo längst Alternativen zum Bekannten fällig wären. Regeln und Normen, Standards und Richtlinien sind gut, wenn man weiß, was sie sind: Hilfsmittel und Werkzeuge, die nicht einem Selbstzweck dienen, sondern im Geist der Moderne, Demokratie und Aufklärung die Freiheitsräume der Einzelnen schützen sollen. Sie dienen nicht der Gleichmacherei, sondern der positiven Diskriminierung, jener Einsicht also, dass Differenz und Unterschied nützen und nicht schaden.

Wo man alles und alle »über einen Kamm schert«, kann nichts Neues entstehen. Selbst dort, wo man damit die besten Absichten hegt. Auch die letztlich tollwütigen Mitglieder des Wohlfahrtsausschusses der Französischen Revolution, die biederen Konventsmitglieder, von denen Le Bon berichtet, haben es ja »nur gut gemeint«. Keine Einheitsdiktatur hat jemals etwas anderes behauptet. Ausgegrenzt, gemordet, systematisch vernichtet wurde ja offiziell nicht etwa aus Machtgier und sadistischer Gewalttätigkeit, sondern, »um das Gute gegen das Böse zu bewahren«. Mit diesem Motto zog man in den Dschihad, in die Kreuzzüge, nach Auschwitz, in die Gulags und in die Kulturrevolution. Um die Welt besser zu machen, mussten erst die Unterschiede beseitigt werden, die Menschen also, ausgelöscht und nivelliert. Die Liquidation des Unterschieds endet immer im Massenmord.

Kernwert Vielfalt

Deshalb muss man den richtigen, den positiven Unterschied, der gleichbedeutend mit der Freiheit und dem Recht auf Andersartigkeit ist, als Kernwert der Demokratie und der Zivilgesellschaft verteidigen, mit jener Bedingungslosigkeit, mit der sich die Feinde des Unterschieds an ihm zu schaffen machen. Das gilt ganz besonders im Zeitalter der Digitalisierung und der Netzwerke, in denen einerseits die Chancen groß sind wie nie, der Differenz eine glänzende Rolle in der Geschichte zu verleihen und menschengerechte Arbeit und Entwicklung voranzutreiben, andererseits aber auch die Gefahren einer neuen Vereinnahmung unübersehbar sind.

Schon ein paar Jahre Wohlstandsgesellschaft nach dem Zweiten Weltkrieg genügten, um eine nach Vielfalt rufende, Selbstbestimmung fordernde und durchaus aufmüpfige Generation, die 68er, hervorzubringen, mit allen Widersprüchen, aber auch den bleibenden Einflüssen, die wir dieser Abweichung verdanken. Die aktuellen

Generationen wissen gut, dass die Muster der Anpassung und der Gleichmacherei für die Digitalisierung und die Wissensgesellschaft nicht mehr funktionieren. Paradoxien gibt es auch hier, ohne Ende. Einerseits wünscht man sich die sichere materielle Einheitsversorgung der Alten, andererseits zeigen die Jugendbewegungen von heute deutlich, dass man weit weniger auf die Kontinuität von Lebensvollzügen setzt als noch in den Generationen zuvor. Die Einsicht, dass nichts von Dauer ist und damit Unterschiede gut erkennbar bleiben müssen, weil sie Chancen und Möglichkeiten bergen, hat sich herumgesprochen. Man kann das an der Erosion der einst so stabilen, normierten Werte der Volksparteien erkennen: Die Parteien waren Kinder der Massengesellschaft und des Einheitsdenkens. Hier die Parteilinie, dort die »Abweichler«, wie man alle sich vom Mainstream Unterscheidenden verächtlich nannte. Damit ist im Wortsinn kein Staat mehr zu machen. Wo es keine Einheit mehr gibt, reicht eine politische Identität nicht mehr aus. Und auch die Identitäten, die an ihre Stelle treten, geraten zunehmend unter den Druck des Individuums. Das muss man verstanden haben, um zu erkennen, dass es nie wieder so wird, wie es war: so scheinbar übersichtlich, weil man Alternativen einfach ausgrenzte. Ein Politikmodell dieser Transformation liefern zweifelsohne die Grünen, die eben jene neue Volkspartei repräsentieren, die weitaus breiter und mit weitaus mehr Differenz und Divergenz ausgestattet ist als die alten Volksparteien. Das sorgt für Reibungen, denn die Muster der Auseinandersetzungen sind ja noch auf das alte Entweder-oder gebaut, das keine Abweichungen duldet. Zivilgesellschaft, die nächste Entwicklungsstufe der Demokratie, baut aber auf dem friedlichen und kooperativen Nebeneinander der Unterschiedlichen. Das ist kein Chaos, sondern ein getreues Abbild der Vielfalt, die uns ausmacht. Gemeinschaft wird zu Gemeinschaften.

Pars pro toto

Die Sozialwissenschaften haben das schon vor einiger Zeit erkannt – sie sprechen nicht mehr von der Gesellschaft, sondern von Teilsystemen. Damit erklärt man sich das Ganze, auch wenn es nur mehr ein Teil ist, als ein Prinzip, das an die Stelle der alten Einheit, des alles Erklärenden, Umfassenden, Ganzen – in toto – das Pars pro toto stellt: Der Teil steht für das Ganze.[7] Wer mit dem Kopf noch in der alten Welt des in toto, der industriellen Ganzheit, steckt, dem erscheinen Gemeinschaften eben als Pflichtveranstaltungen. Man muss mitmachen, oder man ist draußen. Die neue Welt hingegen ist eher als Netzwerk organisiert. Hier sind autonome oder wenigstens voneinander weitgehend unabhängige Teile, die freiwillig kooperieren und zusammenarbeiten, zeitgemäßer. Die Komplexität der Welt wird nicht geleugnet, ignoriert oder feindselig ausgegrenzt, sondern als Realität anerkannt, der man sich jeweils erschließend nähert. Logischerweise erkennt man dabei das Andere leichter an. Differenz erscheint nun nicht mehr als Störung, sondern als Normalität, und um mit dem oder den Anderen in Beziehung zu treten, muss man sich mit ihnen verständigen, kommunizieren, einen Kontext finden. Das ist das Merkmal einer wachsenden Vielfaltskultur, bei allen Schwierigkeiten, Rückschlägen, ja zuweilen auch Rückschritten, die sie zu verkraften hat. Aber letztlich setzt sich das Prinzip des guten Unterschieds durch. Er ist es, der uns hier interessiert, weil die wahre Welt, nicht die zurechtgebogene, auf ihr beruht.

Disruptionsalarm

In der Einheitsgesellschaft, der Welt in toto, ist der Unterschied eine Bedrohung. In der Wissensgesellschaft, der Welt der Differenz, ist er gelebter Alltag.

Unterscheiden wir also, um etwas auszuschließen, etwa das Bekannte vom Unbekannten auszusperren, das Bewährte von der Innovation zu trennen, die eigene kulturelle und soziale Identität gegen die »der Anderen« abzugrenzen? Oder aber unterscheiden wir, um zu erkennen, zu lernen und damit Möglichkeiten und Varianten zu respektieren?

Machen wir einen inklusiven oder exklusiven Unterschied? Differenzieren wir, um dazuzulernen – oder um das bereits Gelernte zu verteidigen?

In der Wissensgesellschaft, in der Individualisierung, Selbstbestimmung, Originalität und das stete Suchen nach jeweils passenden Lösungen die Ökonomien, die Gesellschaften und Kulturen prägen, hängt von einer Kursänderung in der Einstellung zum Unterschied viel, wenn nicht alles ab. Vielfältige, multikulturelle Gesellschaften sind komplexer als andere. Will man sich nicht mit dem verbreiteten Phänomen identitätspolitischer und identitärer Bubbles zufriedengeben, genügt es nicht, Parallelgesellschaften als gegeben hinzunehmen; man wird sich die Frage stellen müssen, wie wir uns der Vielfalt und Diversität gegenüber verhalten.

> Machen wir einen inklusiven oder exklusiven Unterschied? Differenzieren wir, um dazuzulernen – oder um das bereits Gelernte zu verteidigen?

Der mittlerweile in vielen Feldern und Themen gebräuchlich gewordene Begriff der Disruption war ursprünglich im Zusammenhang mit dem Schlagwort der »Disruptiven Technologien« von Clayton M. Christensen verwendet worden. Christensen, ein Wirtschaftswissenschaftler an der renommierten Harvard Business School, hatte damit in seinem Buch »The Innovator's Dilemma«[8] eine Theorie jener »bahnbrechenden Innovationen« beschrieben, an denen etablierte Technologien zerbrechen. Bemerkenswert an Christensens Arbeit ist nicht der Umstand, dass das Neue das Alte ablöst, sondern *wie* das geschieht. Der Prozess der Disruption verläuft in der Technologie wie in der Kultur vornehmlich durch Ausgrenzung und Nichtbeachtung des Neuen. Man ignoriert »das Andere«, weil man sich mit dem »Eigenen« ungestört weiter beschäftigen möchte. Disruptive Erscheinungen, die zu den deutlichsten Merkmalen der Transformation von der Industrie- zur Wissensgesellschaft gehören, sind damit keineswegs auf schiere ökonomische oder technologische Ebenen beschränkt. Ihre Existenz verdanken sie einem kulturellen Grundmuster, bei dem der Unterschied – und die potenziell vorhandene Fähigkeit zur Unterscheidung – nicht dazu verwendet wird, dass man etwas Neues erkennt und es an und für sich verstehen (oder etwa auch: nutzen) lernt, sondern es ausschließt. Exklusives Differenzieren ist ein Grundmuster unserer Kultur.

Überraschung

Exklusives Differenzieren lässt sich auch mit dem Phänomen der Überraschung erklären. Wie jedes Kind weiß, gibt es dieses Phänomen in zwei grundlegenden Ausprägungen: die schlechte Überraschung, weil etwas Unerwartetes, Neues, noch Unbekanntes und damit Unerschlossenes auftritt, das uns nicht »in den Kram« passt. Oder eine Überraschung, die wir, nach anfänglichem Staunen, in Neugier und Erschließung umwandeln. Aus einem Defizit, der Störung, wird so eine Chance, die uns, richtig genutzt, weiterbringt. Das ist es, was wir umgangssprachlich als »Aufgeschlossenheit« bezeichnen, als Offenheit.

Der Harvard-Psychologieprofessor Jérôme Bruner, der unter anderem als Berater der US-Präsidenten John F. Kennedy und Lyndon B. Johnson tätig war, erkannte den Zusammenhang zwischen positiver Überraschungsfähigkeit und konstruktiver Unterscheidung. Bruner schreibt: »It is the unexpected that strikes one with wonder or astonishment. It need not be rare or infrequent or bizarre and is often none of these things. Effective surprises are rather obvious when they occur, producing a shock of recognition following which there is no longer astonishment.«[9]

Da sind wir wie vom Blitz gerührt, stehen erstaunt vor dem Neuen, vielleicht sogar schockiert, doch dann geht es darum, zu differenzieren, im besten Sinne also zu unterscheiden, worauf wir uns nun einlassen: Machen wir auf oder zu? Stellen wir neugierige Fragen, oder schließen wir die Tür? »Das wahre Geschenk der wirklichen Überraschung«, schreibt Bruner, »ist, dass sie uns über die herkömmlichen Wege zum Verständnis der Welt hinausführt.«[10]

> Das konstruktive Unterscheiden öffnet uns also die Welt. Und das ist mehr als ein bildungsbürgerliches Ideal. In einer Wissensökonomie hängen davon Wohlstand und sozialer Friede, ja das Glück der großen Zahl ab.

Das konstruktive Unterscheiden öffnet uns also die Welt. Und das ist mehr als ein bildungsbürgerliches Ideal. In einer Wissensökonomie hängen davon Wohlstand und sozialer Friede, ja das Glück der großen Zahl ab.

I. Unterscheidung

Innovation und ihre Zusammenhänge

Die beiden Bücher, die mit diesem Buch in vielerlei Hinsicht verwandt sind, tragen den Titel »Innovation. Streitschrift für barrierefreies Denken« und »Zusammenhänge. Wie wir lernen, die Welt wieder zu verstehen«.[11] In beiden Büchern war der Autor bemüht, eine Skizze der im Entstehen begriffenen Wissensgesellschaft zu zeichnen und vor allen Dingen zu unterscheiden zwischen dem, woran wir uns gewöhnt haben, und dem, was wir verstehen müssen, um die Transformation von der Industrie- zur Wissensgesellschaft im Wortsinn zu begreifen.

In »Innovation« stand die Frage im Mittelpunkt, was denn eigentlich das Neue ist – und dass es, wie hoffentlich gezeigt wurde, wesentlich wichtiger ist, die Erneuerung als kulturellen und sozialen Prozess zu verstehen denn als technologischen. Wer der »Falle« unserer bisherigen Kultur entrinnen will, die darin besteht, das Bewährte und Bekannte routiniert abzuhandeln, statt sich Neuem und Unbekanntem zuzuwenden, weil es freilich auch neue Möglichkeiten und Lösungen auf große und kleine Probleme unserer Zeit bietet, wer der Denknorm und der Logik des Weiter-so! neugieriges Fragen entgegensetzt, dem erschließt sich bereits die wichtigste Eigenschaft der Wissenskultur: die Entdeckung, dass hinter dem, was man kennt, immer noch etwas steckt, was sich zu wissen und zu verstehen lohnt.

»Innovationen sind die berechtigte Hoffnung auf eine

bessere Welt«, so steht es in und über diesem Buch. Insofern handelt der erste Band der dreiteiligen Reihe, die hier entstanden ist, von der Freude am Wissenwollen, der Neugierde, aber auch der Fähigkeit, anderen dieses Wissen zuteilwerden zu lassen – und ihnen eigenes Wissen zu ermöglichen.

Daran knüpft der Essay »Zusammenhänge. Wie wir lernen, die Welt wieder zu verstehen« unmittelbar an. Zu den Fragen, wie man das Neue in einer komplexen Welt beurteilen soll und wie man das »Neue in die Welt bringt«, gesellt sich – jedenfalls nach der Logik des Autors – die Frage, in welcher Form dies am besten für alle Beteiligten geschieht. Die Welt der Arbeitsteiligkeit und der Wissenschaft hat uns enorme Erfolge beschert, aber auch einen Haken: Sie ist so unverständlich wie die alte Welt der Religionen und des Schicksals, die die Welt vor dem Aufbruch der Naturwissenschaften beherrscht haben (und noch lange und zuweilen bis heute beherrschen). In der alten Welt war man dem Schicksal, dem Glauben und der Ohnmacht ausgeliefert. Man wurde in eine Lage hineingeboren, aus der es kaum eine Möglichkeit des Entrinnens gab.

Die Aufklärung hat dafür gesorgt, dass das Schicksal nicht mehr die entscheidende Kraft dieser Welt ist. Aber an ihre Stelle trat eine Ohnmacht, die viele in der »modernen Welt« verspüren. Die Zusammenhänge sind nicht mehr erkennbar. Und damit ist auch die Möglichkeit, eigenständig und selbstbestimmt zu entscheiden, was man tut und lässt, wenigstens stark eingeschränkt, wenn nicht völlig unmöglich geworden. Am Ende einer langen Entwicklung, so scheint es, sind wir so klug wie zuvor – also gar nicht –, und das nährt bei vielen Menschen heute jenen in jeder Hinsicht fatalen Konservatismus, der die letzten Tage der Industriegesellschaft kennzeichnet. Weil man nicht weiß, ob überhaupt Besseres nachkommt, versucht man zu retten, was man kann, aus dem, was da ist. Das freilich ist nicht nur für künftige Generationen zu wenig.

Wer glaubt, die Zeit zurückdrehen zu können, darf sich nicht wundern, unsanft geweckt zu werden. Das liegt in der Natur der Sache. Deshalb erinnert das Buch »Zusammenhänge« an zwei wesentliche Formeln der Wissensgesellschaft: »Um Wissen produktiv zu machen, müssen wir lernen, sowohl den Wald als auch die Bäume zu sehen. Wir müssen lernen, Zusammenhänge herzustellen«[12], so hat es Peter Drucker in seinem Text »Die postkapitalistische Gesellschaft« vor Jahrzehnten gesagt. Wer selbstbestimmt handeln will, der braucht diese Einsicht ebenso wie jene des Philosophen Konrad Paul Liessmann, der Wissen nur dort am Werke sieht, wo etwas »verstanden und erklärt«[13] werden kann.

Es geht, so der Tenor von »Zusammenhänge«, nun darum, seine Einstellung zum Wissen zu hinterfragen und zu verändern. Nicht mehr die Reduktion der Komplexität hilft uns weiter, sondern nur mehr deren Erschließung. Das sagt sich so leicht, aber man muss zunächst verstehen, auf welcher Tradition der Reduktionismus und das universalistische Denken stehen: Fast nichts, was wir im Westen und in den vom Westen beeinflussten Kulturen denken und tun, kann sich diesem unsichtbaren, allgegenwärtigen Muster entziehen. Wissen, das zur Routine geworden ist, zum Teil der Kultur und das man für »normal« hält, ohne es zu hinterfragen, wird zum Schicksal. Wir stehen nicht zufällig dort, wo wir sind, es gibt Ursachen dafür, tiefe und weithin unbewusste Verhaltensmuster, die unsere Entscheidungen und unser Handeln bestimmen und eine Normalität vorgaukeln, die uns immer wieder in die gleichen Muster zurückführt. Es ist auch dann nicht leicht, ihnen zu entgehen, wenn wir sie uns bewusst machen. Aber es ist dann immerhin möglich. Deshalb ist es so wichtig, dass wir das, was wir tun, auch verstanden haben. Kontextkompetenz spiegelt sich im Wissen, warum man etwas tut oder lässt. Auch hier geht es wieder um die Fähigkeit des konstruktiven Unterscheidens. Wer, um bei Peter Druckers Bild zu bleiben, sowohl den Wald als auch die Bäume sieht, der trennt beides ja nicht, und er führt es auch nicht zu einem neuen Ganzen zusammen, sondern vernetzt es, verbindet es, erkennt, was das eine ist und was das andere, ohne dabei auf ein Element zu verzichten. Wissensökonomie, so will uns Drucker also sagen, ist eine ganzheitliche Angelegenheit, und Ganzheitlichkeit ist kein esoterisches Amalgam, sondern die Fähigkeit zum komplexen Denken, zum *Sowohl-als-auch*.

Optionen und Alternativen

Die Welt, aus der wir kommen, liebt aber das vermeintlich verbindlichere Entweder-oder. Und hier sind wir an einem wichtigen Punkt angelangt. Wie selbstverständlich erwartet man in der Welt des alten Denkens, das uns noch immer so beherrscht, dass eine Unterscheidung nicht einfach eine Wahrnehmung ist, eine Option im Denken, sondern dass sie zwangsläufig zu einer Entscheidung führen müsse. Optionen, Alternativen, ein offenes Erkennen und Annehmen anderer Standpunkte, weiterer Erkenntnisse gelten hier als Schwäche.

In der alten Welt ist eine Entscheidung das unbedingte Ergebnis einer Unterscheidung. Man nimmt eine Veränderung wahr und drückt dann auf einen Knopf: Ja oder Nein. Richtig oder Falsch. Schwarz oder Weiß. Wer sich einmal entschieden hat, bleibt besser bei seiner Wahl, denn alles andere gilt uns bis heute als unzuverlässig. Verbindlichkeit im Handeln und Denken gestehen wir nur jenen zu, die als »Entscheider« – nicht zufällig ein stark maskulin geprägtes Wort – die »Stellschrauben« und »Hebel« in die »richtige Richtung bringen«. Im klassischen Management, einer im Industrialismus perfektionierten Disziplin, geht es vorwiegend ums Entscheiden, und zwar ganz gleich, ob es nun »richtig« oder »falsch« ist. Es geht um »Machen«. Jenes »Abhaken« beschreibt recht eindrücklich die dahintersteckende Absicht der Komplexitätsreduktion – und damit auch der Verhinderung besserer, klügerer und menschengerechterer Optionen. Nicht, wer es besser macht, hat recht, sondern wer es schneller macht, wer also seiner Wahrnehmung eine verbindliche Reaktion folgen lässt. Alles andere gilt als indifferent, graue Theorie, blasierte Attitüde. Hemdsärmeligkeit entscheidet.

Tatmenschen

Dieses Prinzip scheitert vor den Augen aller immer wieder kläglich, in der Politik, in der Wirtschaft oder in den zahlreichen ideologischen Moden. Wir bemerken bereits, dass es nicht mehr funktioniert, dennoch ruft jede Krise gleich wieder nach den »Tatmenschen« statt nach überlegtem und abwägendem Verhalten. In der Not, so heißt es, muss man »zusammenrücken«, also vereinfachen und etwas durchziehen. Dass genau diese Einstellung dazu führt, dass man erst in die Krise kommt, interessiert kaum jemanden.

> In der Not, so heißt es, muss man »zusammenrücken«, also vereinfachen und etwas durchziehen. Dass genau diese Einstellung dazu führt, dass man erst in die Krise kommt, interessiert kaum jemanden.

Wer konstruktiv unterscheidet, kann vor allen Dingen auch aus Fehlern lernen – und mit Kritik ebenso konstruktiv umgehen wie mit Überraschungen. Einmal »Entschiedenes« muss nicht mit Zähnen und Klauen verteidigt werden. Es geht nicht um Gesichtsverlust und »Ehre«, also jene kulturelle Merkwürdigkeit,

I. Unterscheidung **37**

bei der Dazulernen als Schande gilt, als Zeichen des Versagens und der Schwäche. Das hat mit unserem Umgang mit Macht zu tun, mit der eigenen wie der, der wir uns unterwerfen. Macht, die kritisiert werden kann, verliert ihre Kraft. Deshalb halten viele Mächtige an ihren Irrtümern fest, und viele, die ihnen die Macht geliehen haben, unterstützen sie dabei.

Kritikfähigkeit ist aber unerlässlich. Sie gehört wie die Neugierde und die Fähigkeit zum offenen Denken zur Grundausstattung einer Welt, die ihre Möglichkeiten wahrnimmt, statt sie freiwillig zu beschränken.

Und was wäre Kritik, die sachlich begründet ist, denn anderes als eben jenes Aufzeigen von Varianten und Möglichkeiten, von Unterschieden, die es erlauben, möglichst viele Blickwinkel und Perspektiven einzunehmen. Und damit andere, möglicherweise bessere Lösungswege offenzulegen.

»Die Wissensgesellschaft ist eben nicht die ferne Zukunft, kein Morgen. Sie ist das, wonach wir uns sehnen, die Möglichkeit, sich zu unterscheiden, ohne die Welt und die anderen als Feind wahrzunehmen.«[14]

So steht es auf der letzten Seite von »Zusammenhänge« – aus gutem Grund. Konstruktives Unterscheiden setzt selbstständiges Denken voraus. Es ist ein klarer Gegensatz zur Befehlsausführung. Es widerspricht den Regeln der alten hierarchischen Organisation. Die Wissensgesellschaft ist selbstbestimmt – also Zivilgesellschaft –, oder sie ist nicht.

Damit das klappt, müssen wir auch die Grundlagen des alten Gleichheits- und Gerechtigkeitsbildes diskutieren, gerade dort, wo es um konstruktives Unterscheiden, das Anerkennen von Vielfalt und Multikulturalität, Individualität und Verschiedenartigkeit geht. Diversität, also die Vielfalt individueller Eigenschaften und Bedürfnisse, wird im Deutschen nicht selten als identitätspolitische Chiffre missverstanden. Aber Diversität ist, dem Wesen nach, nichts anderes als Einzelgerechtigkeit. Es geht in einer komplexen, hoch entwickelten Gesellschaft darum, der Gleichheit vor dem Gesetz (und der Gleichbehandlung in Beruf, beim Lohn etc.) selbstverständlich die nächste Stufe folgen zu lassen, die Anerkennung des Persönlichen, des Eigenen, des Selbst. Dabei werden ideologische Kämpfe mit zunehmender Heftigkeit ausgetragen. Das ist nicht verwunderlich, denn das Konzept der Gleichheit ist immer auch eines der Gleichmacherei gewesen, bei dem es dann eben, wie George Orwell in seiner Parabel von der »Farm der Tiere« so treffend ausdrückte, eben welche gibt, die »gleicher sind als gleich«, also über das konstruierte Kollektiv herrschen. Das ist nur eine Täuschung.

Auf dem Titel des Wirtschaftsmagazins *brand eins*[15] stand im Jahr 2004 in großen Lettern:

GLEICHHEIT *ist* NICHT GERECHT.

So ist es. Gleichheit – verstanden meist als Nivellierung und Gleichmacherei – verweigert sich eben jener Unterscheidungsfähigkeit, die eine faire Zivilgesellschaft von unterschiedlichen Menschen braucht. Wir sind nicht gleich, gottlob. Wir sind unterschiedlich. Gleichmacherei ist nicht gerecht. Was die Zivilgesellschaft ausmacht, ist ein Wir der Vielfalt. Das ist gerecht – im Sinne von menschengerecht. Der amerikanischen Kulturanthropologin Margaret Mead wird der Satz »Diversity is a resource, not a handicap« zugeschrieben. Das könnte als Motto über der Wissensgesellschaft stehen. Vielfalt ist der Stoff, aus dem die Zivilgesellschaft und die Wissensökonomie gemacht sind. Die alten industriellen Gemeinschaften waren und sind vereinheitlicht, »geeint« im Sinne von normiert. Die neue Welt der Vielfalt und Diversität hingegen ist in Vielheit geeint, *in pluribus unum*. Eine Gemeinschaft, in der das Unterschiedliche, das Individuelle, nicht als unerwünschte Abweichung von der Norm gilt, sondern willkommen ist. Wo Einzigartigkeit akzeptiert wird, verliert die Egozentrik ihren Schrecken – jene Persönlichkeitsstörung, die mit Selbstvertrauen und Originalität verwechselt wird. Wer seine Unverwechselbarkeit kennt, macht daraus auch kein großes Theater. Da wird das Leben nicht zum Selfie – und auch nicht nur zur Selbstinszenierung.

> **Wir sind nicht gleich, gottlob. Wir sind unterschiedlich. Gleichmacherei ist nicht gerecht.**

Selbstbewusstsein braucht keine Ellbogen. Aber auch keine Angst vor dem Ich. Oder, um es mit Margaret Mead zu sagen:

»Always remember that you are absolutely unique.
Just like everyone else.«

Jeder macht den Unterschied.

II. Inventur

Über den Anfang
des Aufbruchs

»Mit einem Wort: Ein Unterschied ist eine Idee.«
GREGORY BATESON[16]

Genesis

Das bedeutendste Buch des Abendlandes und damit des westlichen Kulturkreises ist die Bibel des Christentums, die wiederum auf der älteren jüdischen Tora gründet. Die darin enthaltenen, für unser Weltverständnis so prägenden Texte erzählen unter anderem die Geschichte des Ursprungs der Welt und allen Lebens. Das altgriechische Wort »Genesis«, so der Titel des ersten Buches Mose, wird mit »Geburt« oder »Entstehung«[17] oder »Ursprung« übersetzt. Dieser »Anfang von allem« wird oft gelesen – aber haben wir ihn auch verstanden?

Keine Angst – damit wird nicht nach einer spirituellen Erkenntnis gefragt, die jeder Mensch gefälligst selber suchen soll. Es geht auch nicht um die missverständliche Übersetzung des hebräischen Pendants zur Genesis, denn »Bereschit« meint nicht den Anfang im Sinne eines Starts, sondern vielmehr eines fließenden Prozesses.[18] Es geht um das allgemeine Verständnis der Vorgänge der Schöpfungsgeschichte, also vielmehr um das kulturelle Muster, dem wir folgen – und um die Frage, ob dieses Muster eigentlich zu dem passt, was wir sind und, noch wichtiger, werden könnten. Eine Frage, die hier beharrlich mitschwingt, ist die nach den Gründen, weshalb so viele Menschen gelernt haben – oder dazu erzogen wurden –,

Vielfalt, Unterschiedlichkeit und Individualität als negative Abweichung zu erfahren. In der Soziologie und Psychologie gibt es dafür den Begriff der *Devianz*.

Devianz – vom französischen *dévier* für abweichen – beschreibt »Verhaltensweisen (...), die mit geltenden Normen und Werten nicht übereinstimmen«.[19] Dieses Buch will ja gerade die Unterschiede der Unterschiede zeigen, wie wir also auf die Idee kommen, Unterschiede negativ oder positiv zu sehen, sie inklusiv oder exklusiv zu interpretieren, als unüberwindliche Begrenzung oder als Markierung für etwas, das man seiner Kenntlichkeit wegen benennt. Die Devianzforschung wurde im deutschsprachigen Raum durch die 1968er-Bewegung beflügelt und ganz besonders durch die Arbeiten von Rolf Schwendter bekannt[20], dem aus Wien stammenden und in Kassel lehrenden Soziologen, Kulturtheoretiker und Künstler. Mit ihr hat man herausgearbeitet, dass das Abweichende, das jenseits der Grenzen dessen liegt, »was man tut« und »was man denken darf«, eben eine Zuschreibung ist, ein Narrativ. Solche Zuschreibungen sind keineswegs banal für unser Leben, sie bestimmen meist, was wir tun oder nicht tun, was wir für richtig oder falsch halten; sie setzen die moralischen Grenzen, die wir nicht überschreiten sollen. Wir müssen diese Zuschreibungen und ihre Normen verstehen, wenn wir die Welt, wie sie ist,

> Wir müssen diese Zuschreibungen und ihre Normen verstehen, wenn wir die Welt, wie sie ist, verändern wollen.

verändern wollen. Sonst laufen wir Gefahr, uns in einer Erneuerungsrhetorik zu verlieren, die nichts weiter bewirkt als eine Verschleierung und Verdrängung der Verhältnisse.

Devianz

Die Feststellung von Devianz – von Abweichung – sagt über jene, die diese Beobachtung aus der Perspektive der sogenannten Normalität machen, wohl mehr aus als über ihre Objekte.

Wer einer Gruppe angehört, die das, was sie tut, für normal hält, definiert damit die Verhältnisse, die Zugehörigkeit und damit die Macht. Wer sich als Teil der Vielfalt versteht und die Gesellschaft von ihren Rändern aus kennengelernt hat, weiß, dass sich der Mainstream nur ändert, aber nie verschwindet. Möglicherweise werden die Außenseiter von gestern »sozialisiert«, dafür aber wieder andere vor die Tür geschickt. Deutungsansprüche – zum Beispiel über die Sprache, wie man im Genderstreit erfährt – sind Auseinandersetzungen über Macht. Das Wort *Machtspiele* ließe sich wissenschaftlich wohl am besten mit der *Public Choice*, der Ökonomischen Theorie der Politik, erklären. Dabei geht man davon aus, dass Ämter und Titel, gleich ob im Staat oder im Management, die Amtsinhaberin oder den Amtsinhaber nicht gleichsam immun gegen persönliche Interessen machen. Politikerinnen und

Politiker erhoffen sich persönliche Vorteile von dem, was sie vermeintlich für Staat, Volk und Vaterland tun[21]; das gilt gleichermaßen für Lobbys, Nichtregierungsorganisationen und Vereine. Es kommt nicht darauf an, ob die Vertreter solcher Organisationen Gutes behaupten – das ist reines Marketing. Die Frage ist, ob ihr Tun tatsächlich so selbstlos ist, wie es scheint, und wie deutlich gemacht werden kann, wenn das eben nicht der Fall ist – nicht unbedingt, um es zu verhindern, aber wenigstens, um es kenntlich zu machen. Es gilt also, den Unterschied und das abweichende Verhalten, das ihm innewohnt, auszuleuchten – wie die allgegenwärtige Hinterbühne des politischen und gesellschaftlichen Lebens, die sehr oft nichts mit den im Scheinwerferlicht der Hauptbühne erzählten Geschichten zu tun hat. Diese Geschichten im Rampenlicht gleichen sich immer: Dort wird das sogenannte Normale, also das Gute, Wahre, Edle, Richtige, Wirkliche beschrieben – jeweils in der Interpretation derer, denen genau diese Geschichte nützt. Selten dienen jene Geschichten dem Zweck, der Emanzipation des Menschen etwas hinzuzufügen, aber sie leben davon, dass ihre Interessenvertreter mit den knappen Ressourcen entwickelter Gesellschaften bedacht werden: Titel, Positionen, Ämter. Und so wechseln lediglich neue Renegaten alte Renegaten ab.

Was hat das mit der Genesis zu tun? Alles.

»Es wurde Licht«[22] – das wissen auch Atheisten, die schon mal vom Urknall gehört haben –, aber, und das übersehen wir, weil es an anderer Stelle, im Johannesevangelium nämlich, steht: »Im Anfang war das Wort«[23], die Norm. Kulturgeschichte und deren einflussreichste Teile haben immer in Normal und Abweichung getrennt. In einer Vielfaltsgesellschaft wird das zu einem großen Problem und dauerhaften Debattenpunkt, an dem sich die Gemüter zu Recht erhitzen. Der Umstand, dass Kulturen und Machthaber nicht mehr ex cathedra erklären dürfen, was »normal« ist und was nicht, spielt heute überall eine gewaltige Rolle, und die Brisanz dieser Aufklärungsdebatte, denn das ist sie, wird im 21. Jahrhundert noch zunehmen. Was wir an identitätspolitischen und identitären, vermeintlich und wirklich »woken« Regungen sehen, ist erst der Anfang. Die Unterschiedsbewegung stellt die gesellschaftlichen, kulturellen und wirtschaftlichen Machtverhältnisse auf den Kopf. Und sie ist mit der Diskussion um gendergerechte Sprache und eine Quotenregelung für Frauen keineswegs schon dort angekommen, wo sie eigentlich hingehört.

> Unterschiede und Persönlichkeit, Diversität und Individuum sind nicht zu trennen.

Mehr Sensibilität schadet nicht, aber wenn sie nicht zu mehr führt als zu einer Umkehrung der alten Unrechtsverhältnisse, dann ist damit nichts gewonnen – außer natürlich für die Leute, die für diese »Revolutionen« das Feuer liefern. Worum es hier gehen soll, ist etwas anderes: Verständnis dafür zu entwickeln, dass Unterschiede und Persönlichkeit, Diversität und Individuum nicht zu trennen sind. Wer behauptet, im Namen des Kollektivismus heute für mehr Gerechtigkeit zu sorgen, der rechnet mit der Vergesslichkeit eines Publikums, das – leider – gerne solche leeren Versprechungen kauft. Und gleichzeitig: All das, das ganze Theater, gibt Anlass zur Hoffnung, und zwar berechtigt wie nie zuvor.

Ist das Zweckoptimismus? Nein.

Wir erleben eine Emanzipationsdebatte nach der nächsten, wenngleich noch sehr unbeholfen geführt, denn die Selbstbestimmung kann nach so langer Zeit in Ketten nicht einfach loslaufen.

So stolpern wir mehr in die Freiheit, als aufrecht in sie zu gehen. Immerhin, wir bewegen uns. Eines der Ziele ist das Erreichen von etwas, das uns noch heute äußerst paradox vorkommen mag: das Abweichende für normal zu halten. Die Differenz als etwas Selbstverständliches zu sehen und den Unterschied als alltäglichen Zustand zu erkennen. Wir erleben gerade die Genesis des Unterschieds, und man könnte analog zum großen Vorbild, der Einheitsgeschichte der alten Welt, die es nun zu stürzen gilt, sagen: »Im Anfang war der Streit.« Unterschiede und Konflikte gehören zusammen. Vielfalt und Differenz müssen sich durchsetzen.

Der Kanon

Mit der Genesis beginnt eine der einflussreichsten Einheitsgeschichten der Menschheit. Immerhin waren die darin aufgeschriebenen Erzählungen im wahrsten Sinne Kanon, also unverrückbare Wahrheit, an der fast zwei Jahrtausende lang nicht gerüttelt werden durfte. »Kanonisieren« bedeutet, etwas zur Norm zu erklären, und zwar nicht etwa zu einer Norm, die sich diskutieren ließe, sondern zu einem Dogma. Der Grund, weshalb Aufklärer und Kirchenvertreter so heftig aneinandergerieten (und aneinandergeraten), liegt in dieser fundamental anderen Weltsicht. Die Aufklärung und die Moderne gehen davon aus, dass es unterschiedliche Sichtweisen gibt, selbst dort, wo man eine Regel als vorläufige Plattform und Richtlinie gemeinsamen Handelns versteht. Aufgeklärte Menschen unterscheiden sich von Dogmatikern durch eine unterschiedliche Vorstellung von »Wahrheit«. So bedeutet die Wahrheit der Aufklärung im Grunde nichts anderes als eine Konvention zur Handhabung mehr oder weniger komplexer Realitäten bzw. deren Sichtweisen durch uns.

> So bedeutet die Wahrheit der Aufklärung im Grunde nichts anderes als eine Konvention zur Handhabung mehr oder weniger komplexer Realitäten bzw. deren Sichtweisen durch uns.

Was wir heute, etwa in Form einer Regel oder eines Gesetzes, als wahr oder richtig anerkennen, können wir durch Entwicklung und Wissenszuwachs, durch eine Änderung der Lage aber durchaus verändern. Die Aufklärung sieht den Menschen als selbstbestimmt handelndes Wesen. Wir sind in der Lage, unserem Schicksal zu entrinnen. Dogmatiker hingegen kennen nur *eine* Wahrheit. Sie ist unverrückbar. Wer an ihr zweifelt, zweifelt an Gott, an der Macht, am Gesetz. Auf diese Art und Weise wurden im Laufe der Jahrhunderte unzählige Kritiker des Dogmatismus und noch viel mehr Unbeteiligte, die nur der Kritik verdächtigt wurden, ermordet.

Giordano Bruno

Giordano Bruno wurde am Campo de Fiori von der »Mutter Kirche« auf dem Scheiterhaufen verbrannt, weil er die Unendlichkeit des Weltraums erkannt hatte. Wie jede dogmatische Organisation, große und kleine, Kirchen und Firmen, Vereine, Parteien, identitäre Grüppchen und Blasen, war die Vorstellung hoher Komplexität und Unübersichtlichkeit unerträglich und musste hart bestraft werden. Macht nimmt für sich in Anspruch, Ordnung zu schaffen. Darauf baute der ständige Widerspruch zwischen den Empfehlungen von Experten und den dogmatischen, vereinfachenden »Wahrheiten« der Politik und jener, die sich schlicht der wissenschaftlichen Einsicht verschließen wollten, weil es ihren Interessen entgegenlief. So müssen wir uns die Leute vorstellen, die Giordano Bruno und Galileo Galilei anklagten, nicht als Monster, sondern einfach als Leute, denen die Aufklärung Amt und Würden, Geschäftsmodell und Karriere genommen hätte.

Wo Wissenschaft die privilegierte Ruhe stört und auf Differenz und die Notwendigkeit der Differenzierung hinweist, kommt sie der Politik in die Quere. Das ist auch eine Erfahrung der Coronakrise und verweist jedoch ebenso darauf, dass man keinesfalls, wie heute vielfach gefordert wird, »einfach der Wissenschaft vertrauen« oder »den Wissenschaftlern glauben« soll. Solche Phrasen sind Wasser auf die Mühlen der sogenannten Querdenker und Wissenschaftsgegner. Und dabei haben sie natürlich einen Punkt. Denn man glaubt nicht an Wissenschaft, sondern versucht, ihr kritisch und neugierig zu begegnen. Wissenschaftler, die sich keinen (populären) Fragen stellen wollen, haben etwas zu verbergen oder sind nicht imstande, ihr Wissen zu teilen.

Der Scheiterhaufen von heute nimmt nicht Leib und Leben, existenziell bedrohlich ist er allemal. Wenn Forschungsgelder anderen zugewiesen werden, Anerkennung und öffentlich wirksame Akzeptanz ausbleiben, löst sich die Existenz stückweise auf.

Die Welt sieht heute völlig anders aus als zu Zeiten Giordano Brunos, der im Februar 1600 ermordet wurde. Und doch hat sich allen Errungenschaften der Aufklärung zum Trotz der alte Kanon mit seinem Denken ohne Abweichung, seiner Norm ohne Alternative, seinem Dafür oder Dagegen in unserem »Kanon« verfestigt. Unsere Kultur ist unterscheidungsfeindlich. Zweifellos ist das, was wir in den letzten Jahrhunderten erlangt haben, ein zartes, äußerst gefährdetes Pflänzchen. Erst seit wenigen Generationen darf man, wenigstens in den meisten westlichen Demokratien, weitgehend offen die »Wahrheiten« der Schöpfungsgeschichte diskutieren, in Frage stellen und auch verneinen, vorausgesetzt, dass sogenannte »Kreationisten«, die die Genesis wörtlich nehmen, oder Fundamentalisten abwesend sind.

Was geschähe, wenn man all diese Feinde der Differenz ließe, wie sie wollten, kann man jederzeit an den Ergebnissen der Länder und Kulturkreise erkennen, in denen seit Jahrzehnten der islamische Fundamentalismus auf dem Vormarsch ist. Er unterscheidet sich in seinem unerbittlichen, menschen- und unterschiedsfeindlichen Kanon nicht im Geringsten von der Inquisition des Christentums.

> Der Unterschied, das Recht auf Differenzierung und damit das Recht auf abweichendes Verhalten, ist ein Menschenrecht.

Deshalb soll an dieser Stelle bereits klargemacht werden, dass der Unterschied, das Recht auf Differenzierung und damit das Recht auf abweichendes Verhalten, ein Menschenrecht ist. Es ist keine Beigabe und keine Gnade, es ist die alles entscheidende Grundlage der Conditio humana, der Bedingungen des Menschseins und der Menschlichkeit.

Differenzierung ist niemals schädlich, nirgends, außer in Diktaturen. Nur wo Zensur herrscht und Interessen den Unterschied verbergen wollen, gilt das Differenzieren als unethisch, unverbindlich und damit als illoyal. Schon an diesem Maßstab mag man erkennen, dass auch unter demokratischen Verhältnissen, welche Vielfalt widerspiegeln sollten, keineswegs Diversität und Differenz überall gern gesehen wären.

Was rechtlich erlaubt ist, ist in einer Gruppe oder Gemeinschaft noch lange nicht erwünscht – und wird entsprechend sanktioniert. Das gilt für alle Gruppen, auch (vielleicht sogar: besonders) für jene, die sich offen wähnen. Natürlich kann man andere Positionen ablehnen. Selbstverständlich ist es richtig, die eigenen Interessen klar und offen zu vertreten. Aber wo das geschieht, braucht es nun wirklich einmal Gleichheit, Egalität im besten Sinne, die zulässt, dass alle das Recht darauf haben, zu sagen, was sie denken, und mag es noch so dumm sein.

Agree to disagree

Den Unterschied zu sehen und zu fördern, ist also keine Luxusfrage, sondern eine des Lebens und Überlebens schlechthin. Wo Untertanen schlecht behandelt und zugleich erzogen werden, herrscht Unrecht. Und damit die Pflicht zum Widerstand – wohl wissend, dass die Transformation von der Welt der Eindeutigkeit in die der Vielheit nicht so locker verläuft wie der Wechsel von einem Konsumartikel zum nächsten. Erkenntnisse kann man nicht abonnieren. Der Kanon, das Dogma sind hartnäckige

Biester, Monstren, deren Tentakel in allen Verästelungen unseres Denkens sitzen und es immer wieder einengen. Wir erleben das umso stärker, je mehr Gruppen und Individuen ihr von der Norm abweichendes Verhalten nicht länger als Ausgrenzung erleben wollen. Die Frage, die sich heute stellt, ist ja, wie wir es hinkriegen, mit dem Unterschied offen umzugehen, ihn zu nutzen und wertzuschätzen, Diversität also nicht als Devianz zu verstehen, sondern als Normalität – und gleichzeitig aber auch diese positive Unterscheidung für unsere eigenen Anschauungen berechtigt einzufordern.

Das hat eine ganze Menge mit dem zu tun, was man in Zeiten des Kalten Krieges – also der Ära zwischen 1946 und 1991 – als Modell der »Friedlichen Koexistenz« bezeichnet hat. Zwei einander nicht wirklich grüne Machtblöcke, die wenigstens versuchen, den Anderen nicht mit Gewalt zu ihrer »Religion« zu führen. Gelungen ist das, ganz ehrlich, nur in sehr bescheidenem Ausmaß. Tatsächlich wurde der Kommunismus durch das eigene Versagen ausgehöhlt, durch den anhaltenden und immer breiter werdenden stillen Streik und Protest der eigenen Bevölkerung. Nicht die Ideologien haben 1989 und 1991 gesiegt, sondern die Menschen. Aber dafür gibt es in der alten Welt kein Narrativ. Und so wird vom »Sieg des Kapitalismus über den Kommu-

> Nicht die Ideologien haben 1989 und 1991 gesiegt, sondern die Menschen. Aber dafür gibt es in der alten Welt kein Narrativ.

nismus« geredet und damit gleich eine Opferrolle für die kommenden Generationen festgelegt, die bereitwillig – und äußerst geschichtsvergessen – angenommen wird. But it's not the system, stupid. It's you.

Um ins Zeitalter der Diversität und des anerkannten Unterschieds zu kommen, müssen wir unsere eigenen Vorurteile überwinden. Das ist Arbeit, die jede und jeder selber erledigen muss. Und Vorsicht: Auch die besten Vorsätze sind schnell mürbe, wenn man vergisst, dass die Kultur, aus der wir kommen, noch in unseren Köpfen sitzt. Bewusst machen heißt denken. Und deshalb ist

> Bewusst machen heißt Denken. Und deshalb ist es nötig, sich immer klarzumachen, dass wir meistens das Neue mit den alten Methoden denken.

es nötig, sich immer klarzumachen, dass wir meistens das Neue mit den alten Methoden denken. Alte Moden gehen in neuen Moden auf. Die Geschichte wird auf Wiedervorlage geschaltet, weil wir die immer gleichen Fehler machen, aus schlechter Gewohnheit heraus. Lernfähigkeit heißt letztlich ja nicht nur, dass man einen konkreten Irrtum nicht mehr begeht, sondern auch weiß, warum er überhaupt eingetreten ist. Es ist ein gewaltiger Unterschied, ob man nur fällt oder auch erkennt, weshalb man ins Straucheln kam. Wir sollten also einmal die Augen schließen, um uns darauf zu konzentrieren, was war, was ist, und das mal sortieren. Erst dann können wir überlegen, was sein kann. Diese Inventur ist unerlässlich. Ihr wichtigstes Werkzeug ist die Geschichte.

Katholikós

Geschichte ist eine wunderbare Wissenschaft – und gleichzeitig auch das beste Werkzeug, um zu verstehen, was uns heute zuweilen ratlos sein lässt.

Es dauerte mehr als drei Jahrhunderte, bis sich das anfangs mörderisch verfolgte Christentum mit seinem Kanon gegen die alte römische Vielgötterei durchgesetzt hatte. Die Christen, die unter dem römischen Kaiser Konstantin im Jahr 313 rehabilitiert und im Laufe der folgenden Jahre sogar zu den Vertretern der neuen Staatsreligion wurden und besondere Privilegien erhielten, waren noch kurz zuvor unter Konstantins Vorgänger Diokletian blutig verfolgt worden. Die Kirchenväter lernten schnell. Um ihre mit Konstantins Nachfolger Theodosius gewonnene Macht als Staatsreligion zu erhalten, bediente man sich der Organisationsformen der einstigen römischen Unterdrücker. Eilig wurden Konzile ins Leben gerufen, Normen und Regeln eingeführt, die mit dem ursprünglichen Christentum nichts zu tun hatten oder sogar in Widerspruch zu ihm standen. In die römisch-katholische Kirche flossen Denkart und Methode der römischen Vielgötterwelt und ihrer weltlichen Machtmodelle ein und verschmolzen zu einem Amalgam, dessen gemeinsamer Nenner seither jenes »Allumfassende« ist, was sich im griechischen Wort *katholikós* in seinem Ursprung ausdrückt.

»Im Anfang schuf Gott Himmel und Erde« (Genesis 1,1), die Welt entwickelte sich also nicht, sie wurde geschaffen.

Wenn jemand etwas geschaffen hat, ist eine Konstruktion entstanden.

Damit meint man ein geistiges Bauwerk, das die Komplexität der Realität fasst oder genauer gesagt vereindeutigt. So wie Gott Himmel und Erde schuf, das Himmelsgewölbe aufbaute und darin dann Wasser, Luft, Pflanzen, Tiere und Menschen setzte, konstruieren wir geistige Gebäude, mit denen wir uns behelfen. Unser Denken braucht solche Räume, um sich festzuhalten, allerdings ist das vorübergehende Sichern etwas anderes als das Beharren auf die immer gleichen Baupläne samt der darin einmal festgelegten Inneneinrichtung. Diese Lesart der Genesis birgt in sich den Anspruch auf Unfehlbarkeit, der ja keinesfalls nur ein päpstliches Monopol darstellt, sondern von allen Recht- und Machthabern gehegt wird.

Auch die noch junge Aufklärung hat natürlich ihre Konstruktionen und Gebilde. Aber sie stellt sie zur Diskussion, weil ihre Grunderkenntnis – dass durch Zweifeln und kritisches Weiterfragen Neues erst erkennbar und damit Fortschritt möglich wird – eine Grundformel ihrer Weltsicht ist. Nichts ist in dieser Sicht undenkbar. Das »Zeitalter des Lichts«, in dem die Unterschiede ausgeleuchtet werden, ist seit wenig mehr als zweihundert Jahren zumindest im Bürgertum verbreitet. Angekommen in der Normalität ist es noch lange nicht.

Schöpferisches Denken ist demütig, denn es weiß, dass es keine Probleme auf immer löst, sondern nur vorübergehend im Kontext wirkt, im Zusammenhang der Zeit, des

Problems, der Umstände und Fragestellungen. Und Evolution ist ein nüchternes Geschäft. Sie verrichtet ihr Werk gründlich und unaufhörlich. Evolution ist Entwicklung, die Möglichkeit, Fehler zu revidieren und neue zu machen, und genau aus diesem Grundmuster des Experimentierens und Versuchens, des Erhellens der Unterschiede auch Lösungen zu erkennen, die dem Dogmatismus auf ewig verschlossen sein müssen. Die ganze Vielfalt der Welt, wie sie in den letzten zweihundert Jahren trotz aller Versuche, sie zu verhindern, gelang, ist das Kind dieses Denkens, aber auch des Kampfes für den Unterschied, einer Schlacht biblischen Ausmaßes, geführt in täglichen Auseinandersetzungen. Je schwieriger die Zeiten, je heftiger die Transformation, desto brutaler tobt diese Schlacht, und viele laufen über ins Lager der »Allumfassenden«, weil sie dort vermeintlich Sicherheit durch Eindeutigkeit bieten. Was dabei geschieht, ist nicht neu, es ist eine endlose Wiedervorlage der Geschichte: die Frage, ob man in Frage stellen darf oder einfach nur sein Schicksal hinnehmen muss. Es gibt genug Leute, die uns »katholisch machen wollen«, wie man im Gefolge der brutalen Gegenreformation rund um den Dreißigjährigen Krieg die Zwangsbeglückung durch den alten Glauben nannte. All das ist da. Es hat Macht. Einfluss.

> Schöpferisches Denken ist demütig, denn es weiß, dass es keine Probleme auf immer löst, sondern nur vorübergehend im Kontext wirkt, im Zusammenhang der Zeit, des Problems, der Umstände und Fragestellungen.

Vereindeutigungsinstitute

Das Christentum, eine ursprünglich differenzierte, großzügige, inklusive Religion der einfachen Leute, wurde schnell von Vielfalt auf Dogma umgepolt, um Macht aufzubauen und zu erhalten. Und die, die diese Macht schließlich brachen, sind wiederum dabei, eigene Macht zu etablieren. Die Parteien, die im Verlauf der Aufklärung entstanden sind, machen es genauso. Die Organisation, die Marken, die Verbände, Familien, Gruppen, Stämme, Clubs auch. Sie alle verwandeln sich in *Vereindeutigungsinstitute*, die nur schwer und widerwillig mit mehr als einer Meinung umgehen können. Auch das erleben wir immer wieder vor unseren Augen, etwa in der Politik, wo »Parteibeschlüsse umgesetzt« werden und »Klarheit geschaffen werden muss«. Klarheit? Ein Wieselwort. Denn es geht nicht um Klarheit im Sinne von Transparenz, sondern um die Konstruktion einer jeweils nun nicht mehr zu bestreitenden, allgegenwärtigen »Wahrheit«. Sie wird erst brutal verbreitet und gelehrt, bis sie so normal und selbstverständlich ist, dass sie niemand mehr bemerkt.

Das geht schnell: Diktaturen, wie Hitlers »Drittes Reich« und Stalins Sowjetunion, vollzogen diesen Prozess in wenigen Jahren. Der offensichtliche millionenfache Mord, der durch den jeweiligen Kanon legitimiert wurde, war für die meisten Bürgerinnen und Bürger der Diktaturen eine Normalität, Alltag, ganz klar und eindeutig. Es wurde Klarheit geschaffen. Wenn jemand einen Unterschied haben wollte, abweichendes Verhalten an den Tag legte, war er oder sie damit selbst schuld (wir erinnern uns: Wer in einer Gruppe nicht mitzieht, ist illoyal und eine Bedrohung).

So wurde selbst nach dem Ende des Stalinismus gedacht, so wurde es in den Familien nach Ende der Hitlerei auch in Deutschland und Österreich erzählt. Dass Abweichler, Unterschiedler gefoltert und getötet wurden, das hatten sie sich selbst zuzuschreiben. Denn es war ja Klarheit geschaffen worden. Sicherheit. Verbindlichkeit. Alles Sachen, mit denen man den Menschen die Vielfalt und Unterschiedlichkeit abkauft, nicht nur in unserem Kulturkreis, in dem aber aus Gewohnheit und seit Jahrtausenden ganz besonders. Das kriegt man durch ein bisschen Humanismus und ein wenig Aufklärung nicht ausgetrieben. Es muss dagegen gekämpft werden, und die Militanz des Begriffes ist hier ganz ernst gemeint. Denn die Kanonisten machen nur einen Unterschied, das Entweder-oder. Es geht um Leben und Tod.

Immer.

Finken auf Galapagos

Es braucht keinen Messias mehr, um die Welt der Vielfalt zu verstehen. Es braucht keine Wunder, keine übersinnlichen Ereignisse. Es genügt völlig, die Welt so zu nehmen, wie sie ist, sich der Realität anzunähern und damit das zu tun, was uns mit dem für Menschen stets begrenzten Geist möglich ist: der Wahrheit nahe zu kommen.

Als das dem jungen Charles Robert Darwin aus Shrewsbury in England an Bord des Forschungsschiffes *HMS Beagle* widerfuhr, veränderte sich dadurch die Welt wie nie zuvor. Die ganzen Vorarbeiten, die die aufgeklärten Denker der Jahrhunderte unter Einsatz ihres Lebens geleistet hatten, die trotz Androhung von Tod und Gefängnis verfassten Schriften des Giordano Bruno, Galileo Galilei, der mittelalterlichen Denker, die wohl wussten, dass das Katholisch-Machen der Feind der menschlichen Vielfalt war, sie alle wurden an jenem Tag zu den Posaunen und Trompeten, die die Mauern des Kanons einstürzen ließen.

Wenn es ein Buch der Bücher über Unterschiede gibt, dann ist es Charles Darwins »On the Origin of Species«, das Hauptwerk der Evolutionstheorie.[24] Das gilt zumindest für den harten Kern dieses Buches, der abseits aller zeitgeistigen Schlussfolgerungen Darwins und deren bis heute andauernden Missinterpretation (vgl. »Sozialdarwinismus«) darin besteht, dass die Evolution ein System zur Erzeugung von Unterschieden ist oder, auch umgekehrt funktioniert es nämlich, alles Leben das Ergebnis dieses permanenten Unterscheidens ist. Fast 20 Jahre lang hielt Darwin seine Erkenntnisse, gewonnen vor allen Dingen auf der *HMS-Beagle*-Expedition auf den Galapagosinseln (und durch die Untersuchung der berühmten Finken dort), geheim. Es zeigte sich nach der Veröffentlichung, dass das keineswegs unbegründet geschah. Die Kirche und honorige Wissenschaftler, Politiker, Ideologien reagierten heftig dagegen und pochten auf ihre dogmatische Schöpfungsgeschichte, die sie sich nicht kaputt machen lassen wollten. Darwin hingegen erkannte, dass die Genesis nie aufhörte und immer weitergeht. Wie Bruno mehr als zweihundert Jahre zuvor das Universum als unendlich erfasste, war es nun auch die Geschichte des Lebens und damit der Menschen. Damit beschwor man aus der Sicht der Dogmatiker das Chaos herauf. Darwin hatte zweierlei Gegner: die bereits angeschlagenen Dogmatiker alten Schlags mit ihrer einen alten »Wahrheit«. Im Gegensatz zu einer weit gefährlicheren Gruppe verstanden die Alten durchaus, was Darwins Theorie in Frage stellte – und positionierten sich nüchtern machtpolitisch dagegen. Weit gefährlicher aber, wie so oft, waren nicht die offenen Feinde der Erkenntnis, sondern deren falsche Freunde.

Evolutionstheorie

Wörter wie »Auswahl«, »Überlebenskampf« und »Rasse« genügten, um daraus eine Konstruktion zu zimmern, die von ihrer Grundformel her ebenso angelegt war wie der alte Dogmatismus des Allumfassenden. Darwin hatte beschrieben, was in der Evolution vor sich ging, aber Anleitungen dafür, wie sich nun Politik, Gesellschaft und Kultur dazu verhalten sollten, gab er nicht. Die Evolutionstheorie galt natürlich inklusiv, ihre Unterscheidung nahm keine

Wertung vor. Sie war, was sie ist, weder einheitlich noch abgeschlossen oder ganz, sondern etwas Anderes. Genau davor hat man in unserer Kultur aber furchtbare Angst. Und das führte zu der Paradoxie, dass die die Vielfalt und den Unterschied als Prinzip allen Lebens und aller Entwicklung »vollziehende« Evolution, die per se einschließt und Grenzen eben nur als Markierungen, nicht aber als Entwicklungsende setzt, ausschließend wurde, exklusiv im Biologismus und Rassismus, der Darwins Einsichten folgte. Hinter dem steckt aber tatsächlich nicht Darwins Wissenschaft (und die seiner Mitforschenden), sondern die alten dogmatischen Machtansprüche. Macht heißt, sich über andere zu erheben, um sie kontrollieren, manipulieren und ausbeuten zu können, und es gibt unzählige Spielarten davon. Der Rassismus »nordete« Darwins Theorie ein. Was lernen wir daraus? Dass es schwer ist, das Neue zu denken, weil wir es eben immer mit den alten Augen betrachten. Das macht es schwierig, Veränderungen auch nur annähernd richtig einzuschätzen. Daran gebricht jede menschliche Voraussicht: an der Vorstellung, dass Differenz zu Chaos und damit zu Unübersichtlichkeit führt. Ein altes Sprichwort sagt: Für einen Hammer sieht alles aus wie ein Nagel. Und so konstruieren und zimmern wir damit die altvertraute Hütte, einem aussichtslosen Gefängnis gleich.

> Was lernen wir daraus? Dass es schwer ist, das Neue zu denken, weil wir es eben immer mit den alten Augen betrachten.

II. Inventur

Versuchen wir also, der Wahrheit näher zu kommen. Die Evolution ist eine Tatsache. Wenn Naturwissenschaft Wirklichkeit manifest machen soll, dann sind ihre Erkenntnisse für uns existenziell.

Wenn wir uns auf dieser Grundlage der Frage nähern, was Unterschiede in unserer Kultur bedeuten, insbesondere im Hinblick auf die Transformation unserer Gesellschaft, dann ist es wichtig, die alte Genesis über Bord zu werfen. Der Kanon trägt nicht mehr, er liegt uns bleiern auf dem Kopf. Und jeder Versuch, sich seiner zu entledigen, ist schwerste Arbeit und erfordert ernsthaftes Bemühen.

Natürliche Differenzen

Alles Lebendige auf dieser Welt ist Teil der Evolution. Das lateinische Wort *evolvere* bedeutet »entwickeln«, aber auch »auswickeln«. Jeder Naturwissenschaftler weiß, warum. Es hat Jahrtausende gedauert, um der Natur ihre »exakten Geheimnisse« (Isaac Asimov) zu entlocken, das, was in uns allen steckt und sich doch in jeder Sekunde verändert und weiterentwickelt, »auszuwickeln« aus dem blickdichten Tuch, das die Natur gewoben hat. Forscherinnen und Forscher vieler Generationen haben das Netzwerk der Entwicklung ein wenig ausgeleuchtet, und vieles bleibt dabei noch zu entdecken. Charles Darwin war nicht allein. Sein Zeitgenosse, der österreichische Priester Gregor Mendel, der die Vererbungsgesetze – durch kreatives Erbsenzählen übrigens – entdeckte, war ebenso wie der Botaniker Hugo de Vries, der Mendels Forschung wiederaufnahm und bekannt machte, von der Idee der Einheit allen Lebens aufgebrochen und bei der Erkenntnis ihrer Vielfalt gelandet. Weder göttliche noch ideologische Universalität war der Motor der Entwicklung, sondern der natürliche Unterschied allen Lebens. Der Fachbegriff dazu lautet *genetische Variabilität*. Diese entspricht dem, was wir in unserer Welt als Individualität kennen, als unverwechselbare Eigenschaften und Merkmale einer Person, die an sie gebunden sind. Die genetische Variabilität sorgt dafür, dass wir (und ausnahmslos alle anderen Arten auf diesem Planeten) nicht aussterben.

> Vielfalt ist kein moderner Schnickschnack, sondern die Voraussetzung dafür, dass wir uns hier über sie austauschen können. Vielfalt ist grundlegend, die wahre Genesis.

Vielfalt ist kein moderner Schnickschnack, sondern die Voraussetzung dafür, dass wir uns hier über sie austauschen können. Vielfalt ist grundlegend, die wahre Genesis.

Das geht so weit, dass sich in der Evolution kaum etwas vorhersehen lässt. Die Evolutionsforscher des 19. Jahrhunderts waren in einer Kultur der Verherrlichung der Einheit aufgewachsen. Zuvor war es die göttliche Einheit, dann die der Politik, der Industrie, der Massengesellschaft. Dies blieb noch die Grundlage des Denkens, als niemand mehr bezweifeln konnte, dass die große Kraft hinter allem in der Diversität lag.

Descartes' Jünger

Dass sich die Liebe zur Einheit so hartnäckig gehalten hat, liegt an einer fatalen Verwechslung. Naturgesetze in der Physik und Chemie sind, was sie sind. Sie gelten – auf der Erde und im Universum. Sind bestimmte Bedingungen erfüllt, dann gefriert Wasser. Das ist, wie alles andere auch, berechenbar. Einer der Kerngedanken des Aufklärers René Descartes, dessen Einfluss auf diese Sichtweise gar nicht hoch genug angesetzt werden kann, besteht in der Vorstellung, »dass Erkenntnis nur auf unbezweifelbaren Einsichten«[25] aufbauen kann. Diese Vorstellung hat sich seit dem 17. Jahrhundert als Kern moderner Wissenschaftlichkeit und eines nüchternen Pragmatismus durchgesetzt. Doch was heißt »unbezweifelbar?« Der Cartesianismus, also die hart an René Descartes ausgerichtete Lehrmeinung, sollte unter einem weiteren Zitat ihres Meisters gemessen werden: »Der Zweifel ist der Weisheit Anfang.« Damit ist nicht gesagt, dass die Eindeutigkeit der Modelle in der Mathematik, Chemie und Physik in Frage steht. Die Vorstellung, auch die Entwicklung des Lebens laufe nach einer Routine ab, wird hier zum Fundamentalismus. Und das ist in der Realität nicht der Fall. Diese Einsicht ist dem aus dem Allgäu stammenden Biologen Ernst Walter Mayr zu verdanken. Der in den USA forschende und lehrende Wissenschaftler hat nachgewiesen, dass die Unterschiede, die die Evolution hervorbringt, eben nicht einem Programm unterliegen, jenem so oft ins Spiel gebrachten

Code des Lebens, sondern vor allen Dingen das Ergebnis einer Vielzahl an Einzelereignissen sind. Dazu gehören große Katastrophen – wie der Einschlag eines Meteoriten auf der Halbinsel Yucatan vor 65 Millionen Jahren, der die Herrschaft der Saurier schlagartig beendete, aber auch winzige, kaum wahrnehmbare Nuancen, die letztlich dazu führen, dass eine Entwicklung ganz allmählich in eine andere Richtung läuft.

In der Physik geht es darum, dass der Mensch durch das Durchschauen von Routinen, die er »Naturgesetze« nennt, ein wenig Ordnung in das Chaos bringt, das im ganzen Universum herrscht. *Entropie*, das griechische Wort für Wendung, beschreibt in der Physik einen Zustand von Unordnung,

> **Normal ist nicht der Durchschnitt, die Norm, die Routine, sondern das Chaos, die Nichtordnung, das Ungleiche.**

also: permanenten Wandel, Veränderung, alles das, was fließt. Das und nichts anderes ist der berühmte Normalzustand. Normal ist nicht der Durchschnitt, die Norm, die Routine, sondern das Chaos, die Nichtordnung, das Ungleiche.

In der Physik spielt das zunächst nur eine Rolle, um das, was man berechnen und eindeutig wahrnehmen kann – also das, was nach Descartes auf »unbezweifelbaren Einsichten« beruht –, von seinem wuseligen Hintergrundrauschen abzutrennen. Doch es kann kein Zweifel darüber bestehen, dass es im Grunde darum geht, das große Durcheinander (auf Hebräisch Tohuwabohu, der Urzustand der Welt vor der Genesis) ein wenig übersichtlicher zu machen.

Das Chaos, die Entropie aller Welt, ist von Anfang an der Feind aller Kultur gewesen. Kultur will nichts anderes, als eine Ordnung in die Welt bringen, mit aller Kraft und ohne Rücksicht auf die Verluste, die dabei drohen. Das geschieht, wenn man Ordnungen (Systematiken, Methoden, Regeln und Gesetze) nicht als das sieht, was sie sind: Richtlinien, die der Kenntlichkeit dienen und anregen, über sie hinauszudenken. Das ist in der Natur nicht anders als im Rechtswesen. Regeln sind nicht dazu da, um für alle Ewigkeit zu gelten oder bis ins kleinste Detail unter allen Bedingungen eingehalten zu werden, sondern, um sich – entlang der Regel, die den Charakter einer Richtschnur hat – eigene Gedanken zu machen.

Ordnung

»Unbezweifelbar« ist in diesem Kontext erst mal gar nichts. Dass auch große Geister wie Albert Einstein sich dieser Einsicht zuweilen verschlossen haben (sein berühmtes »Der Alte würfelt nicht« an Niels Bohr, dessen Quantenphysik die alten Naturgesetze der Physik in Frage stellte, zeigt dies eindrücklich), ändert daran nichts. Ernst Mayr hat in seinem Buch »Das ist Evolution«[26] geschrieben: »Evolution schafft Ordnung. Deshalb wird manchmal behauptet, sie stehe im Widerspruch zum ›Entropiegesetz‹ der Physik, wonach alle Entwicklungsvorgänge zu einer Zunahme der Unordnung führen.« Doch Mayr macht hier den Unterschied: »In Wirklichkeit«, so schreibt er, »existiert dieser Widerspruch nicht.« Denn das »Entropiegesetz gilt nur für geschlossene Systeme. Die Evolution einer biologischen Art findet aber in einem offenen System statt, in dem die Lebewesen auf Kosten der Umwelt eine Entropieabnahme herbeiführen können.«

Das ist auch bedeutsam für das Verstehen von Diversität und Differenz. Sie ist, sagt uns der große Biologe, das, was wir, »die Lebewesen«, draus machen. Und »auf Kosten der Umwelt« bedeutet ja keineswegs die hemmungslose Ausbeutung der Umgebung, sondern die Anpassung an deren Bedingungen. Es gilt also nicht, sich der Umwelt zu unterwerfen, aber sich mit ihr auszutauschen.

Das ist der eigentliche Schlüssel zum Verständnis von Komplexität und Unterschied. Regeln und Methoden gibt es, um einen gemeinsamen Kontext zu haben – um »Zusammenhänge zu erschließen«.[27] Offene Systeme, eben auch Organisationen, Firmen, Vereine, Parteien, Gesellschaften, Gruppen, reduzieren also die durch Vielfalt entstehende Entropie durch gemeinsame Regeln. Aber wenn diese Regeln, wie in der Industriegesellschaft und ihrem Kollektivierungswahn, so weit gehen, dass man alle Unterschiede nivelliert, dann hat man das Kind mit dem Bade ausgeschüttet. Dann ist aus einem notwendigen Mittel – Verständigung und Austausch in offenen Systemen – der Zweck geworden. Damit wird die Gruppe selbst, die Firma, das Team zum geschlossenen System. Es wird undurchlässig. Die identitären Strömungen unserer Zeit sprechen eine deutliche Sprache. Wir haben die Regeln zu stark auf Anpassung gestellt und dabei die Differenz vernachlässigt. Wir stellen uns damit gegen die Entwicklung. Wir stehen uns mit unserer Angst vor dem Neuen, Unbekannten und noch zu Lernenden selbst im Weg. Der Versuch, Unterschiede zu nivellieren, gleicht dem Verhalten kleiner Kinder, die die Hand vor die Augen halten, um nicht gesehen zu werden. Mayr hielt dem entgegen, dass die Evolution nichts anderes sei als »eine Art des Wandels, die sich offensichtlich kontinuierlich fortsetzt«.[28] Der Austausch der Lebewesen mit ihrer Umwelt kann nur darin bestehen, dass wir uns kenntlich machen, um die Unterschiede zu zeigen. Der Mensch spürt nicht nur den Unterschied, er kann sich auch gar nichts anderes vorstellen, wenn er bewusst am Leben teilnimmt. Deshalb grenzen wir ab. Das ist gut. Und es muss nicht heißen, das »Andere« damit auszuschließen.

> Wir stehen uns mit unserer Angst vor dem Neuen, Unbekannten und noch zu Lernenden selbst im Weg.

Grenzen

»Ohne Grenzen gibt es kein Miteinander, ohne Differenz keine Erkenntnis. Wer als Mensch wissen will, wer er ist, muss wissen, von wem er sich unterscheidet«, schrieb Konrad Paul Liessmann in seinem Pamphlet »Lob der Grenze« aus dem Jahr 2012.[29] Der scharfsichtige Philosoph wendet sich nüchtern und klar gegen das identitäre Gehabe eines Grenzbegriffs, der ausschließt und nicht etwa dem dient, was jede Grenze sinnvoll macht: die Unterscheidung zwischen dem Hier und dem Dort.

Das Verstehen von Grenzen ist besonders dort wichtig, wo sie scheinbar täglich überschritten werden, in Zeiten der Krise und Transformation, also dort, wo das Gewohnte durch Neues und Überraschendes gebrochen wird. Liessmann schreibt: »Eine Krise, so legt es die Etymologie dieses Wortes nahe, ist eine Phase, in der sich die Dinge scheiden.«[30] Denn »das griechische Verb *krínein* bedeutet trennen und unterscheiden, die davon abgeleitete *kritikē téchnē*, die Kritik, bezeichnet die Kunst der Beurteilung, die auf der Fähigkeit beruht, zu unterscheiden und Unterschiede zu erkennen. Kritik und Krise stammen aus derselben sprachlichen Wurzel, und sie markieren Grenzen.«

Das muss man verstanden haben, um Diversität zu verstehen. Denn damit ist gesagt, dass der durch vielfältige Ursachen und Quellen gespeiste Wandel der Welt, nicht nur deren westlicher Hemisphäre, umso deutlicher erscheint, als zunehmend mehr Menschen den Unterschied zwischen der konsumistischen Industriewelt und der neuen Netzwerkgesellschaft erkennen. Es ist nur die Krise der industriellen Einheitsgesellschaft und ihrer Logik und Kultur, nicht gleich der ganzen Welt. Denn die macht sich nun kenntlich – sei es durch das, was die Globalisierung täglich an neuen Kenntnissen in unsere scheinbar so stabile Welt hineinträgt, sei es durch das Erkennen von Zusammenhängen, die bisher verschlossen blieben – etwa jenem, dass die Fähigkeit zur Innovation und ein Verständnis für Vielfalt zusammengehören. Die Grenzen, von denen Liessmann spricht, sind Grenzen, die nicht beschränken, aber verdeutlichen. Damit zeigt er etwas Entscheidendes auf: dass nämlich viele, die behaupten, kritisch zu denken, genau das Gegenteil tun.

> **Kritik dient der Unterscheidung, und die ist eine Wahrnehmung und ein Angebot, nicht ein Entweder-dies-oder-jenes.**

Identitäres zwingt, es ist in seinem Anspruch grenzenlos. Dann *muss* etwas so gedacht, geschrieben werden, wie es die Identitären wollen. Das ist nicht kritisch, sondern totalitär. Kritik dient der Unterscheidung, und die ist eine Wahrnehmung und ein Angebot, nicht ein Entweder-dies-oder-jenes.

Inklusion

Das ist das Paradox der Grenze: Einerseits macht sie Unterschiede sichtbar. Hier ist Österreich. Dort ist Deutschland, da Frankreich, hier jemand mit dunklem Teint, dort mit hellem, mit langem oder kurzem Haar, laut oder leise, Mann oder Frau oder divers. Jedenfalls etwas, das hier und jetzt als Eigenes wahrnehmbar ist. Und: Alles Wahrnehmbare unterscheidet, grenzt also ab. Das ist kein Problem, wenn es der Kenntlichkeit dient, der Selbstvergewisserung. Aber es ist ein Problem, wenn wie üblich Identitätspolitik und Identitäre auf den geschlossenen Einheitsvorstellungen des 19. Jahrhunderts bauen. Wenn die eigene Identität als moralisch oder »biologisch« überlegen angesehen wird und das andere als »minderwertig« (oder: unanständig). Als Kinder des Gestern sind Linke und Rechte für diese Denkschemata besonders anfällig. Liberale und demokratische Sichtweisen hingegen widersetzen sich der Abgrenzung durch Ausgrenzung. Aber in Gruppen sind das Minderheiten. Dafür sorgen der Mitläufereffekt und der Gruppendruck – die berüchtigte Gruppenkohäsion –, die Unterschiedlichkeit nivellieren, um noch eindeutiger Macht ausüben zu können. Eine Grenze ist ein Hinweis. Hier fängt etwas anderes an. Dies ist jemand anderer. Weiblich ist nicht besser als männlich – und umgekehrt; jemand ist weiblich *oder* männlich *oder* divers. Interessant ist diese Dimension vor allen Dingen deshalb, weil sie zeigt, wie auch Wirtschaft und Gesellschaft in Netzwerksystemen funktionieren: unterschiedlich, jeweilig.

Nochmals Konrad Paul Liessmann dazu: »Unterscheidungen zu treffen, wird in einer Zeit schwer, die sich prinzipiell davor scheut, überhaupt noch Unterscheidungen im Denken zuzulassen – denn unterscheiden bedeutet ausschließen, und das behagt der aktuellen Inklusionsrhetorik wenig.«[31]

Inklusion bedeutet ja keineswegs, dass man zwei unterschiedliche Sachverhalte miteinander bis zur Unkenntlichkeit vermischt. Das genau war die Politik der Rassisten, die versuchten, die Native Nations, die Ureinwohner Amerikas, zu integrieren, genau das haben die Russen mit den vielen Teilvölkern der Sowjetunion getan (und tun es in der Russischen Föderation noch heute), genau das vollziehen die chinesischen Kommunisten, die Volksgruppen wie die Uiguren brutal zu Han-Chinesen machen wollen. Dieser Inklusionsbegriff ist von der Norm besessen, der Gleichmacherei, und damit menschenfeindlich und falsch. Denn er baut auf die Auflösung der Unterschiede. Was im Kleinen, bei der korrekt gegenderten Schreibweise, beginnt, setzt sich in der Firma fort, wo alle Meinungen geduldet werden[32], Hauptsache, sie befolgen den aktuellen Sprech des Managements oder der gerade federführenden Gruppe. Diese Inklusion ist ein Zerrbild, eine zynische und möglicherweise aus Dummheit und Unwissenheit hervorgebrachte Perversion des Diversity- und Inklusionsbegriffs.

Der Gruppendruck trennt die Menschen in drinnen und draußen, in Bürger und Fremde, in Mitarbeiter und Eindringlinge, in Angehörige und bedrohliche Außenseiter. Das wird schon Kindern beigebracht, im scheinbar harmlosen Spielen wie der »Reise nach Jerusalem«. Ein Stuhlkreis, der umtanzt wird und bei dem auf ein Signal hin – ein Klatschen etwa einer Lehrerin – sich alle so schnell wie möglich setzen müssen. Es gibt aber nun mal nicht so viele Stühle wie Mitspieler. Verlieren ist vorprogrammiert. Wer trickst, täuscht oder gar brutal vorgeht, der gewinnt. Die Industriegesellschaft und die Logik ihrer Institutionen, der Firmen und Büros, der Politik und ihrer Hinterzimmer, ist genau das: eine Reise nach Jerusalem, bei der es um Ausgrenzung geht. In der fatalen Logik des Spiels wird die Ausgrenzung immer weiter getrieben: Immer weniger Sitzgelegenheiten stehen auf dem Weg zum Sieg – der Macht – zur Verfügung, bis schließlich nur noch ein Stuhl und zwei Konkurrenten übrig sind. Das ist das genaue Gegenteil dessen, was eine inklusive Wissensgesellschaft nötig hat, nämlich das Verstehen von Vielfalt, bei der es nicht darum geht, das, was abweicht, zu langsam, zu wenig fleißig oder mitlaufend ist, zu vernichten, sondern zu erkennen, dass unterschiedliche Fähigkeiten die Anzahl der Lösungen erhöhen. Inklusion ist nicht einfach nett, sie ist das Arbeitsprinzip aller Entwicklung, Innovation und

> Eine inklusive Wissensgesellschaft muss erkennen, dass unterschiedliche Fähigkeiten die Anzahl an Lösungen erhöhen.

Weltverbesserung im eigentlichen, ganz nüchternen Sinne. Gute Gemeinschaften unterscheiden sich voneinander, machen sich kenntlich. Schlechte Gemeinschaften verlangen Einordnung und Unterwerfung. Zu Ersterem gehören selbstständige, mündige Netzwerke. Das andere ist das alte, drückende Kollektiv, das Totalitäre, das nur den Unterschied zwischen Unterwerfung oder totaler Ausgrenzung kennt.

Inklusive Unterschiede

Talcott Parsons, der den Begriff der Inklusion in die Soziologie einführte[33], ging es darum zu zeigen, dass sich die Mehrheitsgesellschaften im Westen durch den Ausschluss bisher nicht akzeptierter (und damit auch nicht diskutierter) »Anderer« (oder »des Anderen«) selbst Schaden zufügen. Das ist, als würde beispielsweise ein Manager ständig von Innovationen überrascht, weil er sie im Grunde seines Herzens ablehnt und deshalb sich und seine Mitarbeiter davon abhält, sich für sie zu interessieren – eine gängige Praxis träger Exklusionsmodelle, die auch in unserer deutschen Gesellschaft stark bedient werden. Parsons' Grundidee bestand also darin, das Bestehende mit dem Neuen zu konfrontieren, es aber nicht rückstandsfrei darin aufzulösen, ja, es gar auszulöschen, um es unschädlich zu machen. Aus gutem Grund beklagen Minderheiten fast immer, dass die an der Macht befindliche Mehrheit sie um ihre Kultur und Traditionen bringen will: Die gewohnte Sprache darf nur mehr eingeschränkt gesprochen werden. Die alten Traditionen sind entweder verboten oder werden nicht mehr gefördert, sondern abgewertet. Kulturelle Eigenheiten werden als Besonderheit folklorisiert und damit aus dem Alltag verdrängt. Es gibt viele Methoden, um Gleichmacherei durchzusetzen. Sie alle haben den Zweck, sich die Anderen untertan zu machen – sie gleichzumachen. Beherrschen und Gleichheit sind zwei Seiten einer Medaille. Wer das nicht verstanden hat, ist weder kritisch noch fortschrittlich, sondern über seine eigene vermeintliche Progressivität gestolpert. Denn Inklusion heißt unterscheiden. Das Anderssein erkennen. Anerkennen. Und nicht: gleichmachen.

> Inklusion heißt unterscheiden. Das Anderssein erkennen. Anerkennen.

Die Vereinten Nationen etwa fordern in ihrer 2015 veröffentlichten Charta der Ziele für nachhaltige Entwicklung[34] das Ziel einer »inklusiven und hochwertigen Bildung«. Das ist sehr gut. Aber man kann es leicht missverstehen, wie die Praxis zeigt. »Inklusiv« kann eben nur heißen, dass die Zugänge zu Bildungsmöglichkeiten im weitesten Sinne barrierefrei sind und nicht vom Geldbeutel oder dem Geburtsort abhängen. Es bedeutet aber keineswegs »gleich« im Sinne einer gleichmäßigen, nivellierenden Bildung. Gerechtigkeit ist nur durch das Eingehen auf die Unterschiede der Talente möglich.

Echte Diversität heißt, dass das, was man ist und was man sein könnte, durch Bildung entwickelt werden kann. Das Originäre ist das Ziel ehrlicher und echter Inklusion. Man muss sich nicht wundern, dass es bei Lippenbekenntnissen bleibt, wenn nicht endlich nach einer Praxis der Unterschiedlichkeit in der Bildung gesucht wird, die übrigens ja auch das Ziel aller humanistischen Bildung ist. Der geht es nicht um gleich kluge Menschen, sondern darum, das jeweilige Potenzial der unterschiedlichen Charaktere und Talente zu nutzen.

Nun ist aber unser Sicherheitsdenken ganz darauf aufgebaut, dass wir Eindeutigkeiten herstellen wollen. Das ist ein zutiefst irrationales Denkmuster, das nur sehr schwer zu durchbrechen ist.

Grenzenlos

Niemand weiß, was kommt. Dennoch machen wir Menschen Pläne. Dagegen ist auch nichts einzuwenden, solange diese Pläne in Absichten und Möglichkeiten bestehen – und wir bereit sind, uns den wechselnden Situationen und den je neuen Bedingungen zu stellen. Genau das aber geschieht in Gesellschaften mit wachsendem Wohlstand nicht mehr. Es wird erwartet, dass alles so weitergeht wie bisher oder wie geplant – und eben immer noch etwas obendrauf kommt. Gegen das Wachstum ist grundsätzlich nichts einzuwenden, denn Wachstum kann sich ja auch qualitativ ereignen – statt immer mehr Konsum materieller Dinge können Menschen ja auch an Zufriedenheit wachsen, gesünder und bewusster leben etwa. Aber selbst im Umgang damit sind wir auf eine interessante Weise grenzenlos. Genug ist nicht genug, und das ist nicht nur bei materiellen Dingen so. Wir sind grenzenlose Wesen, wenn man Grenzen als Begrenzung – als Limit – versteht. Das muss man wissen.

Die pauschal moralisierenden Beschwörungen von »Weniger ist mehr« sind falsch, weil sie nicht menschengerecht sind. Menschen denken verschwenderisch – und das muss keineswegs bedeuten, dass sie dabei Ressourcen vergeuden (also sinnlos verpulvern) oder Energie verschleudern. Es bedeutet vielmehr, dass der menschliche Geist sich keine Grenzen setzen kann, auch wenn er das zuweilen versucht. Der menschliche Geist ist unbegrenzt, off limit. Er kennt kein Tempolimit und keine Nachtfahrverbote, er lässt sich weder von Dogmen noch von Religionen oder Ideologien begrenzen. Selbst unter existenzbedrohenden materiellen Bedingungen entstehen großartige Ideen, wunderbare Kunst, herausragende Innovationen (auch wenn Not, anders als im Sprichwort, nicht per se erfinderisch macht). Die große Herausforderung für die künftigen Jahre ist genau dieses Erkennen der Kraft des Unterschieds. Wenn sich Europa seiner Fähigkeiten bewusst wird, dann heißt das: sich sei-

> Der menschliche Geist kann sich keine Grenzen setzen, auch wenn er das zuweilen versucht.

ner kulturellen Diversität bewusst sein, seiner Regionalität, seiner Individualität. Dafür schätzt die Welt den alten Kontinent und seine Menschen, nicht für jenes grenzenlose Gerede von der Einheit. Die ist in wirtschaftlicher und rechtlicher Hinsicht manchmal nützlich, zumindest solange die Bürokratie die Unterschiede, die ja auch im Wettbewerb bestehen, nicht nivelliert. Aber es geht darum, die Einheit und Gleichheit zu begrenzen und zu dosieren, intensiv zurückzubauen geradezu, denn diese Eigenschaften sind es, die die Gleichmacherei und Bürokratisierung haben blühen lassen. Es ist die Unbegrenztheit des Begrenzens, die uns schadet, nicht die Grenzenlosigkeit des Denkens.

Walter Benjamins Blick

Im Jahr 1935 schrieb der deutsche Philosoph Walter Benjamin im Pariser Exil seinen wohl bekanntesten Text: »Das Kunstwerk im Zeitalter seiner technischen Reproduzierbarkeit«. Darin taucht ein magischer Begriff auf: »Aura«. Für Benjamin ist die Aura eines Kunstwerkes dessen Seele im Sinne ihrer Einzigartigkeit. Das Original ist unverwechselbar ein Original, ein sichtbarer, spürbarer, erkennbarer Unterschied. Genau der verschwindet im industriellen Zeitalter systematisch, denn er ist unerwünscht. Die Industrie will – aus gutem Grund – berechenbare, einheitliche Normen und Standards schaffen, aus denen Produkte und Dienstleistungen entstehen, die vollständig berechenbar sind. Nun wirkt sich diese Massenware nicht einfach nur auf Alltagsgegenstände und Serviceleistungen aus. Sie wirkt auch in der Kultur. Schon bald ist die Masse, das massenhaft Kopierte, nicht nur in der Produktion »normal«, sondern auch in der Gesellschaft. Aus dem aufklärerischen Ideal des Individuums wird das Sich-Einfügen in die Masse. Der Massenmensch ist plan- und berechenbar wie alles, zu dessen Herstellung er beiträgt. Ein echtes Kunstwerk, auratisch, tanzt immer aus der Reihe. Die Masse hingegen feiert die Gleichheit als Ideal. Und sie trägt viele Namen: Team, Gemeinschaft, Gruppe, Wir.

> Ein echtes Kunstwerk, auratisch, tanzt immer aus der Reihe.

All das kann nur armselig kaschieren, worum es eigentlich geht: Gehört man dazu oder nicht? Diese Frage wird gelegentlich gestellt. Im Jahr 1969 sang man in der totalitären Deutschen Demokratischen Republik einen »Hit« der Politgruppe »Oktoberklub«, »Sag mir, wo Du stehst!«. Das war keine Frage, sondern ein Befehl. Und so war es auch im Industrialismus – und ist es bis heute geblieben. Benjamin schreibt: »Die Entschälung des Gegenstandes aus seiner Hülle, die Zertrümmerung der Aura, ist die Signatur einer Wahrnehmung, deren ›Sinn für das Gleichartige in der Welt‹ so gewachsen ist, daß sie es mittels der Reproduktion auch dem Einmaligen abgewinnt.« Wer im Industrialismus erzogen wurde, aufwuchs und nichts anderes kennt – und das trifft heute für die überwiegende

Mehrheit der Weltbevölkerung zu –, hat den Sinn für den Unterschied, der auch ein Synonym für das Original, das Echte, das Eigene ist, weitgehend verloren.

Das heißt allerdings nicht, dass die Menschen nicht eine Sehnsucht nach eben dieser Unterscheidung, nach dem »Echten« in sich trügen – im Gegenteil. Auch Benjamins Zeitgenossen, Karl Polanyi (»Die Große Transformation«) und Joseph A. Schumpeter (»Die schöpferische Zerstörung«), bemerkten, dass das Industrielle (gleichsam ein Synonym für Kapitalismus und Gesellschaftsordnung) unaufhörlich unser Bewusstsein nivelliert. Bei Schumpeter allerdings kommt am Ende dabei etwas recht Optimistisches heraus. Er sagt vorher, dass die Erfolge der industriellen Gleichmacherei in einer Konsumgesellschaft enden würden, in der die Fragen nach Unterscheidbarkeit immer lauter werden würden. In dieser Welt befinden wir uns schon lange. Die Nachkriegsökonomien haben einen derartigen Wohlstands-Booster gezündet, dass in wenigen Jahrzehnten eine Konsumgesellschaft entstanden ist, die die wahren Bedürfnisse ihrer Insassen nicht mehr befriedigen kann. Das heißt nicht, dass materieller Überfluss per se schlecht ist, im Gegenteil: Er ermöglicht Unterscheidbarkeit, Vielfalt, materielle Diversität durch Auswahl, setzt aber auch ein hohes Maß an Entscheidungsfähigkeit seiner Bürgerinnen und Bürger voraus. Betrachtet man sie, wie viele Politiker und Marketingleute es zu tun pflegen, bloß als »Konsumenten«, dann übersieht man eben jenes Bedürfnis nach Echtem, nach Aura, das in der

Kritik am industriekapitalistischen Produktionssystem von jeher eine große Rolle spielte. Auch Karl Marx, dessen Epigonen wie keine andere Bewegung in der Menschheitsgeschichte Glück und Gleichheit miteinander verwechselten, kam nicht ohne die Vision einer gerechten, weil differenzierten Gesellschaft aus – sein »jeder nach seinen Fähigkeiten, jeder nach seinen Bedürfnissen« könnte geradezu der Leitspruch echter Diversity-Bewegungen werden – wäre da nicht die eindeutige historische Belastung einer auf Einheit und Nivellierung ausgerichteten Ideologie, die dieser gute Wille hervorgebracht hat.

Auf den Punkt: Man wusste allgemein und in den unterschiedlichsten politischen Lagern von der wirklichen Kernmacht des Kapitalismus der Industrie, ihrer Einheitsdoktrin. Man wusste, dass der Industrialismus den Geschmack abschliff. Das Problem dabei ist aber klar: Wenn er das erfolgreich tut, dann lässt sich nicht mehr viel verkaufen. Marktwirtschaft baut auf der Unterschiedlichkeit, auf Vielfalt, Planwirtschaft hingegen

> Tatsächlich aber funktionieren Märkte nur durch unterschiedliche Bedürfnisse. Sie sind weit mehr eine Frage des Geschmacks als alles andere.

auf der Vorstellung, man könne menschliche Bedürfnisse in einigen wenigen Bereichen als solche abschließend definieren und dann als »Gemeinwohl« aufs Fließband setzen. Tatsächlich aber funktionieren Märkte nur durch unterschiedliche Bedürfnisse. Sie sind weit mehr eine Frage des Geschmacks als alles andere. So entwickeln Menschen, die einerseits ganz auf Mitmachen und Gruppendruck getrimmt werden, ein feines Gespür für eine zweite Welt, in der Differenz und Individualität eine Rolle spielen. Sie ist ambivalent, ein wenig so wie die Welt der Mode, bei der es ja, wie der große Georg Simmel festgestellt hat[35], ein Mitmachen um des Unterscheidens willen gibt. Es ist nur scheinbar paradox, dass das sogar für Uniformen gilt. Wer sie anzieht, freiwillig jedenfalls, möchte sich von anderen abheben. So kommen die meisten Kollektivisten zu ihrem Bodenpersonal – sie geben vornehmlich Jugendlichen oder Deplatzierten das Gefühl, »dazuzugehören« und gleichsam »anders zu sein«, nämlich über die restliche Masse erhaben. Jede Gruppe in einer Gesellschaft oder auch in einer Organisation, die anders sein will, ritualisiert ihre kollektiven Abläufe, wird identitär im eigentlichen Sinne. Das gilt natürlich auch für die, die ganz heftig jede Form von Establishment ablehnen.

Die Punk-Elite

Die Studentinnen und Studenten der 1968er-Bewegung wären empört gewesen, hätte man sie als Elite bezeichnet, sahen sie sich selbst doch als gesellschaftliche Avantgarde. Und selbst die zehn Jahre später auf den Plan der Geschichte tretenden Punks, die »No Future« auf ihren rasierklingenbewehrten T-Shirts stehen hatten, hatten ihr Anderssein rasch »kultiviert« und »normiert«. Und parallel dazu waren es die Umweltschutzgruppen und Aktivistinnen, die so dachten – und noch später die Fridays-for-Future-Bewegung. Das alles erinnert ein wenig an jene legendäre Szene der britischen Satiregruppe Monty Python in ihrem Kinofilm *Life of Brian* aus dem Jahr 1979. In einer der berühmtesten Szenen dieses Werks appelliert der vermeintliche Messias Brian an seine Anhänger, die ihn in seinem Haus belagern, doch selber zu denken – und nicht mitzulaufen. »Ihr seid doch alle Individuen!«, ruft er ihnen in seiner Verzweiflung zu. Die Antwort lautet im Chor: »Ja, Meister! Wir sind alle Individuen!« Nur einer ruft dazwischen: »Ich nicht!« – größer könnte das Erstaunen nicht sein. Vielleicht, wer weiß, kannten die schlauen Komiker den Satz von Margaret Mead, der am Ende des ersten Kapitels in diesem Buch steht und in dem davon die Rede ist, dass wir »alle Individuen sind (…) wie alle anderen auch«. Das heißt natürlich nicht, dass die Individualisierung chancenlos wäre, im Gegenteil. Immer wieder bricht sie sich Bahn, sind Menschen eigenwillig, unberechenbar und tun nicht, was man ihnen sagt.

Wenn wir von Massenprodukten, Normen, Standards sprechen, dann taucht vor unseren Augen die Unterschiedslosigkeit von Fließbandwaren auf, von Floskeln und hohlen Phrasen, mit denen uns Marketingabteilungen und Werbeleute, Politiker und Demagogen abspeisen. Doch die Unterschiede samt der Fähigkeit zur Differenzierung sind nicht kleinzukriegen.

Im Gegenteil: Gerade dort, wo die Nivellierung ein gewaltiges Ausmaß angenommen hat und wir scheinbar von Me-too-Produkten und -Ideen nur so überschwemmt werden, entwickeln Menschen feine Unterschiede.

Rosebud

Ob man etwa einen bestimmten Song der Beatles, der millionenfach auf Schallplatten, Musikkassetten, dann als CD oder MP3-Datei reproduziert wurde, als einzigartig versteht, hängt von der Beziehung ab, die man dazu gefunden hat. Auch ein Gedicht, ein Buch, ein Bild erfordert Bezüge, ein Verhältnis; es bedarf unserer Kontextkompetenz, um das Werk als einzigartig zu verstehen. Bei den schönen Künsten ist das sicher leicht nachzuvollziehen.

> Jede Person hat ihre eigene Interpretation von Wirklichkeit.

Aber es gilt auch anderswo. Jede Person hat ihre eigene Interpretation von Wirklichkeit, was ja nicht bedeutet, dass man vollständig in der eigenen Welt lebt, sondern eben vieles in dieser Welt als einzigartig in Verbindung mit dem eigenen Erleben erscheint. Der Ort, an dem man seinen Partner kennengelernt hat, mag für die einen ein trostloses Büro mit langweiligen Spießern sein, für das Paar aber ist diese Umgebung einzigartig, als wäre sie nur für sie geschaffen worden. Jedes Liebeslied, so schnulzig es auch sein mag, setzt erfolgreich auf diesen Mechanismus. Am Anfang und am Ende von Orson Welles' Film

Citizen Kane steht ein Schlitten aus industrieller Produktion, mit der Aufschrift »Rosebud«. Dieses *Rosebud* ist das Synonym für die verbreitete Erfahrung der Menschen in der Industrialisierung, dass es nicht darum geht, wie oft es ein Produkt oder eine Sache gibt, sondern in welchem Verhältnis und in welcher Beziehung wir dazu stehen. Massenprodukte verwandeln sich damit zu Wissensgütern, deren Wesen und Wert durch ein individuelles Erleben gestaltet wird. Der relevante Unterschied besteht also in der »User-Experience« (UX), in der Erfahrung, die der Anwender im Umgang mit dem Gegenstand gewinnt. Um das zu verdeutlichen, gehen wir noch einen Schritt in die Welt der Kunst: Events, Veranstaltungen sind kurzlebige und einmalige Ereignisse und gerade deshalb etwas Besonderes. Verkauft wird die Aura der Beziehung zwischen Künstler, Kunst und Publikum. Es sind – im Wortsinn – einmalige Ereignisse.

Selbst ein flüchtiger Augenblick einer künstlerischen Aktion oder das nur wenige Tage während Verhüllen eines Gebäudes durch das Aktionskünstler-Ehepaar Christo und Jeanne-Claude (wie beim Berliner Reichstag im Sommer 1995), der Vortrag eines Musikstücks, einer Komödie, ein Feuerwerk oder eine Show – sie alle sind natürlich auch Quellen eigener und unverwechselbarer Erinnerungen und Erfahrungen im Auge der Betrachter. Und sie verdeutlichen die Ambivalenz des Unterscheidbaren: Dazu gehört, wie auch bei der Mode, das Changieren zwischen Dazugehören und individuellem Erleben. Anders gesagt:

Ganz gleich, ob etwas vom Fließband fällt oder durch Handarbeit einmalig entstanden ist, es ist die Aura, die Beziehung zur Sache oder zum Ereignis, die den Unterschied macht.

In der persönlichen Unterscheidung grenzen wir ab, um genauer zu erkennen. In der sozialen Unterscheidung nötigt uns die Überflussgesellschaft zu besonderen Aufmerksamkeitstechniken, um überhaupt noch gesehen zu werden. Aber der Kampf um Aufmerksamkeit ist kein Selbstzweck, er soll ja gerade zu einer Beziehung führen. Nichts anderes führen alle im Schilde, die als Influencer auf YouTube arbeiten: Ob Künstler, Wissenschaftler oder Unternehmer, Teenager oder Erwachsene, sie alle versuchen ehrgeizig, auf sich aufmerksam zu machen.

> **In der persönlichen Unterscheidung grenzen wir ab, um genauer zu erkennen.**

Individuum und Soziales sind die zwei Seiten einer Medaille, weshalb es auch so töricht ist, nach dem Stil der alten Einheitsideologie des 19. Jahrhunderts das eine gegen das andere auszuspielen. Denn die Kunst zeigt uns, dass das, was potenziell für alle oder wenigstens für viele gemacht wird, einzigartig in seinem Erleben ist. Die Aura, der Unterschied, das sind wir selbst.

Aha-Effekte

Gestört werden diese an sich nicht wegzudenkenden Beziehungen dadurch, dass die Welt immer komplexer wird, wir also das Produkt oder die dazugehörige Idee nicht mehr verstehen. Ein Rechtssystem, das nicht mehr nachvollziehbar ist, enthält nur mehr Willkür und keine Regeln mehr, auch wenn es ganz anders gedacht war. Eine Technologie, zu der man »keinen Zugang« findet, wirkt fremd und düster. Das gilt auch für die Hintergründe der industriellen Produktion, in der schon aus ethischer Hinsicht vieles falsch läuft (wir denken nur einmal an die Kinderarbeit, fehlenden Arbeitsschutz oder an die Massentierhaltung). Aber es ist vor allen Dingen das Nichtverstehen, das uns irritiert: Wir sehen keinen Unterschied mehr. Der Unterschied tritt hier als Erkenntnis zutage. Er ist jener Aha-Effekt, der uns klarmacht, die Hintergründe einer Sache verstanden, die Blackbox geöffnet zu haben. Jene gewonnenen Einsichten versetzen uns nun erst in die Lage, uns eine Sache, eine Idee, einen Vorgang »zu eigen« zu machen. Das ist es ja, was den Unterschied ausmacht: die Aneignung der Welt und ihrer unzähligen Teile und Erscheinungsformen *an und für sich*.

> Was den Unterschied ausmacht: die Aneignung der Welt und ihrer unzähligen Teile und Erscheinungsformen *an und für sich*.

Retro

Mit der Digitalisierung der 1980er Jahre kam es zu immer intensiveren Retrowellen, die ebenfalls so funktionieren, wie Benjamins Aura-Idee dies erkennt. Plattenspieler mit Vinylplatten sind weit aufwendiger zu benutzen als digitale MP3- oder MP4-Dateien. Sie haben vielleicht, nicht selten sogar, an bestimmten Stellen einen Knacks, der durch den Tonabnehmer an einer ganz bestimmten Passage zuverlässig übertragen wird. Die erste Platte des »White Album«, dritter Titel, ist meine, wenn es bei 1.20 Sekunden knackt, was ziemlich genau die Mitte des Titels »Glass Onion« ist und damit das Industrieprodukt Schallplatte unverwechselbar macht. Da ist nämlich die nächste Sache: Die Aura mag unter Druck geraten sein, aber sie verschwindet nicht. Sie wird unbewusster, aber sie ist dennoch Teil unseres Lebens, wir können gar nicht anders, als zu unterscheiden. Umso absurder ist es, dass wir nach immer mehr Gleichförmigkeit rufen. Wir leben den Unterschied, aber wir fordern das Über-einen-Kamm-Scheren. Was wäre das denn, wenn nicht Ideologie?

Variatio delectat

Im 1. Jahrhundert vor Christus entstand die älteste bis heute erhaltene Prosaschrift in lateinischer Sprache, die »Rhetorica ad Herennium«[36]. Man hat dieses Werk gelegentlich Cicero zugeschrieben, was die neuere Forschung allerdings eher skeptisch sieht. Entscheidend ist nicht nur der Umstand, dass diese Schrift – durch Wiederentdeckung und Abschrift im Mittelalter – erhalten blieb, sondern auch eine Phrase aus ihr, die für das Wesen des Unterschieds bei Menschen steht: *Variatio delectat* – Abwechslung erfreut. Immer wieder wird dieses Motto der Differenzierung zitiert, am liebsten, wenn es um Speisen und Getränke geht, um Geschmäcker und Vorlieben. Gemeint war es ursprünglich anders, denn es richtete sich an Redner, die offensichtlich schon zu Zeiten der Römischen Republik ihr Publikum mit monotonem Zureden einschläferten. Das *Variatio delectat* bat darum, etwas Farbe und Temperatur in die Ansprache zu bringen. Gleichsam aber taugt die Aufforderung auch für alles, was Menschen bewegt. Geschmäcker sind verschieden, wissen wir. Übersetzt ins Ökonomische heißt das schon immer: Wo die Grundbedürfnisse befriedigt sind, beginnt das Reich des Unterschieds. Es wird von jeher schnell und leichtfertig mit dem Verzichtbaren gleichgesetzt, der *luxuria*, die in neuer Zeit und erst durch die Religionen und dann ihre Nachfolger, die politischen Ideologien, verdammt wurde. Der Unterschied erscheint als Verschwendung, was aber schon ein Verkennen dieses Begriffs ist.[37] Denn Verschwendung ist keine Vergeudung, sondern eben verschwenderisches, vielfältiges Denken und Versuchen, schlicht Ausprobieren. *Variatio delectat* passt zur Wissensgesellschaft und zur Moderne ganz ausgezeichnet. Sie ist sogar deren Voraussetzung. Denn erst dort, wo Varianten gedacht werden können, nach der Existenzkrise also, beginnt die Ebene, auf der die Menschen sich entwickeln können. Unsere Kultur ist keine Mangelwirtschaft, wie sie jahrtausendelang unsere Existenz prägt. Sie ist in ihrem Kern darauf abgestellt, Experimente durchzuführen, Versuche, Proben zu nehmen, hier und dort zu kosten und Vorhandenes zu rekombinieren und Neues dazuzusetzen. Varietäten und Varianten prägen unser Leben. Nur die Einheitsideologie sieht das anders. Beispielsweise wird gerne vom »Kapitalismus« geredet, ein Irrtum mit Absicht. Denn es gibt nicht den einen Kapitalismus, sondern rund 750 klar voneinander unterscheidbare Varietäten.[38]

> Erst dort, wo Varianten gedacht werden können, nach der Existenzkrise also, beginnt die Ebene, auf der die Menschen sich entwickeln können.

Geschmack

Es ist unerheblich, ob man nun an die Zukunft einer oder aller dieser Varietäten des Kapitalismus glaubt oder es für wahrscheinlich hält, dass noch viele weitere hinzugefügt werden. Was auf jeden Fall weiterentwickelt wird, ist der harte Kern aller Marktwirtschaft, das Bedürfnis von Menschen, sich zu unterscheiden, in ihrem Geschmack, ihren Vorlieben, ihrem Leben. Der Schweizer Ökonom Ernst

Mohr hat dazu in seinem Buch »Ökonomie mit Geschmack« geschrieben, es gäbe heute keinen »Geschmack mehr, sondern Geschmäcke«. Auch aus der Norm des »guten Geschmacks« wird also eine Varianz. Auch hier ist das Zeitalter des Kollektivismus, dem gemeinsamen Nenner der alten Politik, vorbei. Mohr, der an der Universität Sankt Gallen Volkswirtschaft lehrt, stützt seine These auf die umfassende Diversität unserer Tage, die soziale Komplexität also, die Kraft des Unterschieds. »Die Menschen tummeln sich heute in Wahlverwandtschaften und nicht mehr in Schicksalsgemeinschaften«, so Mohr im Wirtschaftsmagazin *brand eins*.[39] Ob »Hipster, Hip-Hopper, Yuppies, Millennials, und wie sie alle heißen – sie definieren sich nur noch über ihren Geschmack und sind allein an ihm erkennbar.« Das, so Mohr, sei das zentrale Signal, das viele in der praktischen Ökonomie längst verstanden hätten. Deshalb gibt es *smart factoring* und all die Varianten, die uns Industrie 4.0 bescheren. Was ansteht, sind dabei die üblichen Transformationsschmerzen. Die alten Klassen, die alten Eliten, linke wie rechte, sie beklagen die Vielfalt, denn sie ist ihr Feind, weil damit ihre feinen Unterschiede, ihre allgegenwärtigen Geschmacksmuster zerstört werden. Die Personalisierung der Welt, wie sie im digitalen Wissenszeitalter normal wird, zerstört die alte Agenda, nach der eine bestimmte Moral, Religion, Weltanschauung zum Machterhalt dienen musste, dafür, den Laden zusammenzuhalten. Es zeigt sich, dass es längst ganz praktisch anders und besser geht. Die Geschmäcke sind verschieden. Sie sind alltägliches Unterscheiden, Entscheiden und damit Zeichen einer real existierenden Selbstbestimmung. Das schmeckt nicht allen. Geschmack braucht Vielfalt.

Dass Geschmäcker aber verschieden sind, ist von der Evolution so gar nicht beabsichtigt. Es ging, das hat der amerikanische Sachbuchautor Tom Vanderbilt in seinem Werk »Geschmack« gezeigt[40], darum, dass der Geschmack uns half zu überleben. Was man Geschmack nennt, ist laut Evolutionsbiologie die Summe der persönlichen Erfahrungen im Umgang mit der Umwelt, vor allem natürlich den Ressourcen, die man zum Überleben braucht, etwa Essen und Trinken. Bestimmte Farben bestimmter Pflanzen weisen auf ihre Verträglichkeit oder Giftigkeit hin. Innerhalb dieser Vorgaben von Farben, Formen und Gerüchen bilden wir dann unsere Vorlieben aus, eben unseren persönlichen Geschmack. In Gemeinschaften aber wird der zur politischen Währung. Wer sagt, was richtig schmeckt und was nicht, was gefallen darf und was nicht? Das ist in einer entwickelten Konsumgesellschaft essenziell geworden. Wir streiten ständig über die Frage, wie viel persönlicher Unterschied sein darf. Und nicht selten sind die, die sonst schnell für Diversität eintreten, auf der Palme, wenn man ihren Geschmack nicht teilt. Moral sichert dabei die Flanken. Aber letztlich geht es um Rechthaberei, um Macht. Der Geschmack ist ein Kampfplatz der Ideologie und der Kultur. Was wollen wir? Was will ich?

Keinen Zweifel aber gibt es daran, dass in dieser Welt des Superindustrialismus – wie der Zukunftsforscher Alvin Toffler zu Beginn der 1970er Jahre die letzte Ära der Industriegesellschaft und ihrer Konsumwelt nannte – merkwürdig anmutende Enklaven existieren, in denen sich erhalten hat, was Menschen wirklich wollen: unterschiedlich sein, dieses Unterschiedliche auch spüren – und schmecken.

Alle Norm, alles Mit- und Nachlaufen mit Trends und Moden, sie haben eines doch nicht zerstören können: den unterschiedlichen Geschmack, die Varietät. Geschmäcker sind verschieden. Dass das in der konsumkapitalistischen Warenwelt (und noch mehr in den Gesellschaften, in denen der Konsumkapitalismus aus politischen Gründen »verboten ist«) so wichtig ist, zeigt, dass die Individualisierung, die große Kraft hinter der Unterschiedskultur des 21. Jahrhunderts, in vollem Gange ist. Die Konsumgesellschaft individualisiert sich permanent, auch oder gerade dort, wo viel von Gemeinschaftserlebnissen die Rede ist. Ausgeklügelte Produktionsverfahren – *smart industries,* Industrie 4.0 – zielen praktisch nur auf die Verfeinerung des Publikumsgeschmacks. Massen-

> Alle Norm, alles Mit- und Nachlaufen mit Trends und Moden, sie haben eines doch nicht zerstören können: den unterschiedlichen Geschmack.

marken und Massengeschmack gehören in die Welt der Industriegesellschaft von gestern. Unterscheidungslos sollen da einige wenige Produkte für alle gut sein, 08/15, von der Stange, One Size fits all. Doch das gibt es nicht, das gab es nie. Die Kulturgeschichte spricht eine deutliche Sprache. Ob es um Kunst oder Kultur geht, ums Essen oder Trinken, ums Anziehen oder ums Vergnügen, um Technik oder Dienstleistung, stets waren es die Varianten, die uns erfreuten. Bloß hatten davon die meisten Leute nichts mitgekriegt, für sie herrschte jene Mangelwirtschaft, die die Welt bis zur Industrialisierung für die meisten ausmachte. Knappheit und Armut für die einen. »Guter Geschmack« für die anderen.

Wir stoßen natürlich bei der Frage nach dem individuellen Geschmack immer wieder auf die sozialen Grenzen. Wer es sich früher leisten konnte, der durfte *Variatio delectat* leben. Die große Mehrheit litt Mangel an allem.

Aufgeplustert

Ein so banaler Satz wie »Geschmäcker sind verschieden« erweist sich als tickende Zeitbombe, wenn man ihn erst einmal ernst nimmt und fragt, was hinter der Phrase steckt. Denn die Verschiedenheit, die Diversität des Geschmacks, ist es ja, was Widersprüche erregt und Ängste befeuert. Immer war eine Elite dafür zuständig, ihren Geschmack zum allgemeinen Leitbild zu machen. Wer in der

Stammesgesellschaft nicht untergehen wollte, folgte dem Patriarchen. Wer in der Welt des Ancien régime, als Könige und Fürsten regierten, was werden wollte, der benahm sich wie der Fürst und seine Entourage. Es gab strenge Hofprotokolle. Die bürgerlichen Eliten, die im Verlauf des 18. und 19. Jahrhunderts den alten Adel zunehmend ablösten, entwickelten ihre eigenen Rituale, ihre »Distinktionsmerkmale«, wie es der amerikanische Soziologe Thorstein Veblen in seinem Meisterwerk »The Theory of the Leisure Class« (»Die Theorie der feinen Leute«) so präzise ausführte.

> Immer war eine Elite dafür zuständig, ihren Geschmack zum allgemeinen Leitbild zu machen.

Darin zeigt er die kulturbeflissene Oberschicht der neuen Mächtigen, Fabrikanten, Erben, Industriekapitalisten und Couponschneider in ihrem Alltag. »Demonstrativer Konsum« und »Demonstrativer Müßiggang« sind zwei Begriffe aus dem Buch, die zeigen, wie wichtig für Menschen auch das öffentliche, soziale Bekenntnis zum Unterschied ist.[41]

Der »demonstrative Konsum« besteht, leicht zu verstehen, darin, dass man zeigt, was man hat, es ist, wie Veblen schreibt, »eine zivilisierte Form des archaischen Muskelzeigens und Aufplusterns«.[42] Teure Klamotten, große, prunkvolle Villen, die besten Künstler, die in Privatveranstaltungen im Salon auftreten, teure Weine – die Welt der Reichen und Feinen, die sich damit von den anderen abheben.

Noch interessanter aber ist in dieser Unterscheidungsorgie das, was Veblen als »demonstrativen Müßiggang« ausmacht. Es geht beim Müßiggang ja nie ums Faulenzen oder Nichtstun. Der Müßiggang war bereits in der Antike ein Instrument zur Unterscheidung, ein Distinktionsmerkmal, das auch Sklaven haltende Philosophen als angemessen empfanden.

Man tat nicht nichts, sondern etwas, was offensichtlich nicht der allgemeinen Vorstellung von Produktivität entsprach. Veblen beobachtet das vor allen Dingen im Umgang der Eliten mit der Kunst. Sie bilden sich, spielen Klavier, singen, lesen Literatur, rezitieren Gedichte, schreiben vielleicht welche, sie interessieren sich für Kunstgeschichte, werden Sammler und so weiter. Gerade die in der Industrialisierung aufgestiegene Bourgeoisie braucht solchen demonstrativen Müßiggang, den es auch an den Höfen der Könige und Fürsten gab – man denke nur an die eigenen künstlerischen Ambitionen des »Sonnenkönigs« Ludwig XIV., der mit Molière Stücke erdachte und mit Lully Kompositionen und Tänze. Man zeigt, dass man es nicht nötig hat. Warum tun sie das? »Weil ich kann« – diese Antwort steht über solchem Verhalten. Ich kann es mir leisten. Ich will anders sein, kein Problem. Mitmachen, das ist was für Sklaven, Proletarier, kleine Angestellte. Sie müssen. Wir können. Man geht in die Oper, weil man es nicht nötig hat, in der Zeit noch mehr Geld zu verdienen (und auch, weil das ja ohnehin andere für einen erledigen).

Diese soziale Differenz ist bis heute ungebrochen vorhanden. Man muss nicht erst Veblen lesen, es genügt schon, die Diskussion über Lebensmittelpreise, Bioprodukte, über Lebensstile in hippen urbanen Vierteln und die dazugehörigen Geschmacksvorschriften, die – wie immer – an alle ausgegeben werden, aufmerksam zu beobachten. Derlei ist ein Erbe aus der Zeit, in dem »die da oben« »denen da unten« sagten, wo es langgeht. Auch wenn man sich als Weltverbesserer fühlt, so ist die Praxis doch pure Bevormundung, ein Erbe jener Gleichmacherei, an der die Eliten immer besonders interessiert waren. Für sie galt der Unterschied. Für die anderen die Norm.

Die feinen Unterschiede

Der französische Soziologe Pierre Bourdieu beschreibt diese »gnadenlose Herrschaft des guten Geschmacks« in seinem viel zitierten Buch »Die feinen Unterschiede«[43], das erstmals 1979 erschien. Der linke Intellektuelle wurde dafür vor allen Dingen von Gesinnungsfreunden angegriffen. Kein Wunder: Bourdieu behauptet nichts weniger, als dass die bürgerlichen Eliten, die natürlich auch bis heute die Fragen des guten Geschmacks und der Sitten definieren, keine Abweichung dulden, keine persönlichen Unterschiede zulassen und darüber hinaus ihre Sitten und Gebräuche, die sie als Bessergebildete und Bessergestellte von Kindesbeinen an erfahren haben, als Abgrenzungsmerkmal zu den Unterschichten benutzen. Dass Bourdieu richtigliegt, kann jeder nachvollziehen, der aus einem nicht bildungsbürgerlichen Milieu durch sozialen Aufstieg in eine Klasse gerät, die sich selbst nicht mehr definiert – aber die es umso mehr gibt. Man fühlt sich dabei wie die Dienstboten aus der Küche, die von den Herrschaften – weil sie es gut meinen – zu Tisch geladen werden. Für die Bediensteten ist das eine große Last und Peinlichkeit. Sie kennen die ungeschriebenen Rituale bei Tisch der Herrschaften nicht, vielleicht noch nicht einmal, wie »man sich benimmt« bei Tisch. Was ist der richtige Löffel, welche Gabel nimmt man zur Vorspeise, welches Besteck zum Dessert? Wie hält man Messer und Gabel? Das sind nur Beispiele, die sich weiterführen lassen: Welche Konversation wird gepflegt, oder: Was sind Themen, bei denen man zustimmt, welche, bei denen man durchaus auch ein wenig eigene Meinung einbringen kann, weil das nicht wirklich wichtig ist. Das galt vor hundert Jahren und heute immer noch, wenngleich die Formen sich geändert haben.

Elite ist heute eine *hidden agenda*, also eine verdeckte Angelegenheit, die sich nicht so einfach zu erkennen gibt. Niemand will Teil des Establishments sein. Alle geben sich als basisdemokratisch, unterschiedslos aus. Dabei glauben diese Leute entweder an die eigene Ideologie, oder sie heucheln. Tatsächlich sind sie überall, die »feinen Unterschiede«, die nach richtig und falsch sortieren. Aber natürlich gelten ungeschriebene Regeln. Bürgerkinder stellen Bürgerkinder ein. Und sogar dort, wo es eigentlich um die Belange der »arbeitenden Klasse« geht, sind es die Bürgerlichen, die Bessergebildeten und meist auch Besserverdienenden, die sagen, wo es langgeht. Man redet vom »Prekariat«, eines dieser soziologischen Wieselwörter, die eigentlich der Absicherung der eigenen Expertise mehr nutzen als den damit vermeintlich Angesprochenen, und man sagt dieses »Prekariat« so, wie man früher »die Armen« sagte oder »die Unterschicht«, mit einem mitleidigen oder einem herablassenden Ton. Der aus dem Iran stammende und in Österreich aufgewachsene Vortragsredner und Unternehmer Ali Mahlodji hat das am eigenen Leib erfahren. »Mitleid ist das Schlimmste«, sagt er, »wir brauchen kein Mitleid. Menschen vom Rand der Gesellschaft brauchen Menschen, die uns ernstnehmen.« Aufsteiger, sagt Mahlodji, sind Leute, die im Leben gelernt haben, wie sie sich zurechtfinden. *Street smartness* gilt in der bürgerlichen Bildungselite durchaus als »chic«, ein wenig aufregend, huch! Ein Arbeitermigrantenkind ohne Abitur! Ist das nicht toll? Spätestens aber, wenn die Kinder von unten auch was werden, weil ihre *street smartness* sich auszahlt, und sie gegen die mit Bildungs- und (verleugneten) Herkunftsprivilegien ausgestatteten Kinder der besseren Leute, der Mittelschichten und Etablierten, gewinnen, hört der Spaß auf. Dann kann man immer noch jede Karte gegen sie ziehen. »Wer ist noch im Raum?«, fragte die kluge Unternehmerin und Autorin Tijen Onaran deshalb, wenn es um die Frage der Chancengleichheit geht. Dass beim

Reden über Diversität nicht selten besser gebildete Bürgerkinder (m/w/d) aufeinandertreffen, aber Zuwanderer, Arbeiterkinder, die Kinder kleiner Leute kaum dabei sind und mitreden, ist auch ihr aufgefallen, die in Karlsruhe aufwuchs und die Situation als Migrantenkind gut kennt. Gleiches kann fast jeder und jede erzählen – wer es in der theoretisch so diversen, praktisch aber so undurchlässigen Klassengesellschaft der Bundesrepublik »nach oben« geschafft hat, dem droht bis zum letzten Tag etwas Peinliches. Traurig ist das dann, wenn ein Vorurteil auf das nächste trifft, wie es beim Ex-Kanzler Gerhard Schröder war, bekanntlich Kind kleinster Verhältnisse. Schröder wurde oft genug – nicht explizit, aber durch Andeutungen und hergestellte Scheinzusammenhänge – seine Herkunft angekreidet. »Prolet bleibt Prolet« war in der Berliner Republik ein stehender Begriff. Im Wahlkampf 2002 diskreditierte er sich aber selbst, als er Paul Kirchhoff, den von der Union designierten Bundesfinanzminister, als »Professor aus Heidelberg« abkanzelte und damit Wissensarbeit als dubios, unwichtig, lächerlich einordnete.

Damit hat Schröder die Akademiker, wie es die Basis erwartet, in ihre Schranken verwiesen. Wissensarbeit ist der deutschen Politik nichts wert, mehr noch, sie erscheint ihr dubios, man verachtet sie. Das sagt mehr über das deutsche Establishment und die nahezu unüberwindlichen Strukturprobleme aus als über die, über die schlecht geredet wird.

Das Problem ist größer, als man denkt: Die Arbeiterbewegung hat sich einmal für den Aufstieg der Unterschicht starkgemacht, aber sie kann offensichtlich mit den Aufgestiegenen nichts anfangen. Die Kinder der Arbeiter und kleinen Angestellten werden von allen Seiten beschworen, sich zu bilden, Karriere zu machen, aber tun sie es, dann stehen sie wie von selbst auf der falschen Seite, ganz gleich, wie sie sich ihrem Milieu gegenüber verhalten. »Erst verlangen sie von dir, dich anzustrengen, aber tust du es, zerkratzen sie dir dein Auto«, so hat es vor vielen Jahren ein Sozialarbeiter in Wien zum Autor dieses Buches gesagt. Er hatte täglich mit diesen Widersprüchen zu tun.

John Lennon hat es in seinem großartigen »Working Class Hero« auf den Punkt gebracht:

>»They hurt you at home and they hit you at school
>They hate you if you're clever and they despise a fool
>'Til you're so fucking crazy you can't follow their rules«[44]

Diese Erfahrung ist es auch, die offensichtlich so viele nachvollziehen können, dass das Buch von Didier Eribon, »Rückkehr nach Reims«, das diese Thematik für Frankreich aufrollt, zum Bestseller wurde.[45] In ähnlicher Weise ist auch Sahra Wagenknechts lesenswertes Buch »Die Selbstgerechten« zu verstehen.

Bourdieus Klassendünkel existieren ohne jeden Zweifel. Es gibt eine gläserne Wand, nicht nur für Frauen, sondern für alle, die nicht aus den »richtigen« Verhältnissen kommen, nicht so reden, nicht so lachen wie die herrschende Klasse und deren Weltsichten nicht kritiklos teilen. Wer in einer wohlständigen Gesellschaft persönliche Leistung, Aufstieg und den Anspruch auf Führung ausgerechnet denen versagen will, die man vermeintlich so schätzt und deren Emanzipation angeblich so wichtig ist, der lügt.

Holzhacker

Nichtsdestotrotz behindert es den Fortschritt, dass die »feinen Unterschiede« heute hinter einer Camouflage an vermeintlicher »Augenhöhe« verschwinden. Es ist die Scheinüberwindung der alten Klassengegensätze. Heute gebärden sich die bürgerlichen Eliten so, als gehörten sie nicht dazu, während sie aber – willentlich oder nicht – durchaus als Eliten agieren. Es wird schwieriger, dieses Verhalten zu kritisieren.

Bourdieu zeigt, dass Eliten nicht zufällig sagen, was sie sagen, nicht zufällig tun, was sie tun. »Die herrschende Klasse«, so in einer Zusammenfassung des Bourdieu-Klassikers[46], »zeichnet sich neben ihrer ökonomischen Macht durch ihr ästhetisches Urteilsvermögen aus«, sie bestimmt, was gut und wertvoll und was »minderwertig« ist. Alles ist auf Unterscheidung ausgerichtet, die die eigene Rolle in der Gesellschaft zeigen soll.

Sehen wir uns an, wie sich Eliten aus Wirtschaft und Politik inszenieren: Nach amerikanischem Vorbild ist es nicht mehr nur die Kunst, die Kultur, die Galerie, die für das Establishment zählen. Sie plustern sich auch dort auf, wo sie den Umstand des schnöden Geldverdienens nicht gern im Vordergrund sehen. Als Stifter, gesellschaftspolitisch engagiert, oder wie der ehemalige Vorstandsvorsitzende von Volkswagen, Ferdinand Piëch, der sich für ein Magazin beim Holzhacken ablichten ließ. Seht her, ich kann mir das leisten. Nichts gegen holzhackende Manager, aber der Subtext ist eben unübersehbar: Ich mache, was ich will, wann ich will und mit wem, wann immer es mir passt.

Geschmackskontrolle ist überall, auf dem Schulhof, in der Familie, im Büro. Aber funktioniert das auch? Wo das Verhalten einer sozialen Schicht zum Vorbild für alle gemacht werden soll, regt sich auch Widerstand, sobald sich die Möglichkeit dazu bietet. Unseren Vorfahren waren – rein materiell – die Hände ge-

> In Wohlstandsgesellschaften hat man eben die Chance zum gelebten Unterschied, zur Selbstbestimmung, wie sie ihrem Wesen nach gemeint ist.

bunden. Aber in Wohlstandsgesellschaften hat man eben die Wahl, und damit auch die Chance zum gelebten Unterschied, zur Selbstbestimmung, wie sie ihrem Wesen nach gemeint ist.

Denn das ist ja tatsächlich die alte Welt, der Unterschied zwischen Oben und Unten, zwischen Mächtigen und Ohnmächtigen, in der Einzelgerechtigkeit und Selbstbestimmung nichts zu melden haben – was übrigens auch für die gilt, die materiell bestens versorgt sind, aber eben auch in ihren sozialen Rollen gefangen bleiben. In der Welt der groben Unterschiede, des vorgegebenen autoritären Geschmacks, der politischen, kulturellen, gesellschaftlichen Besserwisserei gibt es immer nur Verlierer.

Denken wir an dieser Stelle an einen Helden des eigenen Geschmacks, den spanischen Aufklärer und Philosophen Baltasar Gracián y Morales, der im 17. Jahrhundert ins Visier der Autoritäten geriet. Der Jesuit vertrat die Auffassung, dass ein eigener, persönlicher Geschmack gleichsam zu einer eigenen, differenzierten Urteilsfähigkeit führen würde. Wer bei seinen Vorlieben unterscheiden kann, der tut dies auch in der Politik, in der Religion, in allen Angelegenheiten. Diversität ist ansteckend. Nun aber, so wusste Gracián, würde dies dazu führen, dass die Leute ungehorsam werden würden. Erst würden sie harmlos etwas Abwechslung beim Essen fordern, schließlich nicht mehr brav zur Kirche gehen und auch sonst nicht mehr richtig parieren. Die schlichte Feststellung des heute alltäglichen Sachverhalts führte Gracián vor den Zensor und schließlich zu Schreibverbot und Hausarrest. Messerscharf schlossen Kirche und Fürsten aus Graciáns Arbeit, dass das zum eigenen Untergang führen musste. Die Geschmacksrichter waren alarmiert. Gracián war der erste Denker, der das Unterdrücken des Individuums durch Geschmacksvorschriften beim Namen nannte – ein großer Denker der Wissensgesellschaft also, der uns da vorlebte, was heute immer normaler zu sein scheint. »Gracián hatte den

Geschmack als ein Instrument der Klugheit verstanden«, schreibt der Literaturwissenschaftler Wilhelm Amann in seinem Buch »Die stille Arbeit des Geschmacks«.[47]

Das war sein Verbrechen: Zu wissen, dass der Mensch nur den Unterschied spürt, ihn schmeckt oder denken kann. Auch heute noch finden Begriffe wie Vielfalt und Diversität in einem engen Rahmen statt. Aber was kann man machen? Wird uns vielleicht der technische Fortschritt dabei helfen können, mehr Einzelgerechtigkeit herzustellen? Vielleicht sollten wir darüber nachdenken, Wissenschaft und Forschung nur mehr in den Dienst dieser Sache zu stellen: das Gute im Menschen nach vorne zu bringen. Notfalls mit Hilfe der Pharmazie.

Wirklich?

III. Gerechtigkeit

Warum Gleichheit nicht gerecht ist

»Allen Menschen recht getan, ist eine Kunst, die niemand kann.«
DEUTSCHE VOLKSWEISHEIT

Diktatur der Empathie

Der polnische Schriftsteller Stanislaw Lem gilt als einer der größten Science-Fiction-Autoren aller Zeiten. Doch diese Beschränkung wird dem weisen Mann aus Krakau, wie man ihn nannte, nicht gerecht. Lem war naturwissenschaftlich und humanistisch hochgebildet, ein Kenner der Technologien. Ihn faszinierte die Machbarkeit von Technologien und Zukunft, und er wusste, dass sie uns unendlich viel bringen können – ausgenommen das, was wir von ihnen wie selbstverständlich erwarten: eine bessere Welt.

Technik, Fortschritt, neue Methoden und all das, was das Leben der Menschen ohne Zweifel verbessert und erleichtert hat, ist noch lange kein Lieferant für Glück, Zufriedenheit, Harmonie und Weltfrieden. Der bessere Blick auf den Unterschied kann uns helfen, mit dieser Welt und ihren Problemen leichter fertigzuwerden. Aber Wunder gibt es nicht, und selbst wo es sie gibt, wusste Lem, können sie mehr Schaden anrichten als Nutzen.

Wer den Unterschied, die Vielfalt respektiert, der muss auch andere Menschen respektieren. Wie das geschieht, ist allerdings von jeher eine Frage der Interpretation. Hülfe es, wenn man sich in die oder den Anderen vollständig hineinversetzt? Was, wenn man seine Nächsten – und nicht nur einige wenige, sondern potenziell alle – so liebt wie sich selbst? Herrscht dann Glück, Freiheit und Gerechtigkeit? Das ist eine wichtige Frage, denn in der gesellschaftlichen Transformation unserer Tage ist es natürlich nicht so, dass alle konstruktiv an der Selbstverantwortung des Ichs mitwirken. Zu gewöhnt und zu verwöhnt sind die meisten, als dass sie für das Gute, das sie gerne lautstark fordern, auch etwas zu tun bereit sind.

> Zu gewöhnt und zu verwöhnt sind die meisten, als dass sie für das Gute, das sie gerne lautstark fordern, auch etwas zu tun bereit sind.

Sie wollen, wie im fürsorglichen alten Einheitsstaat, gefälligst bedient werden mit dem Glück und der Gerechtigkeit. Die Egoisten sind immer die anderen. Kann man Gerechtigkeit und Empathie nicht einfach konsumieren? Vielleicht runterschlucken? Trinken sogar? Wer weiß, die Forschung ist schon weit gekommen, und die künstliche Intelligenz hilft uns ja auch dabei, dass wir nicht nur Materielles, sondern auch Moral und Ethik immer leichter herstellen können. Humanismus auf Knopfdruck?

Das klingt gar nicht mehr so ironisch. Die Selbstverständlichkeit, mit der wir im späten Industriekapitalismus zu braven (und trägen) Verbrauchern geworden sind, zu Konsumenten von Technologie, aber auch einer Welt und ihren Zusammenhängen, die wir nicht mehr verstehen (weil uns das zu anstrengend ist), kann einem schon Angst machen. Die »Schöne neue Welt« behauptet, sie wäre ein Konsumartikel. Aber das ist nicht wahr. In Wahrheit ist sie ein Garantiefall.

Stanislaw Lem kannte seine Pappenheimer schon in den 1950er und 1960er Jahren, als die Verheißungen der KI und der Biotechnologie noch Science-Fiction waren und nicht im Alltag angekommen.

In seiner »Kyberiade«, einer fantastischen Sammlung an Erzählungen zu »Kybernetischen Beglückungen«[48], beschreibt Lem, was passiert, wenn man glaubt, dass jeder glücklich werden kann, ohne sich besonders anzustrengen. Im Mittelpunkt der »Kyberiade« stehen die dynamischen Ingenieure Klapauzius und Trurl. Sie leben in einer fernen Zukunft, umringt von Automaten und Robotern, die die allermeiste Arbeit im Universum erledigen. Das sorgt für eine gewisse Langeweile, die Klapauzius und Trurl wiederum durch emsiges Erfinden zu bekämpfen versuchen. Eine der Inventionen des Duos ist eine Maschine, die, wie heute Siri oder Alexa, auf Spracheingabe reagiert. Sie erledigt, was ihre Meister ihr befehlen. Allerdings ist die erste Maschine natürlich noch ein Prototyp, der erst einmal nur alles erledigen kann, was mit dem Buchstaben N anfängt, das aber sehr akkurat. Als ihre Hersteller nun, aus einer Laune heraus, der Maschine befehlen, sie solle »Nichts« herstellen, beginnt sie, das gesamte bekannte Universum zu tilgen – und als sie endlich aufgehalten werden kann, bleiben – unwiderruflich – die berüchtigten schwarzen Löcher übrig.

In solcher Manier handelt Lem eine große Menschheitssehnsucht nach der anderen ab – und immer geht der Versuch, Glück, Freude, Gerechtigkeit oder auch nur etwas dauerhaft Funktionierendes herzustellen, fatal aus. In der 14. Geschichte der »Kyberiade« schließlich tritt der Roboter Bonhomius – also Gutmensch – auf, der es sich zur Aufgabe gemacht hat, allen Wesen im Universum das Glück zu bringen, mittels Altruismus für alle. Dieses Wort stammt vom lateinischen *alter* – »der oder die Andere«[49] – ab und meint das Gegenteil von Eigennutz und Egoismus, also jener scheinbar dem Kollektiv und dem Guten entgegenwirkenden Kraft, von der die alte Einheitswelt so besessen ist.

Das liegt nicht zuletzt an jenem Konzept der »Nächstenliebe«, die das Christentum entwickelte; diese dominante Vorstellung des westlichen Abendlandes ist übrigens auch dort, wo sich Gruppen und Personen als Atheisten bezeichnen, bis heute unbewusst höchst wirksam. Wie fast alle politischen Konzepte läuft auch das der Nächstenliebe Gefahr, dass man den Unterschied nicht respektiert – und andere zu ihrem Glück zwingen will.

> **Wie fast alle politischen Konzepte läuft auch das der Nächstenliebe Gefahr, dass man andere zu ihrem Glück zwingen will.**

Die Liebe endet in der Geschichte meist allzu schnell bei den »Ungläubigen«. Wer nicht dazugehört, nicht glaubt, was man selber glaubt, ist nichts wert. Liebe ist demnach nicht, andere so zu nehmen, wie sie sind, also den Unterschied zu lieben, sondern nur das, was man der oder dem anderen unterschiebt.

Bonhomius, Lems Roboter, ist bekennender Altruist und Menschenbeglücker, und Lem hat dabei wohl den typischen Sozialingenieur aus dem »real existierenden Sozialismus« im Hinterkopf gehabt, den es freilich auch in anderen Weltteilen und Weltanschauungen gab und gibt. Es sind die Menschen- und Weltbeglücker, die alle nach ihrer Fasson glücklich werden lassen, vorausgesetzt, dieses Glück hält sich genau an jene Vorgaben – Regeln, Normen, »Haltungen« –, die man selber hat und anderen aufzwingt. Es ist die alte Kraft, die, in Analogie zu Doktor Faustus, stets das Gute will und das Böse schafft.

Auch Bonhomius wird von hoch entwickelten Intelligenzen gewarnt, dass eine Zwangsbeglückung mehr Schaden als Nutzen bringen würde. Ihm wird geraten, auf die Evolution zu setzen, also darauf, »dass wir uns schon irgendwie durchwursteln« werden, und nicht auf die Revolution, die nur das Prinzip »Zuckerbrot und Peitsche« kenne. Doch Revolutionäre machen keinen Unterschied. Sie wollen recht haben, keine Vielfalt.

Das Mittel zu diesem Zweck heißt Altruizin, ein Stoff aus reinem Altruismus, der wasserlöslich ist und leicht verzehrt werden kann. Er ist in vielfältiger Darreichungsform erhältlich und praktisch konsumierbar. Eine weitere Zubereitung ist nicht nötig. Der »metapsychotropische Transmitter« wirkt, so Lems Gebrauchsanleitung, nach einem einfachen Prinzip: »Alle Gefühle, Emotionen und Empfindungen des Individuums werden durch Altruizin auf alle Wesen übertragen, die sich im Umkreis von maximal vierhundert Schritt befinden.« Hat man das Präparat einmal eingenommen, wirkt es – auf die angegebene Distanz – sozusagen *wireless*, telepathisch. Dabei gibt es kein Entrinnen beim Herstellen der »unumschränkten Herrschaft der Brüderlichkeit, Solidarität und tiefsten Sympathie«, und je glücklicher der Altruizin-Patient, desto glücklicher seine Umgebung, weil die so wird, wie er schon ist. So müssen alle glücklich und fröhlich sein, damit andere glücklich und fröhlich sein können, weil ja im Umkehrschluss auch der Ärger der Anderen sich auf den Altruizin-Nutzer übertragen würde.

Wollt ihr die »totale Empathie«?

Das geht gründlich schief, der Probelauf auf dem Planeten »Terrania«, der Erde also, wird zum Desaster. Im Stall eines Bauernhauses kalbt eine Kuh, und die Bewohner des Hofes samt dem herbeigerufenen Tierarzt laufen brüllend vor Schmerzen davon, weil sie ja die Geburtswehen des armen Tieres leibhaftig selbst erleben. Im Tumult fallen noch vierzig Kilo Altruizin in den Fluss, der die nahe gelegene Stadt mit Trinkwasser versorgt. Dort bricht bald der Wahnsinn aus. In einem Wirtshaus schlägt ein betrunkener Raufbold einen anderen Gast ins Gesicht, spürt aber sofort selbst den Schmerz, wodurch er noch wütender wird, und weil es allen anderen Gästen auch so geht, einschließlich jenen, die dazukommen, um die Streithähne auseinanderzuhalten, prügelt sich bald die halbe Stadt. In einem Haus springen die Bewohner aus den obersten Stockwerken schreiend vor Angst aus dem Fenster, weil sie mitempfinden, wie im Keller ihres Hauses eine Maus von einer Katze gejagt wird. Bald steht die ganze Stadt in Flammen, jeder kämpft gegen jeden, und ein paar versprengte Menschen marodieren mit Knüppeln durch die Stadt, mit denen sie auf alle einprügeln, die nach Leid und Schmerz aussehen – um das zu entfachen, was sie zu verhindern suchen. Am Ende des ganzen Theaters mit der Mitleidsdroge kann Bonhomius fliehen, »geheilt von dem Wunsch, andere mit revolutionären Mitteln glücklich zu machen«.[50] So viel zur absolut ausgleichenden Gerechtigkeit.

Gleiches gleich, Ungleiches ungleich

Ein Universalgelehrter ist nach unserem heutigen Verständnis eine interessante, nein, eine unmögliche Persönlichkeit. Einerseits muss ein Universalgelehrter ein sehr breites Spektrum an Bildung vorweisen, das aber nur etwas wert ist, wenn daraus auch eigenes, originelles Wissen erwächst. Universalgelehrte saugen die Welt und ihre Erscheinungen auf wie der sprichwörtliche Schwamm, alles ist interessant, nichts oder kaum etwas bleibt von ihrer Wissbegierde unberührt. Das hat mit der selbstoptimierenden, stets Komplexität reduzierenden Elite von heute wenig zu tun. Universalgelehrte sind offene, die neuen Experten vielfach geschlossene Systeme. Keine Frage, was in Zeiten der Transformation gebraucht wird.

Universalgelehrt oder universalgebildet oder auch »allgemeingebildet« – also 360 Grad rundum interessiert –, öffnet man Türen und Fenster zu Neuem und Unbekanntem. Dabei muss man sehr darauf achten, dass man sich die Welt in ihrer Unterschiedlichkeit nicht doch wieder nach den stets wiederkehrenden Mustern erklärt, also die unterschiedlichen Erscheinungen versucht, »unter einen Hut zu bringen«. Mit niemand anderem ist der Begriff des Universalgelehrten stärker verbunden als mit dem Athener Denker Aristoteles, der von 384 bis 322 vor Christus lebte und wirkte. Aristoteles war Philosoph, Naturforscher, Logiker, Ethiker, Staatstheoretiker und Dichter, gleichzeitig zerbrach er sich den Kopf über die Wirtschaft und andere Angelegenheiten. Auf dem weiten Feld, das er beackerte, sah er freilich vieles, sehr Unterschiedliches. Von ihm stammt die bekannte Formel, »Gleiches gleich, Ungleiches ungleich« zu behandeln. Dabei definierte er zunächst die quantitative Gerechtigkeit, wie wir sie im Alltag im Prinzip von Leistung und Gegenleistung kennen. Wenn Frauen und Männer für die vergleichbare Arbeit ganz unvergleichbar anders bezahlt werden, sprechen wir vom Gender-Pay-Gap. Eine offensichtliche Form der Gerechtigkeit ist also die Leistungsgerechtigkeit.

Von hier aus denkt Aristoteles eine Gerechtigkeit, bei der die Verdienste um das Gemeinwohl oder den Staat im Mittelpunkt stehen.

> **Universalgelehrt, öffnet man Türen und Fenster zu Neuem und Unbekanntem.**

Aus dem ersten Gerechtigkeitsprinzip leitet sich unsere Vorstellung von Gleichheit ab – gleicher Lohn für gleiche Arbeit etwa. Die zweite Gerechtigkeit wäre die, bei der es darum geht, dass Unterschiede – in der Leistung, im Talent, im Können, im Einsatz – gerecht behandelt werden. Die Anerkennung kann in Geld, Ämtern, Auszeichnungen bestehen. Ohne kulturelle und soziale Einbettung ist dieses meritokratische Prinzip nichts wert. Viele Jahrzehnte der Gleichmacherei haben es ausgehöhlt. Kein Wunder, dass sich niemand mehr für den Unterschied anstrengen will, wenn er oder sie dabei ohnehin nur Gefahr läuft, als Außenseiter diskreditiert zu werden. Ungleiches als ungleich, also den Unterschied erkennen und die unterschiedliche Leistung auch unterschiedlich honorieren, das ist ein wesentliches Moment entwickelter und fairer Gesellschaften.

> Die unterschiedliche Leistung auch unterschiedlich honorieren, das ist ein wesentliches Moment entwickelter und fairer Gesellschaften.

Wo das nicht kulturell »geregelt« ist, gibt es Streit – und politische Manipulation.

Königsmechanismen

Kann man etwa jemanden, der von neun bis fünf am Schreibtisch sitzt, um Formulare auszufüllen, mit jemandem vergleichen, der in seiner ebenfalls auf acht Stunden angelegten Arbeitsschicht in der Notaufnahme eines Krankenhauses arbeitet? Und kommen bei allen Menschen, männlich, weiblich, divers, denn wirklich gleichwertige Ergebnisse raus, wenn sie acht Stunden an Schreibtischen sitzen? Wir alle wissen, dass es nicht leicht ist, allgemeine Gleichheit – so bedeutend und so unbestritten nötig sie auch ist – tatsächlich herzustellen. Und die Revolutionen und politischen Machthaber, die am lautesten von Gleichheit und Gerechtigkeit sprachen? Sie schufen, wie Lems Bonhomius, Abgründe an Ungerechtigkeiten, indem sie Menschen mit anderen Ansichten und Meinungen verfolgten und ermordeten.

Stalins Sowjetunion, die der große George Orwell als Vorbild seiner »Farm der Tiere« gewählt hatte, war genau so: »Alle Tiere sind gleich, nur manche sind gleicher.« Immer wieder kippte die differenzierte Wahrnehmung des Universalgelehrten Aristoteles in der Praxis seiner Nachkommen um. Die Gerechtigkeit wurde immer wieder zur Gleichheit gemacht, die freilich nicht für die Gestalter dieser Nivellierung galt: Sie standen, als Priester, Staatschefs, Fürsten, Politiker, ja als Intellektuelle und als Avantgarde, außerhalb der Gesellschaftsverträge, die sie anderen zugedacht hatten und deren wesentlichster Vertragsbestandteil lautete: »Hier wird alles passend gemacht. Abweichungen sind nicht gestattet.«

Man erzeugte Gerechtigkeit also von oben, man stellte sie her – fürsorglich, aber autoritär, und nie hatten die, denen »Gerechtigkeit zuteil wurde«, etwas anderes als Almosen zu erwarten. Man gab ihnen, wie im Sprichwort, ein Stück, eher Krümel, vom Kuchen ab. Auf die Idee, dass sie selber Bäcker, Gestalter dieser Gerechtigkeit – wie ihres Lebens – sein könnten, kamen die meisten gar nicht. Die Herstellung von Gerechtigkeit gehörte zu den wichtigsten Aufgaben der Anführer. Und sie nutzten derlei stets, um ihre »Untergebenen«, also die, die höhere Mächte oder, weit realistischer, ihre eigene Machtanwendung unten hielten, unter Kontrolle zu halten. So funktioniert jede Hierarchie letztlich eben auch. Und die Tricks, mit denen das geschieht, sind zahlreich. Diese Gerechtigkeit verlangte immer schon nach formaler Gleichheit. Als schlechter König oder Anführer galt nicht etwa der, der seine Leute brutal öffentlich hinrichten ließ, wenn sie gegen seine Regeln verstoßen hatten oder man das zumindest behauptete. Für schlecht hielt man nur diejenigen, die diese Brutalität nicht gleichmäßig anwandten, also auf alle, die dafür in Frage kamen. Willkür, im Sinne von Unberechenbarkeit, ist offensichtlich für die meisten Menschen schwerer zu ertragen als Härte.

Der Soziologe Norbert Elias hat in seinem Buch »Die höfische Gesellschaft«[51] den Königsmechanismus beschrieben, den die Leserinnen und Leser dieses Buches bereits aus »Zusammenhänge« kennen (weshalb hier nur kurz auf diese Idee eingegangen werden soll). Das von Elias beschriebene Muster bezieht sich auf den Hof des absolutistischen

> Auf die Idee, dass sie selber Gestalter dieser Gerechtigkeit – wie ihres Lebens – sein könnten, kamen die meisten gar nicht.

Herrschers Ludwig XIV. in Frankreich, der maßgeblichen Einfluss auf die bis heute vorherrschende Vorstellung von Staat hatte. Am Hof marodieren unterschiedliche Interessengruppen herum, ganz so wie heute in den Parlamenten der Demokratien, die umzingelt sind von Lobbys und Interessengemeinschaften, Gewerkschaften, Verbänden, Unternehmen und NGOs, die alle etwas zu verkaufen haben – die einen Produkte, die anderen Weltanschauungen. Am Hofe Ludwigs, des Sonnenkönigs, versuchten diese Gruppen, ihren Einfluss auf den absoluten Monarchen zu steigern und dessen Entscheidungen in ihrem Sinne zu beeinflussen. Der König wiederum kann seine Macht nur erhalten, wenn er die jeweils aktuell stärkste Fraktion gegen die nächststärkere ausspielt. Dabei wird er, wenn er klug ist, immer die weniger starke Gruppe bevorzugen. Damit schützt er sich selbst. Er stellt Balance her, die letztlich darauf abzielt, die Macht zu erhalten. Denkt man sich nun statt eines absoluten Königs oder Chefs ein System, eine Regierung, eine politische Konzeption, dann zeigt sich, wie wirksam dieser Mechanismus bis heute ist. Genau so funktioniert letztlich der Interessenausgleich in einer Demokratie, wenn die Interessen einer Partei oder Gruppe nicht vollständig erfüllbar sind. Man muss verhandeln und wird auch mal in die zweite oder dritte Reihe gestellt. Auch hier ist der Unterschied zum wesentlichen Prinzip modernen politischen Handelns und Denkens geworden. Aber machen sich das die meisten eigentlich klar? Wir sagen leicht Pluralismus, tun uns aber im Alltag schwer damit, eben diese Vielfalt der Meinungen und Positionen auch auszuhalten – oder gar, das wäre ja der Sinn der positiven Differenz, daraus etwas zu machen: etwa nutzbringend zu lernen. Der klassische Königsmechanismus reicht natürlich nicht aus, um Einzelgerechtigkeit herzustellen, denn er ist nicht entwicklungsfähig. Ein Mechanismus soll etwas erhalten, eine Funktion, einen Zustand. Dahinter steckt das griechische Wort *mechané* für Maschine und Wirkungsweise. So dient der Königsmechanismus in der modernen Firma, Organisation, Partei, im Staat und in der Regierung vor allen Dingen dem Zweck, den schon Ludwig XIV. im Auge hatte: einer möglichst langen Sicherung der eigenen Macht. Der Unterschied kommt hier also nur zum Tragen, um den Status quo zu sichern.

Das Gerechtigkeitsgefühl

Warum redet man überhaupt von Gleichheit und Gerechtigkeit? Auf diese Frage fallen jedem von uns zahlreiche Antworten ein. Aber eine steht über den persönlichen Dingen: Gleichheit und Gerechtigkeit kümmern uns, weil wir aus einer Welt kommen, die von Knappheit an Ressourcen gekennzeichnet war. Und für viele und vieles ist das auch heute noch der Fall. Differenzierung ist ein Merkmal einer Welt, die mehr als eine Möglichkeit hat, also eine Alternative erkennen kann. Wo diese fehlt, ist Eindeutigkeit ein Naturgesetz. Mit anderen Worten: Die

Transformation ist deshalb so schwer zu verstehen, weil wir mit einem Bein in dieser alten Welt der Knappheit stehen und mit einem im Überfluss. Wer dagegen, wie viele heute, sein pauschales Weniger-ist-mehr setzt, empfiehlt, sich ein gesundes Bein abzuhacken. Da wäre es wohl klüger, mit den unterschiedlichen Standpunkten laufen zu lernen. Das tun alle, die Transformation nicht nach dem Schema F betreiben.

Knappheit herrscht – das sagt man leicht, aber es ist an und für sich bereits ein politisches Programm mit ungeheurer Haltbarkeit. Bereits die einfachsten Stammesgesellschaften wurden von denen beherrscht, die Knappheit zu managen imstande waren, jene physisch und geistig Überlegenen also, die andere beherrschten, indem sie ihnen Nahrung, Wärme, Schutz ihrer Existenz aus dem von ihnen verwalteten Ressourcenpool zuteilten. Damit konnte man Gemeinschaften und den Einzelnen steuern und kontrollieren. Wer sich im Sinne des Verteilungsmächtigen wohlwollend verhielt, wer mitzog, der bekam was ab – andere nicht. So einfach ist das mit der Gerechtigkeit, und vielfach ist das bis heute so geblieben. Gerechtigkeit hat also etwas mit der Frage zu tun, wer welchen Teil des Kuchens abbekommt.

Diese Frage beschäftigt uns ja merkwürdigerweise auch

> **Wichtiger ist, wie wir Unterschiede in einem System leben können, in dem Gleichheit und Gerechtigkeit wesentliche Prinzipien sind – und zwar nicht der Gleichmacherei, sondern eben der Individualgerechtigkeit.**

dort, wo der Kuchen durchaus verteilt ist. Wann sind die Grenzen der Umverteilung erreicht, fragen die einen. Und was gibt es noch zu holen, so die anderen. Doch beide Fragen gehen am Punkt vorbei. Weit wichtiger ist, wie wir Unterschiede in einem System leben können, in dem Gleichheit und Gerechtigkeit wesentliche Prinzipien sind – und zwar nicht der Gleichmacherei, sondern eben der Individualgerechtigkeit.

Zur Selbstbestimmung gehört, dass dabei nicht auf Passivität gesetzt wird, sondern auf aktives Handeln.

John Rawls' Superhelden

Die zeitgemäße Sichtweise auf diese Frage hat der amerikanische Philosoph John Rawls' geliefert, das dabei entstandene Werk ist von großer Tragweite für unser Verständnis von Gerechtigkeit, Gleichheit und Verschiedenartigkeit im 21. Jahrhundert: »A Theory of Justice«[52], so das Werk Rawls', das für Furore sorgte. Es ist für uns hier deshalb interessant, weil es auf die Komplexität der neuen Gesellschaften eingeht, die Vielfalt bereits mitdenkt und eben von jener vereinfachten Gleichheitsformel ausgeht, die das Denken in der Industriegesellschaft so beeinflusst hat. Die klassischen Gerechtigkeitserzeuger der Geschichte, die Anführer, haben in der Moderne und besonders seit der Aufklärung viel an ihrer Macht eingebüßt. Sie können nicht mehr einfach bestimmen, wer was bekommt. In der

Regel wird das politisch verhandelt. Das Individuum redet mit; in der Moderne, so der Philosoph Wolfgang Kersting zu Rawls' Gerechtigkeitskonzept[53], »wird das Begründungsgeschäft jedoch mühseliger, in der Moderne muss die Allgemeinheit von unten aufgebaut werden, durch Diskurs, Übereinkunft, Mehrheitsbeschaffung«.[54]

Rawls' Vorstellung von Gerechtigkeit ist eine der diversen Zivilgesellschaft. Eine, bei der – so auch der Titel des ersten Kapitels seines Buches – »Gerechtigkeit als Fairness« ersteht. Gleichheit und Gerechtigkeit werden nicht gewährt, sondern von freien Menschen in einer freien, offenen Gesellschaft erzeugt, verhandelt also. Das ist »mühseliger«, wie Rawls' deutscher Kollege Kersting das oben ganz richtig festgestellt hat, aber eben auch fairer. Wir sind hier also sehr nah an dem, was die Wissensgesellschaft und ihre Ökonomie auszeichnet, pars pro toto, Unterschiedlichkeit, Verschiedenartigkeit, die den Versuch unternimmt, mit anderen zu kooperieren, um davon einen eigenen Nutzen zu haben. So viel Gerechtigkeit hat aber auch ihren Preis, und der besteht in der Kompetenz und Fairness derer, die diese Verhandlungen führen. Rawls zählt eine ganze Menge an Voraussetzungen auf, die Zivilgesellschafter haben müssen, um an diesem Spiel wirklich teilnehmen zu können. Sie müssen ausreichend intelligent und erfahren sein, die Fakten mög-

> **Gleichheit und Gerechtigkeit werden nicht gewährt, sondern von freien Menschen in einer freien, offenen Gesellschaft erzeugt, verhandelt also.**

lichst ohne Trübung kennen, die Fähigkeit zum logischen Schlussfolgern ebenso besitzen wie die Bereitschaft, das Für und Wider abzuwägen. Sie bedürfen der Fähigkeit, neue Erkenntnisse zu berücksichtigen, und dazu noch einer Portion Distanz zum eigenen Interesse samt der Bereitschaft zur Selbstkritik sowie dessen, was man heute landläufig als »Empathie« bezeichnet und das bei Rawls als Fähigkeit auftaucht, sich in andere hineinzuversetzen, ohne den eigenen Vorurteilen das Kommando zu überlassen. Das unterscheidet dieses Mitgefühl von jener leidenschaftlichen »Empathie«, die wir aus Lems »Altruizin« kennen. Letzteres besteht aus Gefühlen. Rawls Einsichten appellieren an die Vernunft, sie fordern keine Gerechtigkeitsfanatiker, sondern Pragmatiker. Sie schaffen Gutes durch das Anerkennen von Unterschieden, durch Differenzierung. Das ist ein mühsames Geschäft, aber unerlässlich, wenn man sich auf Gerechtigkeit einlässt. Die gibt es nicht als Pauschalangebot.

In gewisser Hinsicht erinnern solche Zivilgesellschafterinnen und Zivilgesellschafter ein wenig an jene, die in der alten Welt der Ungleichheit für mehr Gerechtigkeit zu sorgen hatten, die Superhelden, die mit übermenschlichen Fähigkeiten zu Werke gingen. Das geschah allerdings ganz in der Kultur des Nichtdifferenzierens. Auf einen groben Klotz – der Ungerechtigkeit von Mächtigen, Bösewichten und anderen Verteilungsberechtigten – setzte Superman eben einen groben Keil. Gleiches mit Gleichem. Rawls' Superheldinnen und -helden hingegen bedürfen einer anderen Superkraft, nämlich der des permanenten Unterscheidens, einer ausgeprägten Fähigkeit zum Differenzieren und Erkennen. Das ist, machen wir uns nichts vor, eine Mordsarbeit. Und wer auch nur einen Menschen kennt, der dem Programm von Rawls entspricht, und das mehr als einmal, sondern eben in einem anhaltenden Prozess, der möge die Hand heben.[55]

Uns wird auf diesem Wege aber auch eines klar: Gerechtigkeit, die mehr als bloß Gleichheit herstellt, die Einzelgerechtigkeit, die den Unterschied des Talents, der Person, der Herkunft berücksichtigt – und so vieles mehr –, die lässt sich nicht mit einer simplen Formel herstellen. Gerechtigkeit hat nichts mit jenem fatalen »gesunden Volksempfinden« zu tun, das hinter den Einheitsformeln steckt – und sich der Einfachheit halber so leicht instrumentalisieren lässt –, sondern ist ein knallharter Job. Wer will, dass es besser wird auf der Welt, gerechter zugeht, aber auch, dass möglichst niemand hinter seinen Möglichkeiten zurückbleibt, der muss sich ganz schön anstrengen. Ein bisschen Gleichheit hilft da nichts. Gerechtigkeit ist die Fähigkeit, fair, genau, erfahren und kompetent zu unterscheiden. Wer von Empathie redet und nur Mitleid meint, kann hier gleich zu Hause bleiben. Die Systeme, die wir geschaffen haben, entlasten uns in vielerlei Hinsicht bei den physischen Mühen. Aber sie verlangen unsere volle Mitarbeit – unsere Wissens-

> **Gerechtigkeit ist die Fähigkeit, fair, genau, erfahren und kompetent zu unterscheiden.**

arbeit – auch dort, wo es um das Gemeinwohl geht. Wissensarbeit ist Individualität und persönliches Talent, Unterschied zur Masse, die aber nur greift, wenn sie sich der mühsamen Kooperation mit anderen unterzieht – und diese Mühen ernst nimmt. Auch das ist ein Preis der Gerechtigkeit.

Was man daraus schließen darf, ist einfach: Je weniger sich die Bürgerinnen und Bürger ihrer individuellen Bedürfnisse annehmen, je weniger sie über die Welt wissen und deren Funktionen – also je weniger Kontextkompetenz herrscht[56] –, desto mehr müssen sie die Sache mit der Gerechtigkeit an andere delegieren, die sich dafür gerne anbieten: Es sind Berufspolitiker und Bürokraten, Manager und »Vorgesetzte«, Spezialistinnen und Experten aller Art, die dann für andere die Welt sortieren. Und natürlich verfügt niemand über die Superkräfte, alles zu wissen und zu können, um es selbst entscheiden zu können. Aber es würde schon mal genügen, wenn wir uns ausreichend allgemein bilden würden für die neuen Zeiten, um zu verstehen, wie Netzwerke und Wissensarbeit organisiert werden, wie sich das von der alten Fabrikarbeit und Bürostruktur unterscheidet und was wir selbst tun können, um hier eine bessere Welt zu gestalten. All das hat mit Selbstbildung zu tun, mit Selbstverantwortung: Wir machen den Unterschied. Rawls' hohe Anforderungen erfüllen sich nicht allein dadurch, sondern in einer Kombination, die zum ersten Mal in einer Zeit erdacht wurde, die noch ganz die Spuren der Herrschaft Ludwigs XIV. trug.

Gewaltenteilung

Im Jahr 1748 schrieb Charles-Louis de Secondat, Baron de La Brède et de Montesquieu (kurz: Montesquieu) eines der Hauptwerke der Aufklärung, »Vom Geist der Gesetze«[57]. Um der Zensur zu entgehen (was ihm letztlich nicht gelang), verlegte er seine Kritik am absolutistisch regierten Königreich Frankreich in die römische Antike. Montesquieu entwickelt dabei die – bereits bekannte – Idee von der Gewaltentrennung, bei der die Legislative und die Judikative auseinandergehalten werden. Wer regiert und damit für die Ausgestaltung der Gesetze verantwortlich ist, soll nicht auch zugleich Richter sein. Dafür muss es unabhängige Instanzen geben. Das verhindert – oder realistischer gesagt: reduziert – die Möglichkeit des Unrechts, weil die Willkür, die dem Despoten, Tyrannen und absoluten Herrscher zu eigen ist, wegfällt. Als die amerikanischen Revolutionäre in den 1770er Jahren gegen die englische Herrschaft aufbegehren, haben sie Montesquieus Prinzip der Gewaltenteilung im Kopf – und entwickeln es später zu jenem Kern des demokratischen Betriebssystems, das sich im Westen unter Mühen verbreitet: den Checks and Balances – der permanenten Überprüfung und dem anhaltenden Ausgleich von Interessen und Macht in der Demokratie. Checks and Balances sind ein dynamisches System, bei dem menschliche Unzulänglichkeiten mit ins Kalkül gezogen werden. Die reine Gewaltenteilung reicht nicht aus, um den Machtmissbrauch einzudämmen. Es bedarf auch der Möglichkeiten der einzelnen Teile des Systems, bei einer Gefährdung wirksame Schritte zur Verteidigung einzuleiten – man denke nur an die Impeachment-Diskussionen um Donald Trump und den Vorwurf, er habe an der Gewaltenteilung vorbei sein Amt zur Machterhaltung missbraucht. Ganz gleich, auf welcher Stufe des Systems man steht, man muss sich verantworten und kooperieren.

Das alles ist komplex und beschwerlich, keine Frage – und das schon, obwohl hier nur die wesentlichsten Merkmale der Gerechtigkeitsfindung in modernen Gesellschaften angeklungen sind, die dem Thema natürlich nicht annähernd gerecht werden. Wohl aber zeigt sich, dass Vielfalt einen Preis hat und Institutionen braucht. Selbstverwirklichung und Selbstbestimmung lösen bei vielen bis heute die Assoziation der Vereinzelung aus. Das ist aber ebenso falsch wie die Vorstellung, es bräuchte keine starken Institutionen des Interessenausgleichs. Es geht darum, dass wir diese Institutionen so verbessern und weiterentwickeln, dass sie Freiräume und Selbstbestimmung der Einzelnen so weit wie nur irgend möglich zulassen. Die Aufgabe »der Gemeinschaft« ist das »Glück« ihrer einzelnen Mitglieder, die ihre Freiräume selbst ausgestalten.

> Selbstverwirklichung und Selbstbestimmung lösen bei vielen bis heute die Assoziation der Vereinzelung aus.

Zulassen heißt nicht: genehmigen. Sondern ermöglichen. Niemand muss zur Einzelgerechtigkeit gezwungen werden. Aber Menschen in ihrer Entwicklung einzuschränken, ist Freiheitsberaubung, und wer die Institutionen des 21. Jahrhunderts nicht für die Selbstbestimmung nutzt, sondern für eine staatlich-autoritäre Befürsorgung, der beraubt Menschen ihrer Möglichkeiten. Es ist aber, das zeigt das Beispiel nicht nur bei Rawls, die Aufgabe der Menschen selbst, das permanent einzufordern. Ein Checks-and-Balances-System ist nur so stark wie die Zivilgesellschaft dahinter. Ein Unternehmen ist nur so kreativ und innovativ wie seine Menschen. Was man früher Machthaber nannte, wird heute zu einer Leadership-Funktion des Ermöglichens. Und zwar der Eigenheiten und der Talententfaltung, die es braucht, um neue Lösungen punktgenauer zu finden. Demokratie, Selbstbestimmung, Freiheit sind Schwerarbeit des Wissens und Partizipierens. Man kann sich dem nur entziehen, indem man sich unterwirft.

> Zulassen heißt nicht: genehmigen.
> Sondern ermöglichen.

In seinem Meisterwerk »Der Aufstand der Massen« erklärt José Ortega y Gasset, warum der moderne Staat, die Organisation der Gemeinschaft, eine kulturelle Höchstleistung ist. Er lässt die Brutalität der Stammesgesellschaft hinter sich, er schafft Recht und damit auch Gerechtigkeit, er ist »die Überwindung jeder natürlichen Gemeinschaft«. Aber, das ist die wichtige Vorbedingung und die Verpflichtung jedes und jeder Einzelnen in diesem Staat: »Der Staat (...) ist kein Geschenk, welches der Mensch vorfindet, sondern muß von ihm mühsam geschaffen werden.«[58]

Demokratie und Vielfalt braucht also Zuwendung und Aufmerksamkeit. Sie lassen sich nicht einfach nur konsumieren.

Gefährliche Nähe

Demokratie, Vielfalt, Innovationsfähigkeit auf der einen Seite und Passivität der Bürgerinnen und Bürger auf der anderen passen nicht zusammen. Im Jahr 1962 erschien das Buch »Die Gutenberg-Galaxis. Das Ende des Buchzeitalters«[59] des weitsichtigen Medientheoretikers Marshall McLuhan. Darin verwendet er das viel zitierte Bild vom »Globalen Dorf«, dem »Global Village«. Die alte Buchkultur, die mit der Einführung der beweglichen Drucklettern durch den Mainzer Drucker Johannes Gutenberg zur Mitte des 15. Jahrhunderts begann, brachte die Moderne und die Aufklärung ins Rollen. Dieses Projekt lebt davon, dass der Mensch, die Person, das Individuum und seine schöpferische Originalität – sei es in der Kunst, der Wissenschaft, dem Ingenieurwesen oder jedem anderen Bereich – an die Stelle der einer höheren Macht kollektiv unterworfenen Masse tritt. Bücher – und das, was sie repräsentieren, also die jeweilige Perspektive und die Wissensarbeit des Individuums, das diese Bücher denkt und verfasst – sind für McLuhan der Ausdruck des Individualismus und damit einer Kultur des Unterschieds. Aufklärung, Moderne, Individualismus und Diversität sind nicht zu trennen, selbst dort, wo das eine oder andere von ihnen missbräuchlich verwendet wird. Für McLuhan ist der »Druck die Technologie des Individualismus«. Die moderne, pluralistische Gesellschaft in der Gutenberg-Galaxis unterscheidet sich fundamental von jener zuvor üblichen kollektiven Schicksalsgemeinschaft der Stammesgesellschaft und ihrer Varianten. In der Stammesgesellschaft ist Schriftlichkeit die Ausnahme, alle sind verbunden durch ein System der »Abhängigkeit und überlagernden Koexistenz«, und »Furcht ist der Normalzustand jeder mündlichen Gesellschaft, da in ihr alles alle zugleich betrifft«.[60]

Die elektronischen Medien, erst Radio und Fernsehen, schließlich Computernetzwerke wie das Internet würden aber, so McLuhans zutreffende Prognose, die individualistische Vielfaltskultur der Aufklärung und Moderne aus dem Weg räumen. Nicht zufällig sprachen Fernsehleute angesichts der vielen Millionen Menschen, die sich in der »Prime Time«, also abends ab 20 Uhr, vor dem Fernseher versammelten, um dort eine Show oder eine beliebte Nachrichtensendung oder einen Krimi zu sehen, vom »modernen Lagerfeuer«. Die meisten machen sich aber nicht klar, dass diese Phrase die Bestätigung dessen ist, was McLuhan so hellsichtig sah: dass sich die Kultur des Unterschiedlichen, in dem man auch Verschiedenes tat und sich das Kollektiv auf allen Ebenen des sinnlichen

Empfindens ausbreitete, verkleinert, je mehr wir zu den elektronischen Medien übersetzen.

Mord und Totschlag

Im Jahr 1977 gab Marshall McLuhan ein Interview für den Fernsehsender TBS aus Toronto. Dort sagte er: »Das Globale Dorf ist die Stammesgesellschaft, […] und die Stammesgesellschaft bedeutet Mord und Totschlag.« An anderer Stelle hat McLuhan den Buchdruck als Motor der Individualisierung bezeichnet. Die Moderne ist so, wie wir sie kennen, weil der Buchdruck uns die Möglichkeit zum eigenen Denken bietet. Niemand liest ein Buch wie jemand anderer. Das scheinbar Gleiche wird millionenfach unterschieden und damit neu gedacht. Das ist der Zauber aller Veränderung, die menschliche Fähigkeit, mehr aus etwas Vorhandenem zu machen, als man auf den »ersten Blick« sehen kann. Die Stammesgesellschaft aber fordert Eindeutigkeit. Sie will keine Abweichung. Sie ist jakobinisch. Sie denunziert, diskreditiert, vernichtet. Die Stammesgesellschaft hat feste Bilder, die niemand interpretieren kann. Heute zeigt sich, dass die Kritik an den Medienbilderwelten, die mit dem Fernsehen entstanden und heute von Netflix und Co. weitergetragen werden, be-

> Niemand liest ein Buch wie jemand anderer. Das scheinbar Gleiche wird millionenfach unterschieden und damit neu gedacht.

rechtigt war. Es zeigt sich, dass die Fantasie und das Denken, die Fähigkeit zur eigenen Entwicklung und zum Unterschied durch die Eindeutigkeit der Bilder und Töne vernichtet werden. Die bunte Welt des Konsumkapitalismus ist auch dort von tiefer Einfalt geprägt, wo sie sich revolutionär wähnt.

Der Stamm ist das Fundament der kollektiven Gewalttätigkeit, der Rechthaberei, der Menschenverachtung und Ausgrenzung. Der Gruppendruck samt seinem Zwang zum Guten ist damit faktisch böse. Wo alle einer Meinung sein müssen, gibt es keine Meinung mehr, keine Demokratie, kein Menschenrecht. Es gibt nur noch das identitäre und identitätspolitische Lagerfeuer, Bespitzelung, Denunziation und Existenzvernichtung. Die Stammesgesellschaft tötet einander auch dort, wo sie sich als Netzwerk ausgibt. Echte Netzwerke aber sind etwas ganz anderes: eine freiwillige und je unterschiedliche Assoziation freier Menschen, die jederzeit in die darin bestehende temporäre Organisation ein- oder austreten können. Der Stamm will uns beherrschen. Die Moderne lässt uns die Wahl. Darum geht es heute. Um nichts weniger als um alle Freiheit, alles Menschenrecht.

> **Gruppendruck samt seinem Zwang zum Guten ist damit faktisch böse. Wo alle einer Meinung sein müssen, gibt es keine Meinung mehr, keine Demokratie, kein Menschenrecht.**

Pubertäten

Aber, so könnte man dazwischenfragen, ist denn das Identitäre und Identitätspolitische nicht geradezu eine ganz normale, folgerichtige Zwischenstation auf dem Weg vom Kollektiv zum Individuum?

Ist das nicht eine Art Pubertät, in der sich die Identitären und Identitätspolitischen genauso aufführen wie die 12- bis 18-Jährigen, von Hormonen und Zweifeln geplagt, gleichsam nicht mehr Kind und noch nicht erwachsen, nicht mehr unmündig, aber auch noch lange nicht frei?

Der deutsch-schweizerische Kulturwissenschaftler Jörg Scheller hat in seinem lesenswerten Buch »Identität im Zwielicht« diese Fragen hervorragend beantwortet[61]: »Das Problem sind (...) nicht Identitäten an und für sich, insofern diese meist flexible, wabernde, an den Rändern offene Gebilde sind. Das Problem ist ihre Kodifizierung, ihre dogmatische Verengung, ihre gewaltsame Theoretisierung und ihre Repräsentation durch machthungrige Narzissten, die Menschen nicht in ihrer lebendigen Einzigartigkeit begreifen, sondern als Figuren auf dem Schachbrett der Macht.« Und weiter: »Sie sehen in Menschen stets nur Repräsentanten und Repräsentationen einer Kultur, einer Identität, einer Religion, einer ›Rasse‹, einer Partei, einer Ideologie, und immer so weiter. Sie sehen nur Schatten, nie Sonnen.«[62] Treffender kann man das Menschenbild der Manipulanten nicht beschreiben, die identitätspolitisches und identitäres Kleingeld machen mit Menschen, deren

Verunsicherung – nicht nur, aber besonders – in der gegenwärtigen Transformation von der (scheinbar) geordneten Welt der Industrie hin zur volatilen Welt der Netzwerke und der komplexen Wissensökonomie wächst.

Die Kunst besteht also darin, weiterhin und mit großer Ernsthaftigkeit die Welt der Unterschiede zu fördern und zu fordern, wo immer es geht, und zugleich darüber nicht zu vergessen, wo Gemeinsamkeiten – kollektives Vorgehen und Koordinieren – richtig und zielführend sind. Gute Politik ermöglicht ein freies Ich in einem pragmatischen Wir. Das Wir ist aber Werkzeug, Mittel zum Zweck der Selbstverwirklichung der Person, und nicht umgekehrt. Die Prioritäten muss man klar setzen. Niemals ist es zulässig, dass man Menschen dazu zwingt, sich der Meinung der größeren Masse zu unterwerfen. Das ist eben nicht demokratisch, sondern Stammesgesellschafts-Totalitarismus – auch dann, wenn er im Namen der Rettung der Welt daherkommt.

> Gute Politik ermöglicht ein freies Ich in einem pragmatischen Wir. Das Wir ist aber Werkzeug, Mittel zum Zweck der Selbstverwirklichung der Person, und nicht umgekehrt.

Das Stachelschwein

Die großen Probleme – der Klimawandel, die Energiefrage, Gesundheit und die Teilhabe an materiellem Wohlstand für alle und nicht zuletzt damit verbunden der soziale Frieden – sind Projekte, bei denen die Entscheidungsfreiheit und Selbstverantwortung des Einzelnen die herausragende Rolle spielen. Nimmt man Rawls und McLuhan ernst – und damit die Wirklichkeit nicht nur in den westlichen Gesellschaften –, erinnern deren Analysen an die Sowohl-als-auch-Vernunft der Stachelschwein-Parabel des deutschen Philosophen Arthur Schopenhauer. In seinem 1851 erschienenen »Parerga und Paralipomena«[63] beschreibt er eine Gruppe Stachelschweine, die an einem kalten Tag zusammenrückt, um mehr Wärme abzubekommen. Doch Vorsicht – zu viel Nähe bedeutet, dass sie einander mit ihren Stacheln verletzen. Worum es geht, ist nicht schwer zu verstehen, aber offenbar im Alltag schwer umzusetzen: Es geht um die richtige Distanz und die richtige Nähe, den Abstand, die Ausgewogenheit von Ich und Wir. An dieser Aufgabe scheitert eine Politik, die im Zeitalter der Kollektivierung der Gesellschaft entstanden ist, namentlich die der sogenannten Sammlungs- oder Volksparteien, deren Krise im 21. Jahrhundert unübersehbar ist. Diese Parteien waren eigentlich angetreten, um genau das

> Es geht um die richtige Distanz und die richtige Nähe, den Abstand, die Ausgewogenheit von Ich und Wir.

zu tun, was Schopenhauers Stachelschweine lernen müssen: die richtige Distanz herauszufinden, in der man noch sein kann, der man ist, und gleichzeitig gemeinsam Gesetze und Regeln entwickelt, die ermöglichen, dass alle ausreichend viel Wärme, aber auch möglichst wenig Schmerz und Einschränkung durch die Übergriffigkeit der Gemeinschaft erleiden.

Doch je mehr Wohlstand und damit auch persönliche Ansprüche heranwachsen, desto weniger lässt sich dieser Ausgleich noch so gestalten, dass alle zufrieden sein können. Eine Herausforderung der entwickelten, demokratischen Wohlstandsgesellschaften ist es, jene Mitte zu finden, die dabei geboten scheint. Es herrscht die Stimmung, die sich in allen komplexen Organisationen findet: Je mehr die Interessen einzelner Gruppen berücksichtigt werden, desto mehr fühlen sich die dabei jeweils nicht Berücksichtigten übergangen und benachteiligt. Und es ist nicht immer, aber oft eine jeweilige Benachteiligung und Bevorzugung. Deshalb kann die politische Mitte nicht, wozu Volksparteien neigen, ideologisch manifest gemacht werden, sondern nur jeweils situativ entstehen. Je mehr Unterschiede wir fordern, damit wir ein Leben führen können, das uns gerecht wird, desto mehr müssen wir gleichsam aushalten, dass andere etwas anderes mit ihrer Zeit vorhaben. Schopenhauers Stachelschwein wandert zwischen Nähe und Distanz. Es

> Mittigkeit ist nicht statisch, sie ist ein Feld ständiger Entwicklungen.

sucht den Unterschied und vergleicht sich mit anderen. Es sucht Balance, seine Mitte.

Vereinheitlichungspolitik hat diese Mitte stets verachtet, denn sie ist dynamisch wie der Unterschied, aber eben die einzige Möglichkeit, die persönliche Freiheit und die Grundrechte aller zu verbinden. Mittigkeit ist nicht statisch, sie ist ein Feld ständiger Entwicklungen. Und so ist Schopenhauers Beispiel eine gute Denkvorlage für jene Normativität, an der es in der Welt des 21. Jahrhunderts zu mangeln scheint.

Differenzen

Balance, Mitte, dynamischer Ausgleich, das sind die Merkmale der Differenz. Wo alles gleich ist, existiert keine Differenz – und macht auch die Gerechtigkeit keinen Sinn. Das Prinzip der wahren Gerechtigkeit zeigt sich nicht in Vereinzelung und Atomisierung, sondern in einem Kontext – eben jenen Zusammenhängen, in denen Menschen handeln. Die Kontextkompetenz, die Fähigkeit zum Verstehen und Mitteilen des Verstandenen, ist eine zentrale Fähigkeit der Wissensgesellschaft. Das ist das Erbe der gelehrten Welt von der Antike bis heute – nämlich sich nicht zufriedenzugeben mit dem, was man weiß, sondern auch den Versuch zu unternehmen, anderen sein Wissen zugänglich zu machen. Wissensteilung ist ein humanistisches Kernprojekt.

Kontextkompetenz erschließt Komplexität und macht sie nützlich. Sie wirkt wie ein Kontrastmittel, das etwas, wonach man sucht, vor einem Hintergrund abhebt. Unterscheidung ist damit immer auch die Fokussierung auf eine Frage, selbst wenn diese wiederum zur nächsten führt. Aber so wie Schopenhauers Stachelschweine in Bewegung bleiben, weil sie sich in immer veränderten sozialen Zusammenhängen bewegen, ist auch der Rest des Ganzen, des Universums, nur verstehbar, wenn sich das Gesuchte von der Umgebung abhebt. Astronomen wissen sicher, wovon die Rede ist.

Olbers und der unendliche Weltraum

Im Jahr 1823 formulierte der deutsche Astronom Heinrich Wilhelm Olbers sein »Olbers'sches Paradoxon«. Wäre das Weltall tatsächlich unendlich, so sein Gedankenexperiment, müsste der Himmel hell erleuchtet sein. Denn in einem unendlichen Weltraum würde es naturgemäß auch unendlich viele leuchtende Sterne geben. Kein schwarzer Punkt, kein »Pixel« am Erdhimmel, könnte dann noch frei sein. Das Denkmodell, so wissen wir heute, konnte zu seiner Zeit noch nicht berücksichtigen, dass uns das Licht weit entfernter Galaxien und ihrer Sterne noch gar nicht erreicht. In einem sich mit enormer Geschwindigkeit ausdehnenden Universum ist trotz Lichtgeschwindigkeit noch längst nicht alles an dem Punkt angelangt, an dem wir uns zufällig im All befinden. Das kommt also noch, und dazu muss man auch wissen, dass ein erheblicher Teil des Lichts auf dem langen Marsch durchs Universum durch Hindernisse, schwarze Löcher, Staub, Gas und eine Vielzahl anderer Faktoren schlicht geschluckt wird oder uns in einem Teil des für menschliche Augen unsichtbaren Farbspektrums erreicht.[64]

Nun konnte Olbers natürlich eine ganze Menge nicht wissen, was den Astronomen heute bekannt ist, aber seine Beobachtung ist, wie vieles aus der Welt der Naturwissenschaften, durchaus als Denkmodell auch für soziale und kulturelle Überlegungen wertvoll.[65] Unendlichkeit ist unpraktisch. Das ist so wie mit der Komplexität an sich. Solange wir nicht Erschließungswerkzeuge, Modelle, Ideen an der Komplexität schulen, bringt sie uns nur Verwirrung. Erst im Kontext wird sie nutzbar. Die sichtbaren Sterne am Himmel sind unterscheidbar, wir sehen Castor und Pollux, die Beteigeuze und Sirius, den Nordstern und mit etwas Glück unsere Nachbargalaxien. Wir sehen Sternbilder, die sich aber im Laufe der Zeit dramatisch verändern – viele »Bilder« aus der Antike, in denen sie ihre Namen erhielten, sind heute gar

> **Diversität braucht Kontrast. Differenz braucht ein klares Abheben.**

nicht mehr nachvollziehbar. Das liegt an der Bewegung der Sterne zueinander – und unserer Position. Aus genau diesem Grund, weil wir in einem ziemlich expandierenden Universum und in einer Welt der ständigen Bewegung leben, weil Evolution – Entwicklung und Veränderung – die Normalität sind, brauchen wir Instrumente, um klar zu sehen. Deshalb sind Regeln und Prinzipien kein Widerspruch zur Welt des Unterscheidbaren. Diversität braucht Kontrast. Differenz braucht ein klares Abheben.

Ungleichheit als Temperaturfrage

Im Jahr 1997 veröffentlichte der amerikanische Biologe Jared Diamond sein bis dahin bekanntestes Buch: »Guns, Germs and Steel« hieß es im Original, übersetzt also »Gewehre, Keime und Stahl«.[66] Diamonds These war zum Zeitpunkt der Veröffentlichung des Buches keineswegs neu. Die Geographie, und die damit verbundenen unterschiedlichen Lebensbedingungen der Menschen, bestimmen über das »Schicksal«, das sie nehmen. Nun mag man gleich einmal einwenden, dass der Begriff »Schicksal« nicht nur melodramatisch ist, sondern auch höchst unaufgeklärt. Schicksal beschreibt ja etwas Vorbestimmtes, Unausweichliches. Wenn eine Gesellschaft ein »Schicksal« hat, dann ist »Vorsehung« im Spiel und mehr als nur ein wenig Vorsicht geboten. Aber auch dabei würde man Diamond Unrecht tun. Mit Vorurteilen spielt er aber trotzdem, nur eben nicht mit jenen der nationalistischen Rechten, sondern der fürsorglichen Linken, die gerne aus geographisch-klimatischen Unterschieden »klassenkämpferische Wahrheiten« ableitet. Dabei ist Diamonds Ansatz brillant: Er fordert die Leser zunächst auf, sich Gedanken über die Unterschiede in der Entwicklung der Welt zu machen. Warum leben die einen in Entwicklungsländern? Die anderen im reichen Westen? Und begreifen wir nicht alle Unterschiede stets aus jener eurozentristischen Sichtweise heraus, die auch dort dominant ist, wo wir die Welt aus der Perspektive des Drittweltladen-Kunden zu sehen glauben? Es gibt, da hat Diamond schon recht, nur schwer ein Entrinnen aus seinen kulturellen Gewohnheiten, aber es ist nötig, denn »die interessanten Fragen sind nämlich die nach den Unterschieden zwischen ihnen (Anm. d. A.: den westeurasischen) und anderen Kulturen. Zu ihrer Beantwortung müssen wir auch alle anderen Gesellschaften verstehen, um die des westlichen Eurasiens in einem weiteren Kontext zu sehen.«[67] Es geht bei Diamond also um eine Bewertung der unterschiedlichen Lebensbedingungen *und* der kulturellen Differenzen. Unterschiede, wie wir sie sofort bemerken, wenn wir unsere angestammten, bekannten Welten verlassen – nicht erst den Kulturkreis. Jeder, der das bemerkenswert schlechte Verhältnis, das viele Nachbargemeinden zueinander haben, in denen man miteinander konkurriert oder über die nur wenige Kilometer entfernten Mitbürger die Nase rümpft, weiß, was gemeint ist.

Diamond beginnt seine Suche nach den Ursachen aller Unterschiede im Jahr 1972, wo er einem lokalen Politiker namens Yali begegnet. Im Zweiten Weltkrieg war der Pazifische Kriegsschauplatz für die Amerikaner eine logistische Herausforderung der Sonderklasse. Auf unzähligen Inseln und Archipelen mussten unter schwierigsten Bedingungen Landepisten für Flugzeuge angelegt werden, die unaufhörlich einen Nachschub an Gütern produzierten, Fracht, englisch »Cargo«. Daraus entwickelten sich in manchen Teilen des pazifischen Raums regelrechte »Cargo-Kulte«, bei denen nach Abzug der Amerikaner die Einheimischen die Handgriffe und Manipulationen des Flugpersonals nachahmten, weil sie annahmen, dass dadurch wieder Flugzeuge mit wertvoller Fracht landen würden.[68]

Diamonds neuer Freund Yali aber wusste natürlich, dass der »Cargo« nicht vom Himmel fiel und von den Göttern kam. Aber er stellte die Frage: »Wie kommt es, dass ihr Weißen so viel Cargo geschaffen und nach Neuguinea mitgebracht habt, wir Schwarzen aber so wenig eigene Cargo hatten?« Diamonds Antwort auf diese Frage ist gleichsam der Versuch, die Weltgeschichte in einem Rutsch zu erklären: »Es waren die Begegnungen zwischen ungleichen Völkern, oft mit der Folge von Eroberungen, eingeschleppten Seuchen und Genozid, die unsere Welt formten. Die Folgen der Kollisionen von einst sind noch heute, viele Jahrhunderte später, spürbar.« Das ist zweifelsohne richtig, aber vielleicht verdeckt das sofort aktivierte ethische Interesse an dieser Feststellung – Kolonialismus, eingeschleppte Krankheiten, die Versklavung der angestammten Bevölkerung oder wenigstens deren systematische Unterdrückung – all jene Faktoren, die mindestens ebenbürtig sind und die uns vor allen Dingen helfen würden, diese Kollision der »ungleichen Kulturen«[69] nicht nur als tragische, bedauerliche, schreckliche Entgleisung zu begreifen, sondern aus den Unterschieden zu lernen, wie man es besser macht.

Die Legende von den »faulen Südländern« braucht nicht erst den Übertritt zu einem anderen Kontinent. Angesichts der Finanz- und Staatskrise in Griechenland war bald davon die Rede, wie das Land durch eine gewisse Schlampigkeit und wohl auch »Entspanntheit« seiner Bewohner in jene missliche Schuldenlage geraten sei, die man – zumindest aus Sicht der nördlichen europäischen Staaten, ja auch aus Italien, Spanien und Portugal zu kennen glaubte. Wer immer diese Länder nicht mit der Hochmütigkeit des sich überlegen wähnenden deutschen Touristenblicks besucht hat, weiß, wie hart dort gearbeitet wird – und dass die Legende vom deutschen Fleiß schon lange widerlegt ist.[70] Dieses Vorurteil vom »faulen Südländer« erfährt durch die scheinbar aufgeklärte, sich vermeintlich der historischen Schuld und Irrtümer überheblichen Deutschtums (und Eurozentrismus) bewussten Nachkriegskultur eine interessante Nuance: Von nun an ist es nachvollziehbar, dass man dort, wo es warm ist, nicht derart schuften könne. Nun wird jede politische Fehlentwicklung, Korruption, ja sogar Kriminalität und Gewaltkriege, Genozide (wie in Afrika) und ein marodes politisches System auf den Kolonialismus zurückgeführt. Aus Opfern macht man so neue Opfer.

Zwei Jahrzehnte lang verbreitete sich Jared Diamonds Theorie von den klimatisch und geographisch begründeten Unterschieden wie ein Lauffeuer. Die These von Arm und Reich war eingängig und verständlich, und offensichtlich spiegelte die Wirklichkeit, wie passgenau sie war: Sie bot ein politisch korrektes Bild vom armen, da klimatisch benachteiligten Süden. Und er würde es in der Klimakrise noch viel stärker sein. Deshalb dient Jared Diamonds Unterscheidung auch immer wieder als eingängiges Narrativ für den reichen Norden (gutes Klima für Arbeit) und den armen Süden (schlechtes Klima für Arbeit). Doch ist das nicht alles auch ein Klischee, dem man gerade durch genaueres Hinsehen entrinnen sollte? Diamond selbst hat immer wieder darauf hingewiesen, dass die Einordnung – »gute Lage, gute Ökonomie, reiche Bürger« – zu simpel und auch in ihrer Schlussfolgerung problematisch sei: Wenn es warm ist, kann man eben nicht so fleißig sein. Und braucht deshalb permanente Hilfe aus dem Norden.

Das löst kein Problem, sondern schafft, wie so oft in bester Absicht, nur neue zu den bestehenden hinzu:

Die alte Geschichte vom faulen Süden wird erneut erzählt, und dieses Mal auch noch durch Temperaturmessungen und Keime »legitimiert«. Nun heißt es freilich nicht mehr, wie früher, dass Menschen mit schwarzer Hautfarbe »faul sind« oder indigene Völker »nicht arbeiten wollen«, sondern dass sie das eben gar nicht könnten. Im Grunde ist das die Geschichte, die sich schon die überlegen wähnenden »weißen Männer in schwarzen Zonen«

von früher erzählten, die Story, mit der die Konquistadoren auszogen und plünderten, denn man konnte ja den tranigen Indios nicht das ganze Gold und Silber überlassen – sie hätten ohnehin nichts damit anfangen können, nicht wahr? Der Paternalismus des Raubes ist zu einem der Fürsorge geworden, die vor Ort nicht immer, eher selten sogar, wirklich nachgefragt wird.

Nicht wenige hauptamtliche Fürsorger der sogenannten »Dritten Welt« haben in der Dauerhilfe ein Geschäftsmodell gefunden, das ihnen ein regelmäßiges Einkommen beschert. Sie treiben dabei die lokalen Preise nach oben und reduzieren die Chancen der Benachteiligten noch mehr.

Nicht falsch verstehen: Natürlich ist Erste Hilfe richtig. Aber was in vielen Ländern an externer Hilfe schiefläuft, ist weniger das Klima, sondern vielmehr die Einstellung der Helfer, mit der ihre Hilfe zur Dauereinrichtung wird. Nur: Subsidiarität und Freiheit – also auch selbstbestimmtes Leben und Wirtschaften – steht natürlich auch Menschen außerhalb der Speckgürtel der sogenannten gemäßigten Zonen zu. Was dafür fehlt, sind aber politische und gesellschaftliche Verhältnisse, die berechenbar und nachvollziehbar sind, und nicht, wie in Diktaturen und Tyranneien, willkürlich gesetzt werden.

Das gilt umso mehr, als das gute Argument, dass man bei Hitze und Kälte nicht so gut körperlich arbeiten kann wie in gemäßigten Zonen, überflüssig wird in der Wissensgesellschaft und mit der digitalen Automation, die in vielen Entwicklungs- und Schwellenländern sichtbarer ist als im selbstgerecht transformationsallergischen Europa. Es zeigt nur ein veraltetes Arbeitsbild, das einfach auf »ferne Länder« und »fremde Völker« umgelegt wird, in moderatem Ton, aber unterschiedslos wie eh und je.

Regeln statt Ratschläge

Regeln sind wichtiger als Ratschläge. Unterschiede brauchen Regeln, weil sie sonst erst gar nicht erkennbar sind. So wie Grenzen Unterschiede sichtbar machen, sind Regeln die Marker, an denen entlang Freiheit und Entwicklungsfähigkeit erst entstehen können. *It's not the weather, stupid. It's all about rules.* Es geht nicht um Klischees und erst recht nicht um vermeintlichen Altruismus. Es geht um praktisches Wissen, um nüchterne Feststellungen und Regeln: Das macht den Unterschied zwischen Arm und Reich, Elend und Entwicklung.

> So wie Grenzen Unterschiede sichtbar machen, sind Regeln die Marker, an denen entlang Freiheit und Entwicklungsfähigkeit erst entstehen können.

Diese Theorie löst zusehends die einfache Interpretation von Diamonds »Guns, Germs & Steel« ab[71], und die solide Grundlage, dass gute und klare Regeln wichtiger sind als Temperaturen, kommt vom Ökonomen Daron Acemoğlu und dem Politikwissenschaftler James Robinson. In ihrem Meisterwerk »Warum Nationen scheitern«[72] kritisieren sie die undifferenzierte Zuweisung von Arm und Reich, wie sie in den zahlreichen geographischen Ursachen gesehen wird, ebenso wie in jenen, die vorwiegend die kulturellen, ethischen und religiösen Muster als Unterschiedsgrund erkennen. Sie verweisen auf die stringenten Lücken der geographischen Unterschiedstheorie: Wie kann es sein, dass Europa mal aus einer Anzahl Armenhäuser bestand, die sich dann, wie durch ein Wunder, dynamisch entwickelten und die erfolgreichste Wirtschaftsform der Menschheitsgeschichte hervorbrachten? Mit der Geographie am Beispiel Europa lässt sich dies ebenso wenig erklären wie mit jeder anderen Weltreligion, wie Acemoğlu und Robinson zeigen. Und mit der Kultur? Über die Religion, etwa in Form der »protestantischen Ethik«, die Max Weber als Triebkraft der Entwicklung der Kapitalismen sah? »Unserer Meinung nach sind es die von den Staaten gewählten Regeln – oder Institutionen –, die darüber bestimmen, ob sie wirtschaftlich erfolgreich sind oder nicht. Das Wirtschaftswachstum wird von Innovationen sowie vom technologischen und organisatorischen Wandel angetrieben, die sie den Ideen, den Begabungen, der Kreativität und der Energie von Individuen verdanken«, schreiben die Autoren.[73] Aber diese Unterschiedlichkeit muss sich entfalten können. Kreatives Potenzial, das von falschen Anreizen und Regeln – etwa dem starren Festhalten an Arbeitsmodellen des Industrialismus, wie hier in Deutschland – behindert wird, kann nicht innovativ sein. Wo die Rahmenbedingungen von Organisationen für ihre durchschnittlichsten Mitarbeiter konfektioniert werden, muss sich niemand wundern, wenn keine Ideen auf den Tisch kommen, sondern nur Formulare und Routineforderungen. Regeln sind Richtlinien, Leitplanken, keine engen Vorschriften. Aber sie machen Entwicklungsschritte berechenbarer. Sie nehmen die Luft raus aus der Bürokratie, wenn sie vernünftig und nachvollziehbar sind. Sie können gleichzeitig aber auch jegliche Freiräume zunichtemachen. Es ist also keine Frage der Regeln oder Nichtregeln, sondern ihres Charakters, ihrer Qualität, ihrer Zielsetzung. Die Dosis macht das Gift. Und natürlich auch die Inhaltsstoffe.

Acemoğlu und Robinson verzichten auf eine Theorie der einheitlichen Antworten, wie sie konservative oder linke Theoretiker zum Thema so gerne geben. Sie verweisen auf das Ziel: »Fähigkeiten und Ideen sind breit über die Gesellschaft verstreut.« Unterschiede sind Potenziale, Möglichkeiten, diese These vertreten wir hier ja auch.

Acemoğlu und Robinson fügen die Bedeutung »inklusiver Wirtschaftsinstitutionen« hinzu und meinen jenes barrierefreie Denken und Machendürfen, das die Voraussetzung für Innovation und Wissensarbeit ist.[74] Gemeint sind Firmen, Vereine, Organisationen, Institutionen, die ihren Mitgliedern nicht enge Grenzen setzen, sondern sie unternehmerisch und eigeninitiativ arbeiten lassen. Das Ganze hat das Wohl der Einzelnen im Blick, nicht umgekehrt wie heute, wo sich Individuen auf Gedeih und Verderb den Parolen des Managements ausliefern müssen. Aus der Differenz – der Diversität – entstehen jene kreativen Lösungen, die Unternehmen brauchen, um in einer vielfältigen Welt, die keine Lust mehr auf 08/15-Lösungen hat, überhaupt noch wettbewerbsfähig zu sein. Es geht also nie allein um Altruismus, sondern immer auch um Vernunft. Wer nur sein eigenes Feld sieht, wird das schwer verstehen. Hier ist wiederum die gute alte Allgemeinbildung gefragt, von der weiter oben die Rede ist. Inklusive Organisationen, kreative Konzerne werden von allgemeingebildeten Universalisten besser geführt als von jenen industriell eingeengten Fachidioten, die nur das eigene Milieu wertschätzen.

> Es geht also nie allein um Altruismus, sondern immer auch um Vernunft.

Inklusive, Exklusive

Das Problem ist indes, wie Acemoğlu und Robinson zeigen, dass inklusive Wirtschaftsinstitutionen höchst selten sind. Die meisten Machthaber – Politiker wie Manager – verteilen das Recht auf Teilhabe als politisches Günstlingsgeschenk. Wer brav und unkritisch ist, der bekommt ein Stück ab. Damit werden in der Regel wieder die Angepassten und Mittelmäßigen belohnt, die keinen Unterschied machen wollen, die Mitläufer, die sich durch die Geschichte ziehen. Expertinnen und Experten, Innovatoren und

Macher dagegen können sich auf das Wesentliche konzentrieren, sich austauschen, andere anregen. Gute Institutionen blähen sich nicht auf, sie wissen nichts besser, sie geben keine Ratschläge, sie »helfen« nicht und sind auch nicht mit jenen unvermeidlichen »Kümmerern« besetzt, die heute so im Weg stehen. Nein, sie ermöglichen anderen, zu zeigen, worin ihre eigene Meisterschaft besteht, ihr Unterschied. Das ist Diversität im besten Sinne.

> Gute Institutionen ermöglichen anderen, zu zeigen, worin ihre eigene Meisterschaft besteht, ihr Unterschied. Das ist Diversität im besten Sinne.

»Inklusive Wirtschaftsinstitutionen, wie es sie in Südkorea oder in den Vereinigten Staaten gibt, schaffen attraktive Bedingungen für die große Mehrheit, sich ins Wirtschaftsleben einzubringen und ihre Begabungen und Fähigkeiten optimal einzusetzen, und sie gestatten dem Einzelnen, freie Entscheidungen zu treffen«, betonen Amecoğlu und Robinson und fügen hinzu: »Um ›inklusiv‹ zu sein, müssen diese Wirtschaftsinstitutionen Sicherheit für das private Eigentum, ein neutrales Rechtssystem und öffentliche Dienstleistungen zur Schaffung fairer Bedingungen bieten, die dem Menschen ermöglichen, frei zu handeln und Verträge abzuschließen. Sie müssen ferner die Gründung neuer Unternehmen erlauben und ihren Bürgern gestatten, selbst über die eigene berufliche Laufbahn zu bestimmen.«[75]

Das sind die Grundfunktionen freiheitlich-demokratischer Systeme. Das gilt im 21. Jahrhundert ungebrochen.

Unterschiede wachsen nur in Freiheit. Sie wachsen gleichsam in Systemen, in denen sich nicht Klassengesellschaften und Eliten bilden – nicht »feine Unterschiede« und Funktionärseliten herrschen, nicht Stammesgesellschaften oder Parteien. Unterschiede brauchen keine Extraktion – ein Vorgang, der, so beschreiben ihn Acemoğlu und Robinson, dem Zweck dient, »einem Teil der Gesellschaft Einkommen und Wohlstand zugunsten eines anderen zu entziehen«. Solche Regime funktionieren in jede Richtung, in Form der Umverteilung von Arm nach Reich und umgekehrt. Die Methode, die Ideologie, bleibt gleich und versagt hier wie dort. Denn ist erst einmal das Extrahierte verfrühstückt, ist auch kein Nachschub zu erwarten – und das Regime kann nicht anders als durch immer repressivere Maßnahmen an der Macht bleiben. Dazu gehört, in einer milden Übergangsform von einer freiheitlich-demokratischen zu einer repressiven Gesellschaft, die politische Manipulation, die mit Neid, Respektlosigkeit, Mobbing und Diskreditierung derer einhergeht, die man ausnehmen möchte. Das sind mal die rechtlosen Proletarier, dann wieder die nichtsnutzigen Erben. Mal sind es die Armen, mal die Reichen. Solche Systeme können nur verbrauchen, konsumieren, nichts selbst schaffen. Sie sind das Elend einer müden Demokratie, die sich nicht darüber im Klaren ist, was sie eigentlich trägt: das Recht aller Einzelnen in ihr, nach ihrer ganz eigenen Fasson glücklich zu werden, also den Unterschied zu leben, der sie ausmacht. Deshalb wirken diese Regime in links wie rechts grau und muffig, sie sind langweilig, bürokratisch, Mittelmaß herrscht in ihnen und die diesem eigene Boshaftigkeit und der Neid auf die Leistung anderer.

Sie sind freiheitsberaubend, und sie sind immer bereit, das Ausmaß der Strafe zu erweitern. Wer keine Inklusion kennt, nur Extraktion, der neidet Aufsteigern den Aufstieg, der gibt Migranten und ihren Kindern ebenso keine Chance wie Quereinsteigern oder Frauen. Keine Chance für Andersdenkende, für Innovative, Kreative. Keine Chance für alles, was aus dem Raster fällt. Es ist kein Zufall, wenn die Welt und das Land, in dem wir leben, uns zusehends an diese Beschreibung erinnern. Die Inklusion versagt, wo Regeln nicht verstanden werden können, Zusammenhänge nicht schlüssig sind. Kontextkompetenz kann so nicht entstehen, und damit auch keine Möglichkeit, frei und emanzipiert zu handeln. Das Paradox, dass gute, klare Regeln Freiheit sichern, muss verstanden werden, und zwar immer wieder neu, weil es immer auch ein Hinterfragen der Regeln geben muss: Sind sie dem Einzelnen noch nützlich? Kleiner kann man es nicht geben: Wir leben in einer Gesellschaft, in der das multiple Versagen freiheitlicher Institutionen für viele Bürgerinnen und Bürger zur traurigen Gewissheit geworden ist. Umso schlimmer, wenn man feststellt, dass hinter

> Das Paradox, dass gute, klare Regeln Freiheit sichern, muss verstanden werden, und zwar immer wieder neu, weil es immer auch ein Hinterfragen der Regeln geben muss: Sind sie dem Einzelnen noch nützlich?

dem politischen Gerede von Gerechtigkeit doch wieder nur die Bevorzugung der ohnehin Privilegierten steckt, in Unternehmen ebenso wie im Staat.

Wir müssen die Wege spüren, die wir im 21. Jahrhundert gehen wollen, selber anpacken, um die Straße von Schlaglöchern und Vermurungen zu befreien. Diese Aufräumarbeiten gehören zu dem am wenigsten geliebten Teil der Transformation, aber dem dringlichsten.

Freimachen

Niemandem im Weg stehen, gleichsam aber auch eine Spur ziehen, auf der man ungehindert fahren kann. Ob Regeln eingehalten werden und nicht Korruption und Vetternwirtschaft das Maß der Dinge sind, macht den Unterschied zwischen Arm und Reich aus. Acemoğlu und Robinsons Arbeit unterscheidet sich von vielen Ansätzen, die in der politischen Debatte diskutiert werden, ganz grundlegend: Hier wird nicht versucht, eine einheitliche Theorie zu bilden, ein Modell, in dem alles andere aufgeht – »Die Geographie ist das Wichtigste!« – »Nein, die Kultur!« – »Unsinn, die politische Erziehung!« –, sondern das komplexe Regelwerk menschlichen Handelns angedeutet. Es besteht eben nicht darin, alles einheitlich zu regeln. Was bei Schrauben, Dübeln, Stromstärken und Sicherheitsgurten richtig ist, bewirkt, wo es auf menschliches Tun und Entscheiden angelegt wird, das Gegenteil des Gewünschten.

Es geht um eine Art Grundsicherheit, wie sie das Rechtswesen bietet, um Verlässlichkeit bei Investitionen, um das Recht darauf, die eigenen Anstrengungen auch belohnt zu sehen. Regeln sind an menschliches Handeln gebunden. Sie sind nicht ihre eigene Ursache – oder genauer: Wo sie es sind, hören sie auf, Regeln zu sein, und werden zur Dogmatik und zur bürokratischen Zumutung.

Die Todfeinde der Menschheit

In der deutschen Ausgabe von José Ortega y Gassets Meisterwerk »Der Aufstand der Massen«[76] findet sich ganz zum Schluss des Buches ein Text aus seinem Nachlass, »Sozialisierung des Menschen«. Er ist im Jahr 1934 entstanden, also auf dem Höhepunkt der totalitären Regime in Europa – des italienischen Faschismus, des deutschen Nationalsozialismus und des aus dem Sowjetstaat transformierten Stalinismus. Bald wird auch Ortega y Gassets Heimat Spanien den Rechtstotalitären gehören. Schon ist Franco drauf und dran, die demokratische Republik zu zerstören. Vor diesem Hintergrund ist der Appell, den Ortega y Gasset an die Menschen gerichtet hat, verhallt, und er wird bis heute nicht gehört. Europa, so der Tenor des Aufsatzes (wie des Werkes von Ortega y Gasset), hat es durch die Hinwendung zum Individualismus und Liberalismus zu etwas gebracht, durch gelebten und gelehrten Unterschied, eine offene Differenzierung, die umso fruchtbarer war, als sie ohne Barrieren die Vielfalt und Vielheit des Kontinents und seiner Köpfe beförderte. Nun aber, 1934, schien all das Vergangenheit zu sein. Der Kollektivismus in seinen totalitären Spielarten hatte überall gesiegt, und er bereitete sich auf jene Totalität vor, die seiner Grundidee entspricht: Vielfalt verhindern oder verbieten, verfemen und vernichten und damit jede Differenz. Einheitsregime sind Feinde der Menschheit, weil sie die Gemeinschaft der Masse beschwören und deren Gewalt gegen Minderheiten und Einzelne entfesseln. Der Kollektivismus baut auf den niedrigsten menschlichen Instinkten. Solidarität, ein Wort, das er sich zuschreibt, kennt er so wenig wie Mitgefühl. Ortega y Gasset schreibt:

> **Einheitsregime sind Feinde der Menschheit, weil sie die Gemeinschaft der Masse beschwören und deren Gewalt gegen Minderheiten und Einzelne entfesseln.**

»Die abstrakte Gottheit des ›Kollektivs‹ übt wiederum ihre Tyrannei aus und richtet bereits in ganz Europa Verheerungen an. Die Presse hält sich für berechtigt, unser Privatleben zu veröffentlichen, es zu begutachten und zu verurteilen. Die Macht der Öffentlichkeit zwingt uns, täglich mehr von unserer Existenz an die Gesellschaft abzugeben. Man lässt dem Menschen keinen Winkel mehr, in den er sich zurückziehen, wo er mit sich allein sein kann. Aufgebracht protestieren die Massen gegen jede Reserve unseres Selbst.«

Ortega y Gasset ahnt, woher dieser Protest kommt:

> »Wahrscheinlich«, so schreibt er, »rührt diese Wut gegen alles, was individuell ist, daher, daß sich die Massen in ihrem Innersten dem Schicksal gegenüber schwach und ängstlich fühlen. [...] Nietzsche läßt sich einmal in schärfster, unerbittlicher Form darüber aus, wie in den primitiven, den Schwierigkeiten der Existenz hilflos gegenüberstehenden Gemeinschaften jede individuelle, eigene, originelle Handlung ein Verbrechen war und der Mensch, der es versuchte, sein Leben allein zu gestalten, als Übeltäter galt«, und weiter: »Man hatte sich in allem so zu benehmen, wie es dem allgemeinen Brauch entsprach.«[77]

Das ist – bis heute – eine brillante Analyse der Verhältnisse. Protestbewegungen, die eine Alternative zum Mainstream sein wollen, reagieren auf Alternativen zu ihrem Protest mit äußerster Aggressivität. Abweichende sind gerade dort nicht wohlgelitten, wo fundamentalistische Ansichten gepredigt werden – in der Ökologie, in Moralfragen, bei Religionen, in Parteien und natürlich auch den zweifellos existierenden Dogmen der Wissenschaften, die sich besonders eng an ihre politischen Auftraggeber schmiegen – die Sozialwissenschaften zuvorderst.

»Man hatte sich in allem so zu benehmen, wie es dem allgemeinen Brauch entsprach«[78], das ist eine Erfahrung, die Einwanderer, Migranten, Zuwanderer nach Deutschland in besonderem Maße erleben. Die Codes der feinen und groben Unterschiede sind allgegenwärtig, bestimmen soziale Akzeptanz und Karriereverläufe. Wer die »allgemeinen Bräuche« nicht teilt, wird in dieser Gesellschaft an den Rand gestellt. Selbstbewusstsein, das gerade soziale und kulturelle Aufsteiger in Gemeinschaften brauchen, wird systematisch bekämpft. Kleinhalten ist die Devise. Das ist Stammesgesellschaft. Liberalismus hingegen, dem der Hass der neuen Stammesgesellschafter und Stammesgesellschafterinnen gehört, ist, so hat es Ortega y Gasset geschrieben, »weit eher eine tiefgewurzelte Vorstellung vom Leben als eine Frage der Politik. Er ist der Glaube, dass jedes menschliche Wesen frei sein muß, um sein individuelles, unübertragbares Schicksal zu erfüllen.«[79]

Wie im alten Rom

Wenn im antiken Rom gegen einen Machthaber geputscht wurde, war es Brauch, sein Andenken zu vernichten. Diese *damnatio memoriae* bestand etwa darin, Bildnisse des Ex-Herrschers zu zertrümmern, Münzen mit seinem Profil umzuprägen oder sein Haus anzustecken. Was immer an die Unperson erinnerte, musste weg. Und niemand durfte darüber reden.

In den 1970er Jahren entwickelte die deutsche Sozialwissenschaftlerin Elisabeth Noelle-Neumann ihre Theorie von der »Schweigespirale«. Sie sagt, vereinfacht, dass

Menschen in der Regel dem Meinungsklima der Gruppe folgen, in der sie sich befinden. Man passt sich an. Das gilt für die Firma, für den Freundeskreis, aber auch als Medienkonsument und in den Sozialen Medien, wo es grundsätzlich ja die Möglichkeit gibt, eine eigene Meinung zu artikulieren. Politisch motivierte Journalisten – und davon gibt es nicht gerade wenige – müssen derlei geradezu als Erziehungsauftrag begreifen. Denn wenn die Leute dem Mainstream der Meinungen in den Medien folgen, dann kriegt man sie auch dazu, bestimmte politische Meinungen und Präfenzen zu zeigen. Noelle-Neumann begründet das Mitlaufen mit der »Isolationsfurcht« der Menschen. Andersrum gilt: Wer zum Mitlaufen erzogen wurde, hat Angst davor, sich nach eigenen Vorstellungen zu bewegen. »Belohnt wird Konformität, bestraft wird der Verstoß gegen das übereinstimmende Urteil«, so Noelle-Neumann.[80] Was sie beschreibt, ist wohl so offensichtlich, dass viele Medienmacher es nicht wahrhaben wollen. Deshalb macht man sich in den deutschen Redaktionsstuben gerne über die »Schweigespirale« lustig, vielleicht auch, weil es keine validen Gegenargumente gibt. Die Wirksamkeit der Beobachtung zeigt sich aber natürlich auch im Alltag, gerade bei denen, die sie bezweifeln.

Heuchler der Vielfalt

Nur weil sich ein Unternehmen, eine Organisation, eine Partei die Diversität auf die Fahnen schreibt, Kritikfähigkeit lobt, Selbstbestimmung ausruft, heißt das noch lange nicht, dass all das auch wirklich ernst gemeint ist. Es gibt bekanntlich Greenwashing, also das Phänomen, dass etwa Unternehmen, die praktisch wenig für den Umweltschutz tun, sich dennoch ein ökologisches Mäntelchen umhängen, weil das bei vielen gut ankommt. Auch hier herrscht die Schweigespirale. Wer würde schon was gegen jemanden sagen, der es gut mit der Umwelt meint – und sei es nur verbal? Ganz ähnlich betreiben viele heute auch das öffentliche Geschäft mit der Diversität. Da entdecken Banken in einer schweren Transformationskrise plötzlich ihr Herz für Diversity – und lassen uns dies in meist recht klischeehafter Werbung wissen. Oder sie betonen ihre Führungsrolle in der Transformation – der digitalen oder ökologischen (seltener schon der organisatorischen, da müsste man ja auch was nachweisen können). Das ist Changewashing.

Gegen den Fortschritt ist niemand, erst recht nicht, wenn er nicht stattfindet. Derartiges Maulheldentum zielt darauf ab, die Verhältnisse zu erhalten – oder sie zu verschleiern. Wer genau hinsieht, findet unter den neuen Moralkonzernen nicht wenige mit ganz fundamentalen Strukturproblemen – etwa Banken und Versicherungskonzerne, alte Industriekonzerne und De-facto-Monopolisten. Für sie kommt die neue Moralwaschanstalt wie gerufen. Niemand fragt, welchen nüchternen, klaren Unterschied man eigentlich macht, woraus der Fortschritt, den man vorgibt zu betreiben, denn besteht. Sind es deutlich bessere Arbeitsbedingungen für berufstätige Frauen mit Kindern? Sind es Innovationen, die tatsächlich einen positiven Unterschied zum bestehenden Produkt oder einer Dienstleistung machen – die also ein »davor und ein danach deutlich machen«, wie es Rafael Laguna de la Vera, der Chef der Bundesagentur für Sprunginnovation in Leipzig, so treffend sagte?[81] Kaum. Es ist das Reden über Differenz und Diversity. Nicht das Tun.

> Die Schweigespirale ist laut. Der Sinn für Realität wird durch lautstarke Beteuerung und Beschwörung ausgelöscht.

Die Schweigespirale ist laut. Der Sinn für Realität wird durch lautstarke Beteuerung und Beschwörung ausgelöscht. Das ist vor allem ein bisschen albern, denn wer Diversität fordert, muss Unterschiede akzeptieren. Diversität, die nur die alten Machtverhältnisse in neue umwandeln will, ist Etikettenschwindel und dient nur der persönlichen Bereicherung (heute meist durch den politischen Anspruch auf Ämter und Posten). Unterschiede sind bemerkbar, sie sind immer eine Grenze zwischen mindestens zwei Positionen. Unterschiede brauchen Erwachsene, die sie bemerken und einfordern, anstatt sich verschwiegen dem Gleichschritt des Denkens und Handelns zu unterwerfen.

Das größte Problem mit der neuen Schweigespirale und ihrer Heuchelei ist, dass sie das Wichtige an der Veränderung diskreditiert: Viele können nicht mehr zwischen dem Gerede über Veränderung und echten Prozessen und wirklich neuen Wegen unterscheiden. Für sie ist es der immer gleiche Trott, dem man nun mit einer Hypermoral auch noch die Krone aufsetzt. So wird alles Neue unglaubwürdig. Die Vertreter des Neuen gelten als »Gestörte«, denen man vielleicht öffentlich zustimmt, um seine Ruhe zu haben, aber die man innerlich nicht ernst nimmt – und deshalb auch nichts dazu beiträgt, dass sich wirklich etwas tut.

Es gibt diesen alten Witz von zwei Männern, von denen einer zum anderen sagt: »Du hast einen großen Volvo, ein Haus auf dem Land, du heizt mit Holz und verpestest damit die Luft, du fliegst in ferne Länder und isst und trinkst Sachen, die tausende Kilometer mit dem Lkw unterwegs waren. Was tust du eigentlich für die Umwelt?« – Die empörte Antwort lautet: »Na, hör mal, ich wähle die Grünen!«[82]

Ungefähr so muss man sich Green-, Pink- und Changewashing vorstellen. Man kann so bleiben, wie man ist, ja muss gerade deshalb nichts verändern, weil man durch einen formalen und einfachen Schritt sein Gewissen entlastet – ein moderner Ablasshandel. Unterschiede aber haben ihren Preis. Echte Diversität gibt es weder zum Nulltarif noch in Form eines gutbürgerlichen Wohlfühlkonsumismus, bei dem letztlich alles beim Alten bleibt.

Sprachvorschriften betreiben eine *damnatio memoriae*, eine Auslöschung, um dem Diskurs zu entgehen und sich legitimer Kritik zu entziehen. Sprache ist aber ein Unterscheidungsinstrument, das war sie immer. Jugendsprache und die der Gebildeten, die Sprache der Migranten und Dialekte, die Sprache der Aufsteiger und der Mächtigen, das alles hat viele Facetten und dient der Kenntlichmachung, der Unterscheidbarkeit, der Distinktion. Einheitssprachen kennt man hingegen aus dystopischen Romanen wie »1984« von George Orwell als ein Diktaturen geradezu konstituierendes Merkmal. Wer sich mit der – im Wortsinn – existenzvernichtenden Waffe der Sprache beschäftigen will, der soll am besten – bevor er zu Sprachzensur greift – die »Lingua Tertii Imperii – Sprache des Dritten Reiches«[83] des Philologen Victor Klemperer lesen. Darin macht Klemperer, der den Krieg als Jude nur durch unglaubliches Glück überlebte, klar, wie schmal der Grat zwischen Sprachkontrolle und Massenmord ist. Lehrreich ist auch das von Dolf Sternberger, Gerhard Storz und Wilhelm Emanuel Süskind verfasste Werk »Aus dem Wörterbuch des Unmenschen«[84]. Sprech- und Sprachverbote sind immer Vorboten und Begleiter drohenden Unheils. Sie führen zu nichts außer zu Schaden. Wer Unterschiede in der Sprache nicht erträgt, wer kontrollieren will, wie geredet und geschrieben wird, der erträgt auch andere Meinungen nicht. Wer Diversität ernst nimmt und nicht als Vehikel für die Durchsetzung der eigenen Agenda missbraucht, weiß das auch. Vielfalt ohne Aushalten gibt es nicht. Differenz ohne Ertragen des Anderen ebenfalls nicht. Der britische Autor, Schauspieler, Comedian und Regisseur Ricky Gervais hat dafür einmal eine zeitgemäße liberale Antwort vorgeschlagen: »Wenn ihr nicht ertragt, wie wir reden, dann geht doch bitte nicht in unser Haus.« Eine offene Gesellschaft ist eben keine, die es allen zu jeder Zeit recht machen muss, jeder und jedem nach dem Mund redet und sich dabei nur ja nicht einer eigenen Interpretation oder Sprache bedient. Wer die offene Gesellschaft als Selbstbedienungsladen zur Durchsetzung der eigenen religiösen, ideologischen oder moralischen Agenda versteht, stellt sich gegen sie.

> Wer die offene Gesellschaft als Selbstbedienungsladen zur Durchsetzung der eigenen religiösen, ideologischen oder moralischen Agenda versteht, stellt sich gegen sie.

Die Schweigespirale wird von den aktuellen Eliten und all jenen mitgetragen, die gerne dazugehören würden. Doch wir müssen die Frage stellen, ob das auch die Leute sind, die die Transformation und ein neues Bewusstsein für die Vielfalt am besten vertreten können. Und es geht nicht darum, dass die Menschen, die da sind, nicht »gut genug« sind für die Transformation, sondern schlicht, dass ihre Interessen eben sehr oft einer Veränderung entgegenstehen. Sie wollen keine wirkliche Vielfalt, weil ihnen die Auswahl, die sie bereits getroffen haben, genügt. Tatsächlich gibt es ja kaum jemanden, der gegen Vielfalt ist – solange damit die Vorstellungen gemeint sind, die man selbst vertritt. Eine selbstbewusste, wirklich innovative Idee von Diversität braucht zwar gemeinsame Spielregeln, aber eben keine »inhaltliche Ausgestaltung«.

Vielfalt ist offen. Wo sie bis ins Detail definiert ist und niemanden mehr stört, existiert sie nicht.

IV. Wettbewerb

Finden, was ich wirklich, wirklich will

*»Der Vergleich ist des Glückes Tod
und der Anfang der Unzufriedenheit.«*
SÖREN KIERKEGAARD

Who are you?

Wir sind, was wir sind, und was wir sind, ist so, weil wir so sind, wie wir sind. Verstehe man das nicht falsch: Es geht nicht um den ewigen Kreislauf des Schicksals, aus dem es kein Entrinnen gibt. Es geht nicht um Vorsehung oder ein vom Einzelnen nicht mehr bewusst veränderbares Leben. Wir können jederzeit den Kurs ändern und tun das ja vielfach auch. Aber es macht keinen Sinn, den Menschen – wie das Sozialingenieure im industriellen Zeitalter gerne taten – als ein zu beschreibendes Blatt misszuverstehen, das man durch Erziehung und Beeinflussung, Manipulation und Kontrolle zu dem machen kann, was man für richtig hält. Das wird nach wie vor in Familien und Firmen, in Gemeinschaften und Staaten aller Art getan. Aber es ist falsch. Es ist nicht nur ein dem Humanismus und der freien Selbstbestimmung entgegengesetztes Menschenbild, sondern es widerspricht auch zutiefst der menschlichen Natur. Wir sind anders, wenn wir bei uns sind – wir selbst. So einfach ist das.

Allerdings leiden Identitätsdiskurse offenbar grundsätzlich an ideologischem Overload. Sie schließen kurz, wo sie eigentlich die Perspektive öffnen sollten. Am besten ist es dann, wenn man an die Radix geht, die Wurzel, also radikal denkt. Das geht sehr gut mit Kinderbüchern, die kluge Geschichten erzählen.

Das kleine Ich bin ich

Es ist ein merkwürdiges Wesen, das die österreichischen Kinderbuchautorinnen Mira Lobe und Susi Weigel im Jahr 1972 erschaffen haben. Ein kleines Tier mit Schlappohren, einem freundlichen Wesen und viel Neugier kommt in die Welt. Aber was ist es? Wo gehört es hin? Und wer gehört dazu? Und wie soll es sich selbst nennen?

Diese Fragen tauchen auf, nachdem ein Frosch das kleine Tier nach seinem Namen gefragt hat, seiner Art, seiner Zugehörigkeit. Zunehmend irritiert läuft das kleine Tier nun durch die Welt und fragt andere, was es denn sein könnte, doch alle schütteln nur den Kopf: Du bist nicht wie wir, aber was du bist, das wissen wir auch nicht. Schließlich, verzweifelt und am Ende, fragt sich das Tier, ob es denn überhaupt existiere, und diese Frage führt dazu, dass es seine Identität mit der einzigen Instanz klärt, die dafür zuständig ist: sich selbst.

»Sicherlich gibt es mich!«, ruft es triumphierend und zugleich erleichtert aus. »Ich bin ich!«

»Das kleine Ich bin ich« ist ein bemerkenswertes Buch, nicht nur für Kinder, sondern für alle, die (endlich) erwachsen sein wollen. Es ist kein Zufall, dass es berühmt wurde, als sich die Zeiten merklich änderten, also die Transformation der Nachkriegsgesellschaft durch die Beat- und 1968er-Kultur in ihren Zielen und Werten nachhaltig in Bewegung gesetzt wurde. In einem Jahr wie 1972 spürte man den Unterschied, überall, er war unübersehbar und unüberhörbar. Aus dem trüben Nachkriegsgrau wurde Bunt, die Farbe der Vielfalt. Die Musik, die Mode hatten sich gewandelt, auch die Sprache samt den Vorstellungen von Welt und Gemeinschaft, von Karriere und Beruf, von Politik und Regierung. In ganz Europa drängten moderat linke Parteien in die Regierungen, die Sozialdemokratie wurde für einige Jahre die klare Partei der Mitte, in der nun nicht mehr nur Arbeiter ihre Interessen vertreten sahen, sondern auch Angestellte, Künstler und Intellektuelle. Der Aufbruch in eine vielfältigere Gesellschaft war klar als solcher deklariert. Gut war, was einen Unterschied machte. Abraham Maslows Bedürfnispyramide aus dem Jahr 1942 schien nun von den Ebenen des Existenziellen, des Sicherheitsbezogenen und Kollektivistischen in die Phase des Persönlichen, Individuellen überzugehen, und die Selbstverwirklichung aller schien in der entwickelten Industrie- und Konsumgesellschaft der frühen 1970er nur mehr eine Frage der Zeit.

Identität war nichts, was man sich bei Partei und Verband abholen sollte (auch wenn das damals meist geschah), sondern selbst herausfinden musste. Die zeitlose Geschichte Mira Lobes und Susi Weigels zeigt, wohin die Reise der Vielfalt und Diversität immer geht: Das kleine

Ich-bin-ich muss selbst herausfinden, was es ist, was es will, was es tut. Es ist sein Leben, nicht das der anderen, das es lebt. Es braucht niemanden, der ihm sagt, wo es langgeht und was es ist. Das findet es schon selbst heraus. Dieser emanzipatorische Ansatz, bei dem es eben darum geht, sich persönlich zu unterscheiden, um kenntlich zu sein, hat nichts mit der Oberflächlichkeit der Instagram-Welt zu tun, ist kein Selfie, sondern eine handfeste Kontur mit Kanten und Haken. Die Selfie-Kultur will dazugehören. Identität, auch an dieser Stelle sei es gesagt, ist das Gegenteil des Identitären und Identitätspolitischen.

Der Komplex

Dass es die Vielfalt schon einmal leichter hatte, damals, rund um 1968, war auch die Folge des großen Unterschieds zwischen Ost und West, des Kalten Krieges, wie man seit 1946 den dauerhaften Konfliktzustand zwischen dem sozialistischen Osten und dem marktwirtschaftlich orientierten Westen nannte. Tatsächlich war es ein Konflikt zwischen den USA und der Sowjetunion. Der aus dem Zweiten Weltkrieg als führende Supermacht hervorgegangenen Industrienation, deren Produktivität vor dem Hintergrund des Konflikts mit dem alten Europa Ungeheures zu leisten imstande war, stand die vom Stalinismus geprägte sowjetische Diktatur gegenüber, in der Ethnien gezielt unterdrückt und kulturelle Abweichungen unter

Strafe gestellt wurden. Hatten sich die USA, wenngleich auch nicht im Umgang mit ihren eigenen Natives und den Colored People, der Vielfalt verschrieben – das Staatsmotto lautet »In viribus unum« (In Vielheit vereint) –, waren die Sowjets ganz auf die Einheit des Menschen bedacht. Sozialingenieure gab es hüben wie drüben, auch wenn man die Systeme keinesfalls auf eine Stufe stellen kann. Die Sowjetunion und ihre Vasallenstaaten waren unbestreitbar handfeste Diktaturen. Die Regierungen der USA seit 1945 waren keineswegs immer Reformer, im Grunde aber in ihrer Mehrheit dem demokratischen Fortschritt verpflichtet. Sogar politische Hardliner wie Dwight D. »Ike« Eisenhower, einst Oberkommandierender der siegreichen Alliierten im Zweiten Weltkrieg und Nachfolger von Harry S. Truman als US-Präsident, waren letztlich immer klar gegen die Erosion freiheitlicher Rechte aufgetreten. Am deutlichsten wird das bei Eisenhower in seiner Intervention gegen den Kommunistenjäger und republikanischen Senator John McCarthy, dessen »Ausschuss gegen Unamerikanische Tätigkeiten« immer beunruhigendere Urteile gegen linksliberale oder auch nur vermeintlich linke Künstler und Intellektuelle aussprach – der Film »Hollywood on Trial« (Hollywood vor Gericht) dokumentierte zwei Jahrzehnte später diese Zeit.[85] Eisenhower stoppte McCarthys Umtriebe – und er war es auch, der am Höhepunkt des Kalten Krieges vor der Macht des »militärisch-industriellen Komplexes« warnte. Dieser »Komplex«, in seiner Bedeutung als »Verknüpfung«, beschreibt hier, dass sich das Militär als staatliche Verteidigungseinheit und die Produktionswirtschaft verbinden und gemeinsame Interessen verfolgen. Sie sind Verbündete.

Bereits im Zweiten Weltkrieg, der eine enorme Transformation der amerikanischen Industrie hin zu staatlich gelenkter Rüstungsproduktion bedeutete, war schnell deutlich geworden, wie sehr sich das industrielle Management und die staatliche Planung ähnelten. Sie waren Kinder desselben Geistes, und die gewaltigen Erfolge der US-Kriegsindustrie im Kampf gegen Nazideutschland und Japan sind nicht anders zu erklären als durch die daraus resultierende Effizienz.

Ähnliches konnte man ja durchaus auch am Beispiel des »Dritten Reiches« lernen. Dort waren kurz nach der Machtübernahme der Nationalsozialisten die Industriebetriebe in jeder Hinsicht in die Organisation und Ziele des Staates eingebunden worden. Zur Mitte der 1930er Jahre konnte man, wenigstens für alle potenziell rüstungsrelevanten Industrien, nicht mehr von einer Marktwirtschaft sprechen, die von selbstständig handelnden Unternehmern geführt wurde. Am 22. März 1934 wurde der sogenannte »Neue Plan« von Reichswirtschaftsminister Hjalmar Schacht verkündet. Damit wurde Hitlers Deutschland auch offiziell eine Planwirtschaft. De facto handelten die Manager als Agenten bzw. als Mitarbeiter des Staates. Im Ergebnis waren im vorletzten Kriegsjahr mehr als fünfzig Prozent der gesamten volkswirtschaftlichen Leistungen des »Dritten Reiches« kriegswirtschaftlich bedingt, ebenso viel wie in

Japan, wo ein ähnlicher militärisch-industrieller Komplex errichtet wurde. In den USA betrug der Anteil der Kriegswirtschaft an den wirtschaftlichen Gesamtleistungen immerhin vierzig Prozent.[86]

Dennoch gab es erhebliche Unterschiede zwischen der Art und Weise, wie die USA ihren militärisch-industriellen Komplex betrieben und wie das die Deutschen taten. Was man später Management nennen sollte, also die leitenden Angestellten der Konzerne, die Teil der deutschen Kriegsmaschine geworden waren, hatte das Selbstverständnis von Offizieren der alten kaiserlichen Armee. Preußen saß ihnen in den Knochen. Führung war in Deutschland untrennbar mit dieser im 19. Jahrhundert zur Hegemonialkultur aufgestiegenen Denkart – harte Hierarchien, geringer persönlicher Entscheidungsspielraum – verbunden (und ist es, unbewusst, bis heute). Die Amerikaner führten – was die Umsetzung der Pläne der Regierung von Franklin D. Roosevelt, dem »Kriegspräsidenten« der USA von 1941 bis 1945, anging – ebenfalls ein strenges Regiment. Dass aber Vorhaben wie das »Manhattan Project«, in dem von 1942 bis 1945 die erste Atombombe entwickelt worden war, in so unfassbar kurzer Zeit gelangen, war nicht allein dem Organisationstalent des ausführenden Militärs, General Leslie R. Groves, zu verdanken, sondern den erheblichen Freiräumen, die die unter Führung von Robert Oppenheimer versammelten Wissenschaftlerinnen und Wissenschaftler erhielten. Einerseits war die Führung straff. Dazu kamen aber relativ weitreichende persönliche Befugnisse der Ausführenden. Und schließlich etwas, das die Amerikaner allen anderen Kriegsparteien voraushatten: der Einsatz einer neuen Technik und Methode, die man Logistik nannte. Damit konnte man flexibel und unerreicht effizient Menschen, Material und Ressourcen an die richtige Stelle befördern. Logistik gehört zu den neuen Bereichen der Wissensarbeit, bei denen aus vielen bisher getrennten Disziplinen ein Netzwerk entsteht, das deutlich gefeiter vor Disruptionen ist als ihre Einzelteile. Logistik ist pure Kontextkompetenz[87], die Fähigkeit, komplexe Prozesse durch Teilen und Netzwerken ins Laufen zu bringen.

Nicht allein der Bau der Atombombe stand für Spitzentechnologie. Viele andere Bereiche, etwa die noch junge Elektronik, eigneten sich hervorragend für den Dual-Use, also den Einsatz für sowohl militärische als auch zivile Zwecke. Auch diesem Umstand verdanken die USA ihren bis heute kaum einzuholenden Vorsprung in der Informations- und Netzwerktechnik, der Entwicklung von digitalen Konsumgütern und Dienstleistungen.

Wir haben die Wahl

Die Fähigkeit, Unterschiede zu machen und zu lernen, ist das zentrale Merkmal demokratisch-zivilgesellschaftlicher Systeme, die sich nach wie vor – ob es ihnen gefällt oder nicht – an den USA und ihrer Fähigkeit zur Veränderung messen lassen müssen. Nicht zuletzt deshalb ist es auch möglich, dass nach der Präsidentschaft Donald Trumps sehr schnell die neue Regierung unter Präsident Joe Biden zu einer liberalen Agenda zurückfand. Gute Verfassungen, solide Institutionen sind fehlertolerant. Sie garantieren, dass nach Irrtümern alles besser werden kann. Das ist ein ungeheurer Fortschritt, das Glück der Demokratie. Und es

> Die Fähigkeit, Unterschiede zu machen und zu lernen, ist das zentrale Merkmal demokratisch-zivilgesellschaftlicher Systeme.

gilt für alle demokratischen Staaten, auch wenn Missbrauch, Irrtum, Korruption und Dummheit scheinbar siegen. Aber sind sie von Dauer? Revidierbar? Das ist die Frage. Die USA haben eine solide Demokratie »in Vielheit vereint«, *in pluribus unum*, wie das Staatsmotto lautet.

Diktaturen bestehen noch auf ihrem Dogma, wenn sie schon auseinanderfallen. Eisenhower, selbst einer der führenden Männer im Aufbau des militärisch-industriellen Komplexes, kritisiert diesen zentral in seiner Abschiedsrede vom 17. Januar 1961, als er die Amtsgeschäfte an seinen Nachfolger John F. Kennedy übergibt. Die Regierung und das Land müssten sich vor dem »militärisch-industriellen Komplex« schützen: »Wir dürfen es nie zulassen, dass die Macht dieser Kombination[88] unsere Freiheiten oder unsere demokratischen Prozesse gefährdet. Wir sollten nichts als gegeben hinnehmen.« Dazu brauche es, so endet die Rede, »wachsame und informierte Bürger«.[89] Der Hinweis geht weit über den Anlass hinaus. Wo Unternehmen nur noch tun, was der Staat vorgibt, sind beide Ebenen bald in ihren Interessen so vermischt, dass demokratische und vielfältige Prozesse geschwächt und letztlich unmöglich werden. Es entstehen Monopole und monopolähnliche Strukturen. Das gilt übrigens nicht nur für die Rüstungsindustrie. Forschung und Lehre sollen frei sein, ebenso die Innovation: barrierefrei. Doch so läuft das schon lange nicht mehr. Konzerne tun, was die Politik vorgibt. Die Umweltpolitik etwa, man kann es am Beispiel der Elektromobilität erkennen, folgt den gesetzlichen Vorgaben. Das ist dann eben ein ökologisch-industrieller Komplex. Kein Mobilitätsanbieter rührt noch einen Finger, wenn es nicht Gesetze und Fördermittel gibt, die im Vorhinein das Tun absichern. Das ist im Grunde Planwirtschaft oder gar Kommandowirtschaft, die sich – gewiss, gewiss – dem Ziel nach unterscheidet von dem, was die Kriegswirtschaft tat, in der Methode aber nicht – und auch nicht in den fatalen Auswirkungen auf die Transformations- und Lernfähigkeit. Kommandowirtschaft ist eine Notlösung, für äußerste Krisenzeiten gedacht. Und Planwirtschaft ist nichts weiter als Bürokratie, die Herrschaft der Verwaltung, die nur sich selbst dient. Das alles ist höchst antiaufklärerisch und antiemanzipatorisch. Wer gegen die Marktwirtschaft grundsätzlich agiert, und nicht etwa versucht, sie zu verbessern, der handelt im Auftrag der Antiaufklärung. Wer Diversität will, aber Vielfalt ablehnt, hat entweder sein Wörterbuch verlegt oder ist schlicht ein Heuchler (m/w/d).

Was in Kriegszeiten oder in Zeiten der Pandemie richtig ist, bedarf im Sinne Eisenhowers einer unermüdlichen kritischen und selbstbewussten Kontrolle sowie der unverzüglichen Revision, wenn sich die Lage *normalisiert*. Das fordert nichts anderes, als dass die meisten Menschen eine Wahl haben, sich frei entscheiden können. Es bedeutet nicht, dass für alle wieder die gleichen Bedingungen hergestellt sind – und es bedeutet auch nicht, dass wir nicht unterscheiden sollen, wer besondere Unterstützung und Hilfe braucht und wer nicht. Das Gefährliche am »alten Normalen« ist seine Gleichmacherei. Diversität sucht nach passenden Lösungen. Nicht nach Normen, denen sich alle unterwerfen müssen. Unterschiedslosigkeit ist das alte Normal.

Diversität ist Dynamik

Wir sind noch lange nicht dort, wohin Mira Lobes und Susi Weigels »Das kleine Ich bin ich« gekommen ist, nämlich zu der Einsicht, dass man sich um die großen und kleinen Probleme selbst den Kopf zerbrechen muss. Dazu gehört das Lernen – ein Begriff, der feststehende Positionen grundsätzlich in Frage stellt. Wir lernen nicht, um etwas endgültig zu wissen, sondern um dazuzulernen, also das Wissen jeweils neu und in einem neuen Kontext zu entwickeln. Differenzierung ist Dynamik. Diversität ist Dynamik.

Und so ist auch Eisenhowers Selbstkritik und Warnung, dass jedes demokratische und offene System permanente Kontrolle und wachsame, unterscheidungsfähige Bürger brauche, richtig und heute vielleicht wichtiger denn je. Wer sich nicht daran hält, der findet auch Putins Russland und die chinesische Diktatur gar nicht so schlimm, denn wer den Mund hält, nicht wahr, dem geschieht ja auch nichts! Die offene Gesellschaft hat viele Feinde, offen agierende und welche, die sich als führende Vertreter der Offenheit wähnen – aber nur ihre eigennützige Agenda umsetzen wollen. Und man lernt, dass die USA grundsätzlich divers codiert sind. Differenzierungsfähigkeit gehört zur kulturellen Grundausstattung. In Deutschland hat es Jahrzehnte gebraucht, bis über die Verbrechen und Fehler der Wehrmacht offen geredet werden konnte. Und nach wie vor scheint die Anpassung an Gruppenidentitäten wichtiger zu sein als eine eigene, unverwechselbare Position. Vielleicht ist das ein Grund für die vielen Copycats heute, eine Erklärung für die Plagiate und Nachahmerkultur? Das Vorhandene einfach immer wieder tun, statt Neues zu wagen. Ist das nicht auch der Charakter geistigen Diebstahls?

> Wir lernen nicht, um etwas endgültig zu wissen, sondern um dazuzulernen, also das Wissen jeweils neu und in einem neuen Kontext zu entwickeln. Differenzierung ist Dynamik. Diversität ist Dynamik.

Die deutsche Mangelerkrankung

Das verbreitete Klauen geistiger Inhalte als Kavaliersdelikt gehörte dann klar zu einer alten industriellen Kultur. Es geht darum, fleißig Routinen abzuwickeln, Hauptsache, es läuft und sieht gut aus. So denken Wissensarbeiter:innen aber nicht, so denkt jemand, der geistige Arbeit anderer nicht schätzt und selbst wenig damit zu tun hat. Es ist ein zutiefst bürokratisches Selbstverständnis, das ein Formular für so wichtig hält wie das andere, es ist Nivellierung, die Unterschiede zwischen den Menschen nicht sehen will oder kann.

> Wissen ist pure Differenz, Verschiedenartigkeit, der Stoff, der den Unterschied macht, die zentrale Ressource unseres Jahrhunderts.

Das ist nicht allein problematisch für jemanden, der ein hohes Amt anstrebt oder überhaupt eine Führungsposition in Zeiten der Transformation. Wissen ist pure Differenz, Verschiedenartigkeit, der Stoff, der den Unterschied macht, die zentrale Ressource unseres Jahrhunderts. Das Original ist auch dann Original, wenn sich die Nachahmer daran vergehen. Und wenn Politik eine Aufgabe hat, dann die, diese Innovationsfähigkeit zu schützen. Das fängt bei den Urheberinnen und Urhebern der Wissensarbeit an. »Wissen ist der einzige Rohstoff, der sich durch Teilen vermehrt«, hat Gilbert Probst gesagt. Von Stehlen war nicht die Rede. Wer stiehlt, fügt nichts hinzu, schafft nichts Neues. Politik, die Unterschiedslosigkeit verkauft und damit die Vielfalt behindert, bedarf dringend jener Vielfaltsoffensive, die nur von dort kommen kann, wo die Unterschiede real existieren: bei den Menschen selbst. Zivilgesellschaft ist keine Ergänzung des bekannten Parteien- und Lobbystaats. Sie ist deren Ablösung. Das war übrigens der Kanon grüner Politik in ihren Anfängen. Man wusste schon mal mehr, als man heute zu wissen glaubt.[90]

Bloß, wer das nicht verstanden hat, der kann auch nicht die Transformation von der Industrie- zur Wissensgesellschaft moderieren.

Alles ist eine Frage der Unterschiedskultur. Niemand möge erwarten, dass sich Transformation und Innovation in einer Kultur entwickeln können, die ihre Fehler nicht als Lernschritte begreift. Während die Klugen über Fehler nachdenken, denken wir vielleicht zu oft an das rechte Strafmaß oder verschweigen gar, was nicht läuft. Oder, auch das ist ja nicht unbekannt, wir beharren darauf, recht zu haben. Die deutschen Besserwissenden handeln wie einst der preußische Offizier. Sie bleiben auf ihrem geistigen Posten, bis sie tot umfallen. Starrsinn scheint hier und da ein generationenübergreifendes Projekt geworden zu sein.

Nur wer diese Kultur durchbricht, diesen Teufelskreis der Rechthaberei, der sich ja auch tagtäglich in der politischen Auseinandersetzung und – groteskerweise – in der Diskussion um Diversität zeigt, der darf damit rechnen, von einem identitären Mitläuferstaat in eine offene Gesellschaft zu geraten, in der es möglich ist, aus Fehlern Chancen zu machen. Wer allerdings das Wort Haltung mit Starrsinn verwechselt, ist schon Teil des Komplexes geworden, den er oder sie vorgibt zu bekämpfen.

Undifferenziertheit ist eine Mangelerkrankung.

Konkurrenz und Wettbewerb

Eisenhowers Kritik am militärisch-industriellen Komplex hat noch eine weitere Dimension. Sie zeigt, wie wichtig es ist, zwischen Konkurrenz und Wettbewerb zu unterscheiden. Das eine, die Konkurrenz, führt zum Konflikt, zum Eingraben, zu dieser unseligen Jetzt-erst-recht-Haltung, die ein Zeichen für mangelnde Differenzierungsgabe ist.

Wettbewerb hingegen ist ein unter Regeln, aber mit offenem Ausgang durchgeführtes Verfahren, eine Methode zur Ermittlung der jeweils besten Lösung. Konkurrenz fördert Gleichmacherei und Nivellierung. Wettbewerb fördert Entwicklung und Innovation.

Konkurrenz ist ein uralter, archaischer Zustand. So wie alle komplexen Gemeinschaften aus der wenig komplexen Stammesgesellschaft hervorgingen, sind auch unsere Vergleichsmodelle in der Welt von gestern ersonnen worden. Wir nutzen sie, ohne lange darüber nachzudenken. Die österreichische Wirtschaftspsychologin Linda Pelzmann, die an der Universität Klagenfurt lehrt, verweist darauf, dass das Konkurrenzdenken in einer Welt geboren wurde, in der die Ressourcen zum Überleben extrem knapp waren und deshalb härteste Bandagen gegen Mitbewerber eingesetzt werden mussten, um selbst zu überleben. Dieser »Struggle for life«, von dem auch Charles Darwin spricht, ist mehr Instinkt als Kulturtechnik – ein »Animal spirit«, wie Pelzmann im Wirtschaftsmagazin *brand eins*[91] sagt, »ein Urtrieb, der allen Lebewesen gemein ist«. Es gehe dabei »um den Zugriff auf Ressourcen aller Art. Der Ehrgeiz ist angeboren, eingeführt von der Natur als Grundlage der Evolution.«

Auch an dieser Stelle zeigt sich der große Unterschied zwischen der alten und der neuen Welt. Wo die Not ein Dauergast ist, ist der Kampf ums Überleben normal; in einer Welt des Überflusses aber, in der uns Auswahl und Vielfalt vor neue Herausforderungen stellen (lange nicht so existenzielle wie zuvor), geht es dann darum, dem Existenzkampf den Rücken zu kehren und zivilisiertere Techniken anzuwenden. Kulturtechniken, bei denen Auseinandersetzungen eben nicht in Leben und Tod enden, bei Sieger und Besiegten, was, wie Pelzmann sagt, »der alte Normalzustand ist – es gibt eben Sieger und Verlierer. Es geht um Macht, und darum, das letzte Wort zu haben.« Rechthaberei ist also archaisch, ein Überbleibsel aus der finsteren Vorzeit, unkultiviert und primitiv, ganz und gar nicht aufgeklärt. »Der Sieger will alles, ein Monopol, das ganze Revier, alle Ressourcen«, sagt Pelzmann. Es gibt keine Gnade, kein Teilen, keinen Konsens, keine Regeln, nach denen alle auch nur annähernd nach ihrer Fasson glücklich werden können. Es gibt nur Überlebende und Tote. Das ist die Welt der Konkurrenz.

Dem gegenüber steht der klägliche, aber ungeheuer wichtige Versuch einiger Menschen, diesem vulgären Treiben ein Ende zu setzen. Dabei ist ihnen freilich bewusst, dass Menschen sich mit anderen vergleichen und auch an anderen orientieren. Menschen wollen, was andere haben. Die Frage ist nur, ob sie es unter dem Stern des Neides oder der Sonne der Fairness tun, des Wettbewerbs also. Im Wettbewerb haben wir ein Werkzeug, unsere Unmenschlichkeit zu entmachten. Und der Wettbewerb hört, anders als der Existenzkampf der Konkurrenz, nie auf. Vor dem Spiel ist nach dem Spiel.

Warum begeben wir uns dann aber in Konkurrenzverhältnisse? Die Antwort ist relativ einfach. Wie Überfluss und Vielfalt auch ist der Wettbewerb eine vergleichsweise junge menschliche und kulturelle Disziplin. Wir können das noch nicht so richtig gut. Die Probleme mit der Komplexität sind erst in einer Zeit des vollen Konsumangebots gewachsen. Erst hier haben Menschen sich zum ersten Mal die Frage stellen müssen, wie sie aus der Vielzahl der Angebote etwas auswählen können. Unbeholfen tasten wir uns dabei voran. Überfordert proklamieren wir ein Zurück, das es nicht geben kann: Die Kapitulation vor dem Lernstoff ist keine Option. Dass wir viel haben, macht das Überleben so vieler Menschen wie nie zuvor möglich. Wer gegen Überfluss kämpft, kämpft nicht nur gegen menschliche Bedürfnisse. Er gesteht auch, sich nicht entscheiden zu können, und behauptet das für alle anderen gleich mit. Es wird darum gehen, dass wir unsere geistigen, intellektuellen, aufgeklärten Fähigkeiten verstärken, uns bemühen, die komplexere und wechselhaftere Welt des Wettbewerbs zuzulassen statt der alten, archaischen, gewalttätigen Welt der Konkurrenz. Denn: Wie uns der Soziologe Norbert Elias in seinem Modell des »Königsmechanismus« lehrte, ist das Schüren von Konkurrenz und Neid ein erprobtes Mittel manipulativer Machthaber.[92]

In Eisenhowers Tagen stand der Kalte Krieg auf dem Höhepunkt seiner Entwicklung. Die Welt war geteilt in West und Ost, getrennt durch unüberwindliche Grenzen. Dennoch gab es einen merkwürdigen Magnetismus, der gerade wegen dieser Spaltung den Eindruck von Stabilität, ja Sicherheit erzeugte. Die »Cold War Kids«, zu denen auch die der Nachkriegsgeneration folgenden »Babyboomer« gehören, wuchsen in der Weltordnung des »Gleichgewichts des Schreckens« auf und mit der Doktrin der »wechselseitig zugesicherten Zerstörung« (*mutual assured destruction* – abgekürzt MAD, was im Englischen auch »verrückt« bedeutet). Dieser absurde Zustand sorgte für Ordnung. Das Gleichgewicht des Schreckens erzeugte Stabilität durch Spannung. Der größtmöglich denkbare Konflikt, der die Welt mit Sicherheit zerstört hätte, war gleichsam die klare Erinnerung daran, diesen Konflikt um jeden Preis zu vermeiden. Man könnte auch sagen: Man lebte diesbezüglich ziemlich bewusst. Mehr Reziprozität – Wechselbezüglichkeit – gab es zuvor in der Geschichte wohl nicht. Diese Eigenschaft aber ist gleichzeitig, auch wenn es an diesem Beispiel erst mal verrückt klingt, eine, auf die es in Netzwerken, also den Organisationen der Wissensgesellschaft, ankommt. Wechselbezüglichkeit ist mehr als Interaktivität. Sie schließt ein, dass bestimmte Verhaltensformen des oder der anderen vorweggenommen werden und das eigene Handeln bestimmen.

Antizipieren

Wir handeln in Hinblick auf das Handeln anderer, wir entscheiden, indem wir die wahrscheinlichen Entscheidungen (oder Reaktionen) unserer Partner miteinbeziehen. In der Sportwissenschaft gibt es den Begriff der Antizipationsfähigkeit. Fußballer oder Fechterinnen – nur mal zum Beispiel – wissen Bescheid. Darin geht es um eine »koordinative Fähigkeit, die den Sportler in die Lage versetzt, eine kommende Situation zu erahnen beziehungsweise einen bevorstehenden Bewegungsablauf vorwegzunehmen und daraufhin eigene Handlungsmöglichkeiten bereitzustellen«.[93] Im Kalten Krieg reduziert sich dies auf das automatisierte Wie-du-mir-so-ich-dir oder das alte Auge-um-Auge-Prinzip aus dem Alten Testament. Im Kalten Krieg, der Konkurrenzkultur nach dem Zweiten Weltkrieg, trat, wie in allen großen Konflikten, das Komplexe in den Hintergrund. Vordergründig war alles einfach. Wir oder die. Und: Wenn wir anfangen, werden sie uns auch töten. Ende. Diese Logik beherrschte alles und jeden, und sie dominierte bald auch das alltägliche Denken und Handeln. Komplexität hingegen brach sich dort Bahn, wo sie nicht länger unterdrückt werden konnte, in Subkulturen und Jugendrebellionen diesseits und jenseits des Eisernen Vorhangs oder aber auch in zahllosen »Stellvertreterkriegen«, bei denen die Logik der geteilten Welt – hier der Kapitalismus, dort der Sozialismus – überhaupt keine Rolle spielte. Da beschossen sich Russen und Chinesen an der gemeinsamen Grenze. Da führte das kommunistische Vietnam Krieg gegen das kommunistische Pol-Pot-Regime in Kambodscha. Und kaum war der Kalte Krieg vorbei, fielen die Ethnien in der ehemaligen Sowjetunion übereinander her. In Jugoslawien, von dem alle dachten, dass es einen eigenen, dritten Weg jenseits der Blöcke gehen würde, in einem gemäßigten und sehr spezifischen Kommunismus nach Marschall Tito, brach einer der blutigsten Nationalitätenkonflikte der Nachkriegszeit aus. Warum ist das so?

Krieg. Der Ruf der Heimat

Daron Acemoğlu und James A. Robinson haben in »Warum Nationen scheitern« auch die These vertreten, dass der Krieg als höhere Stufe des Konflikts – den es nicht erst zwischen Menschen gab – eine Folge der kulturellen Entwicklung unserer Art ist. Solange die Menschen, Tieren ähnlich, als Jäger und Sammler durch die Welt streiften, waren Konflikte nach dieser Theorie stets lokal begrenzt und kleine Auseinandersetzungen. Menschen waren überall dort »zu Hause«, wo sie, wenn auch nur ein paar Tage, überleben konnten. Traf man auf eine feindliche Gruppe, die ebenfalls auf Wild, Beeren oder anderes Essbares scharf war, dann zog man weiter.

Das mochte unter Bedingungen der extremen Knappheit auch dramatische Folgen für die gesamte Gruppe gehabt haben. Gewiss haben die Verlierer unter solchen Auseinandersetzungen gelitten, möglicherweise starb auch die ganze Familie. Im Regelfall aber gab es eine simple Möglichkeit, den Konflikt zu beenden, ohne *alles* zu verlieren, was man hatte: Man ging seiner Wege.

Für Jäger und Sammler war dieser Verlust in den meisten Fällen verschmerzbar. Aber sesshafte Bauern, die das Land bestellten und Tiere lokal hielten, konnten nicht einfach weiterziehen. Für sie stand im Wortsinn alles auf dem Spiel.

Sesshafte waren zu nachhaltiger Verteidigung gezwungen, und für die jeweiligen Angreifer wiederum waren Vorräte und Gebäude, Land und Besitz eine weitaus größere Verlockung als die Tagesbeute an Beeren oder Wild, die man einer umherstreifenden Gruppe abknöpfen konnte. Es lohnte sich also, sich massiv und nachhaltig zu verteidigen – und es lohnte sich, mit aller Kraft und unnachgiebig anzugreifen. Aus einem Streit, einem Konflikt wurde so der Krieg, mit systematischer Vorbereitung, strategischer und taktischer Ausrichtung und einer massiv anwachsenden Technologie, bis hin zum Kalten Krieg und darüber hinaus. Menschen sind Konfliktwesen. Sie streiten. Aber das muss nicht zu Mord und Totschlag führen. Acemoğlu und Robinson verweisen auch hier auf die Macht des Konsenses, der Regel, der Vereinbarung. Das ist Kultur. Streitkultur bedeutet auch nicht, auf Streit zu verzichten, sondern Konflikte nach Regeln auszutragen. Ein kultivierter Streit gesteht allen ein Recht zu und versucht nicht, den Feind zu töten oder den Gegner zu unterwerfen, was soviel heißt wie: Er muss sich vollständig anpassen, sein Wille muss gleichgeschaltet sein. Der Begriff »friedliche Koexistenz« stammt aus der Zeit des Kalten Krieges und bezeichnet das Nebeneinander unterschiedlicher Systeme. Genau dies ist das Konzept jeder demokratischen Struktur. Nicht die Mehrheit herrscht über die Minderheit, sondern die Unterschiede dürfen sein, und dort, wo sie miteinander in Konflikt geraten, wird unter Regeln miteinander gesprochen.

Das ist der Grund, warum in funktionierenden Marktwirtschaften nicht die Stärkeren gewinnen, sondern Kartell- und Monopolbehörden intervenieren, die gegebenenfalls eine übertriebene Marktmacht wieder auflösen. Niemand zwingt irgendjemanden dazu, ein bestimmtes Computerbetriebssystem zu kaufen. Wenn aber zu viele nur eines kaufen – und die anderen verdrängt werden können –, dann ist es richtig, wenn die Monopol- und Kartellbehörden eingreifen, auch dann, wenn der De-facto-Monopolist einfach nur den richtigen Riecher für den Geschmack des Publikums bewiesen hat. Regeln können also die Vielfalt fördern, ja, sie sind sogar ihr Garant. Die Vorstellung, dass Diversität, Vielfalt und Komplexität geradezu anarchisch-chaotische Züge haben müssen, ist falsch und ziemlich unterkomplex. Dennoch ist sie verbreitet, und nicht wenige meinen sogar, nur ein strammer Kollektivismus könne uns vor dem Chaos bewahren. Das ist allerdings schlampig gedacht. Denn die Regeln, um die es einer gut funktionierenden Gemeinschaft geht, wollen ja Beweglichkeit und Freiräume erhalten und schützen. Sie sind kein Selbstzweck. Regeln, die immobil machen, führen deshalb genauso zum »Krieg«, zum großen Konflikt, wie einst unter denen, die sesshaft und damit immobil wurden. Immobilität ist eine Einstellungsfrage, keine der physischen Beweglichkeit. Wenn eine Gesellschaft aufhört, die eigenen Regeln zu kennen und durch permanentes Lernen auch zu brechen, um neue, bessere zu installieren, kann sie sich nicht weiterentwickeln. Das ist dann ein Zeichen dafür, dass sie am Ende ist. Antitrust- und Monopolverfahren berücksichtigen genau dieses Wissen. Es gibt sie nicht, um den Sieger am Markt zu bestrafen, sondern um neue Sieger – im Plural – an den Start zu bringen. Kein Monopol, das nicht träge und einfallslos wird. Ein jedes, ob natürlich oder nicht, wird zum Verwalter der eigenen Fähigkeiten. Ein Monopol ist immer eine Bürokratie.

Das Entmachtungsinstrument

Monopole haben entscheidende Nachteile. Sie sind Planwirtschaften. Wo der Wettbewerb fehlt, ist das Interesse an Innovationen gering. Man verwaltet, was man hat. Probleme werden nicht gelöst. Auf dieses Phänomen haben die österreichischen Ökonomen Joseph A. Schumpeter und Friedrich Hayek hingewiesen. Bei Schumpeter ist der Wettbewerb das zentrale Element der Innovation. Bei Hayek wiederum gibt es den Begriff der »Entdeckungsfunktion« des Wettbewerbs. Weil der Contest existiert, müssen zum Bestehenden Alternativen gedacht werden. Deshalb sind marktwirtschaftliche Volkswirtschaften umso innovativer und leistungsfähiger als Planwirtschaften. Sie denken mehr. Sie grübeln nach Alternativen. Sie schaffen mehr. Der große deutsche Wirtschaftsethiker Karl Homann hat deshalb sein Diktum »Wettbewerb ist besser als Teilen«[94] formuliert. Teilen kann man immer nur das, was da ist. Wettbewerb aber schafft Möglichkeiten. Er mehrt unaufhörlich die Vielfalt und damit die Auswahlmöglichkeit. Dabei sind die Motive für dieses Vermehren für die meisten Menschen, die davon profitieren, zweitrangig. Entscheidend ist, zumindest in funktionierenden Märkten, ihre Fähigkeit zur Erneuerung. Das gilt nicht nur für die Wirtschaft.

> Wettbewerb aber schafft Möglichkeiten. Er mehrt unaufhörlich die Vielfalt und damit die Auswahlmöglichkeit.

Politische Herausforderer sind ja ebenfalls gezwungen, ein besseres Angebot zu machen als das Establishment. Tun sie es nicht, werden sie kaum Mitstreiter finden. Wettbewerb fördert damit genau jene Dynamik, die Demokratie erneuert. Er erzeugt Unterschiede, und zwar im besten Sinne, nicht jene statisch repressiven, wie sie die Konkurrenzsysteme kennen, destruktiv und rückwärtsgewandt, sondern den Fortschritt herausfordernd.

Der deutsche Ökonom Franz Böhm[95] hat den Wettbewerb das »großartigste Entmachtungsinstrument der Geschichte« genannt, und er kann dieses große Lob auch gut begründen. Denn nur wo Wettbewerb herrscht, gibt es die Möglichkeit zur Entscheidung: für einen anderen Arbeitgeber, um sich der Macht des Chefs zu entziehen, für ein anderes Land, wenn der Staat, in dem man lebt, nur mehr selbstreferenzielle Monopole verwaltet. Das war in der Geschichte eher die Regel als die Ausnahme, und wo immer Menschen in eine Neue Welt gingen, flohen sie vor der Welt der Macht in die Freiheit.

> Wettbewerb ist ein sehr gutes Mittel gegen Tyrannen und der beste Freund aller, die einen positiven Unterschied machen wollen.

Wettbewerb ist ein sehr gutes Mittel gegen Tyrannen und der beste Freund aller, die einen positiven Unterschied machen wollen.

Konkurrenzsysteme bedrohen nicht nur durch ihre Verteilungsmacht und Preisgestaltung den Kern der Individualität, das Recht auf eine eigene, freie Entscheidung.

Deshalb berief sich der Sherman Act von 1890, das in den USA eingesetzte Anti-Kartell-Recht und das erste und wirkmächtigste seiner Art, auch auf die Verfassung der USA, in der diese individuellen Freiheitsrechte geschützt sind. In Planwirtschaften und bei Monopolen werden die Käufer und Kunden entmachtet, sie sind nur noch passive Verbraucher, die es »zu versorgen« gilt. Ihre Einstellung und Meinung, ihre Kritik, ihre Unterscheidungskraft sind dort unerheblich.

Keine Diversität ohne Kritik

In politischen Monopolen mit dominanten oder gesetzlich verordneten Einparteiensystemen verhält es sich genauso: Die Interessen der Bürgerinnen und Bürger spielen keine Rolle. Nichts kann einem gefährlich werden. Wozu sollten wir dann das eigene Optimum verändern? Hier wird deutlich: Die andere Seite der Vielfalt ist immer auch eine, in der die eigene Position und Haltung sich mit anderen messen muss. Deshalb sind autoritäre Leute und autoritäre Organisationen immer darauf aus, anderen das Wort zu verbieten. Deshalb sind autoritäre Menschen auch sicherheitsfanatisch. Sprach-, Denk-, Produkt- und Ideenmonopolismus haben alle eine gemeinsame Wurzel: Es ist ihren Vertretern unerträglich, nicht allein herrschen zu dürfen, kritisiert zu werden, in der eigenen Idylle gestört zu werden. Andere Lebensentwürfe, andere sexuelle Vorlieben, verschiedene selbst gewählte Rollen, Kritik – all das ist ihnen unerträglich.

Kritik ist ungemütlich. Ja. Aber sie ist andererseits eben auch eine sehr gute Möglichkeit, Unterschiede deutlich zu machen. Und Kritik bedeutet ja nicht, dass man mit gesenktem Haupt die Meinung des oder der Anderen annehmen muss. Kritik ist ein Distinktionswerkzeug, das uns helfen kann – aber nicht muss –, die eigene Position zu schärfen. Dazu braucht man die andauernde, zielgerichtete Erhaltung der Vielfalt und Unterschiedlichkeit der Positionen, Produkte, Ideen, Meinungen und Wege.

Kritik und Wettbewerb sind Feuer und Schwert der Vielfalt. Der faire Wettbewerb unter Regeln und klaren Bedingungen moderiert den Konflikt. Er macht aus der Konkurrenz, die Vielfalt vernichten will, um recht zu behalten, ein System, in dem der Unterschied positiv wird: ein Angebot – und kein Befehl. Wettbewerb stellt sich der Kritik. Wettbewerb (und nicht Konkurrenz) belebt das Geschäft. Er ist Ausdruck einer individuellen Kultur und Einstellung, *diversity at work*. Wettbewerb ist etwas für selbstbestimmte und selbstbewusste Menschen, die das, was sie können, auch zeigen und mit anderen teilen wollen. Wettbewerb ist nichts für Mitläufer, Nachahmer oder Wissensdiebe. Wettbewerb ermöglicht das, was den Unterschied erst ausmacht, den Vergleich, und zwar den guten. Kierkegaards schlechter Vergleich hat damit nichts zu tun, er ist von Neid und Irrtümern zersetzt. Der Vergleich des Wettbewerbs aber ist wie ein gutes Fußballspiel.

Emotional, leidenschaftlich, wild, konfliktgeladen – aber trotzdem durch Fairness und Leistung, Einsatz und Bemühen gekennzeichnet. So können aus den dunkelsten Eigenschaften des Menschen, seiner Streitlust, seinem Neid, durch kluges Einbetten in ein System der Vielfalt die besten Dinge entstehen. Aus Schatten und Grau wird ein Bunt, das uns weiterträgt. Zunächst aber müssen wir die Denkart überwinden, die den Unterschied als Benachteiligung diskreditiert, die der allgegenwärtigen Norm, die kein Werkzeug sein will, sondern überall Prinzip. Und so zum Tyrannen geworden ist.

Benchmark: Worst Practice

So wie sich Russen und Amerikaner im Versuch, sich auf der Grundlage heftiger Konkurrenz zu vergleichen, immer mehr annäherten, funktioniert das Vergleichsprinzip auch in der industriellen Wirtschaft.

Eine Dienstleistung, ein Produkt, eine Idee in der Wissensgesellschaft ist – zumindest idealerweise – unverwechselbar und hat das, was wir weiter oben in Walter Benjamins Kulturtheorie vom Kunstwerk im Zeitalter seiner technischen Reproduzierbarkeit als »Aura« kennengelernt haben. Nun aber ist der Industriekapitalismus, das ist sein Wesen, aufgebrochen, diese Unterschiede zu beseitigen. Das stellt bereits die Funktion von Märkten in Frage, die ja nur durch Unterschiede überhaupt existieren können. Ein Angebot auf einem Markt muss sich durch etwas von anderen Angeboten unterscheiden, es muss also geschmackvoller, qualitätsvoller, billiger oder zweckmäßiger sein als etwas anderes, für das wir uns dann eben nicht entscheiden. Die Industriekultur (die man nicht mit Produktionsunternehmen von heute gleichsetzen sollte, jedenfalls nicht a priori) sucht stets nach der Nähe zur politischen Planung. Dieser Umstand ist altbekannt. Der deutsche Ökonom Rudolf Hilferding entwickelte schon 1910 die Idee des »Staatsmonopolkapitalismus« (den erst Lenin dann so nannte), bei dem der freie Wettbewerb praktisch zum Erliegen kommt, weil Staat und Konzerne alle Bereiche mit Monopolen erdrücken. Die Linke fand die Idee so bezaubernd, dass sie mit Lenin in der Sowjetunion geradezu zur Staatsraison wurde – und bis zur Wende immer wieder als letzte Hoffnung der Kommunisten galt, dass der Westen an seiner Tendenz zur Bürokratie zugrunde gehen würde. Man unterstellte also offensichtlich dem Klassenfeind, was man selber tat. Absurderweise machten die Sowjets und ihre Satellitenstaaten genau das, was sie im Westen als Todesfalle des Kapitalismus wähnten: Sie erdrückten den Wettbewerb. Darin liegt aber eben jene so oft übersehene Tatsache, dass sich die industriell fundierten »ismen« von links und rechts sehr ähnlich sind. Uniform, bürokratisch, kritik- und wettbewerbsfeindlich, kämpfen sie untereinander und gegen die Vielfalt.

Märkte sind Ausdruck der Vielfalt, des Unterscheidbaren und Unterschiedlichen. Und Diversität ist die Normalität

> Märkte sind Ausdruck der Vielfalt, des Unterscheidbaren und Unterschiedlichen. Und Diversität ist die Normalität des Lebens, die sich in Märkten widerspiegelt.

des Lebens, die sich in Märkten widerspiegelt. Deshalb müssen wir nach 250 Jahren Industrialisierung, vor allem vor dem Hintergrund eines zunehmend mechanistisch werdenden Managements und einer auf einfache Optimierungsmethoden gedrillten Betriebswirtschaft die Frage stellen: Ist das überhaupt eine Marktwirtschaft, in der wir leben?

Sieht man sich die zentrale Technik des Managements im 20. und 21. Jahrhundert an, das Benchmarking, dann ist das nicht der Fall.

Benchmark stammt vom englischen *bench* für Bank und *mark* für Zeichen ab. Es bezeichnet ursprünglich ein Zeichen, das Landvermesser setzen, um das Terrain zu erfassen und das Gelände einschätzbar zu machen. Ungefähr das ist auch der Sinn des Benchmarkens: Man orientiert sich an dem, was mit dem eigenen Produkt oder der eigenen Idee vergleichbar erscheint, um festzustellen, wo man selbst steht. Daran ist natürlich nichts verkehrt. Dass sich Menschen an dem, was da ist, orientieren, ist eine normale und alltägliche Angelegenheit. Wir finden uns dadurch zurecht, nicht nur in unbekannten Landschaften, sondern auch in unbekannten Gesellschaften, mit Sozietäten, die wir nur höchst theoretisch kennen (also etwa: Kunden in einem Massengeschäft). Benchmarking bis zu diesem Punkt ist also okay. Aber dann kommt es zu jenem Vergleichsexzess, der übers Ziel hinausschießt. Wir kennen dieses Vergleichen bis zum Extrem auch unter konkurrierenden Kollegen, neidischen Nachbarinnen oder missgünstigen Menschen, die anderen nicht gönnen, was ih-

> Wenn man sich mit anderen vergleicht, macht man die zum Maßstab, die man beobachtet. Das ist aber gar nicht der Job. Der besteht darin, herauszufinden, wie man selber ist.

nen selbst an Erfolg, Geld oder Attraktivität fehlt. Das ist ein irrationales Ding. Denn ganz gleich, wie: Wenn man sich mit anderen vergleicht, macht man die zum Maßstab, die man beobachtet. Das ist aber gar nicht der Job. Der besteht vielmehr darin, herauszufinden, wie man selber ist. Wer sich bei der Innovation und der Entwicklung von Produkten und Services auf die eigenen Talente konzentriert, liegt nicht verkehrt.

Bei Wikipedia wird der deutsche Betriebswirt Ralf Thomas Kreutzer mit seinem Fünf-Stufen-Konzept[96] des Benchmarkings zitiert. Zusammengefasst funktioniert diese übliche Vergleichsmethode in der Praxis so:

1. In der ersten Stufe werden die Idee, das Produkt und die »Schlüsselkomponenten des Analyseobjekts«, also des Vergleichsgegenstands, festgelegt. Dabei geht es »um einen Vergleich von bestimmten Leistungselementen«. Es bedarf also schon einer Unterscheidungskraft, um diese überhaupt zu definieren, zu erkennen und zu analysieren.

2. Danach wird der »relevante Wettbewerbsbereich« definiert, also was man im eigenen und im anderen Unternehmen vergleichen will.

3. Dem folgt die Informationsbeschaffungsstufe.

4. Schließlich werden die Leistungsunterschiede identifiziert. Die eigenen Defizite sollen dabei klar werden, aber auch das – und hier wird es spannend –, was man »Überleistungen« nennt, also jener Bereich, in dem man schlicht besser ist als der Mitbewerber. Eine Überleistung ist nach dieser Denkart nichts Gutes. Sie muss weg, weil sie nach industrieller Managementlesart keinen Vorteil bringt. Es geht also bereits hier nicht mehr um das Orientieren und Navigieren in komplexen Systemen, sondern um Anpassung, Vereinheitlichung, Nivellierung.

5. Der fünfte Bereich bezieht sich auf die sogenannte Best Practice und klärt die Frage, wie man nun die Erkenntnisse praktisch umsetzt und dabei gleichsam die eigenen Bereiche optimiert. Ein »Das machen die besser« bedeutet hier fast immer »das machen die optimierter, kostengünstiger, einfacher als wir«. Das ist, so die Theorie, die Grundlage zu einem »Veränderungsprozess.«

Dies beschreibt eine fatale Entwicklung. Erstens: Es zeigt die faktische Unfähigkeit des industriellen Managements und der zunehmend auf »Optimierung« und Vereinfachung abzielenden Betriebswirtschaftslehre, in Kategorien wie Original, Qualität, Unterscheidbarkeit und Vielfalt zu denken. In einer Zeit, in der die Gegenwart der Netzwerke zwingend die Bereitschaft zur Auseinandersetzung mit Komplexität (und eben nicht deren beständiger Reduktion) verlangt, geht das Management den umgekehrten Weg. Im Ergebnis finden wir dann immer schlechtere Me-too-Produkte, deren Ablaufdatum vorprogrammiert ist. Es läuft immer alles aufs Gleichmachen raus, und jeder Vergleich dient nur dem Zweck, die »Überleistung« abzubauen, die in der Wissensgesellschaft allerdings ja gerade der Kern aller wirtschaftlichen und intellektuellen Leistungen ist. Denn nur wer sich spürbar unterscheidet, kann auch Kunden von seinen Produkten und Dienstleistungen in saturierten Märkten überzeugen. Alles andere ist beliebiger Durchschnittsschrott, der dementsprechend leicht in Billiglohnländern kopiert wird (das ist längst der Fall und eher eine historische Feststellung).

Zweitens: Die missbräuchliche Verwendung des Begriffs »Veränderung« im Sinne von »Prozesse«, also als methodisch steuerbare Kontrollangelegenheit, führt in die Irre. Beides kann auch dem Namen nach nur »funktionieren«, wenn es sich um gestreamlinte, optimierte, komplexitätsreduzierte Vorgänge handelt. Kurz und gut: Benchmarken ist eine weitere bewusstseinsreduzierende Methode des industriellen Managements. Das wird auch in der sorglosen Verwendung des Begriffs »Best Practice« klar, der ja keineswegs die »beste« oder gar »bestmögliche praktische Umsetzung« meint, sondern schlicht die Übernahme einer Routine, also der berühmten »Nummer sicher«. Die Praxis der »Best Practice« ist eben nicht das berühmte und stets großspurig formulierte »Lernen von den Besten«, sondern schlicht die Übernahme von mechanistischen Regeln, Routinen, Normen und »bewährten« Abläufen, bei denen »man nichts falsch machen kann«. Auch hier wird ein Begriff, der eigentlich für den Unterschied und das eigene, ernsthafte Bemühen um das Erreichen einer unverwechselbaren Qualität steht, gleichmacherisch interpretiert. Das Beste ist hier also der Durchschnitt, das Mittelmaß. Daran orientiert sich alles Industrialistische, daran wird alles vermeintlich Neue gemessen: Es macht keinen Unterschied mehr, weil der ja – siehe oben – mit Mehraufwand verbunden wäre. Die beste Praxis ist also der Stillstand: ein Hamsterrad.

Das ist bereits ohne digitale Automatisierung ein dummes Spiel, das Unterschiede und damit Innovationen verhindert und den Mittelmäßigen in allen Lagern den Weg ebnet. Die Voraussetzungen für kreative, innovative Wissensarbeit sind kläglich. Und das hat auch sehr viel damit zu tun, dass diese Arbeitswelt eine ist, die für Männer und Frauen in Vollzeit in Machtstrukturen gebaut ist. Netzwerk? Fehlanzeige.

Jodeldiplom

Wenn unter deutschen Managern und Betriebswirten der Begriff »Kreativität« fällt, verziehen sich die Münder nicht selten zu einem abfälligen Grinsen. Offiziell ist das Wort, wie auch die Innovation, natürlich ganz, ganz wichtig. Aber da macht man nur Spaß. Man hält in der Normenkultur der deutschen Industrie nicht viel davon. *Kreativ sein* sollen die Gattinnen der Vorstände und Aufsichtsräte, das war schon immer so. Kreativ und selbstbestimmt sein in Deutschland ist immer noch wie in Loriots fantastischem Sketch, in dem die Gattin beim Abendessen mit Freunden stolz von ihrem neu erworbenen »Jodeldiplom« berichtet. »Da hat man was Eigenes«, sagt sie dazu. Das »Eigene« kann auch eine Boutique sein, ein Yoga-Kurs, eine Ausbildung in einem exotischen Nonprofit-Beruf oder irgendwas Karitatives. Alles wichtig, keine Frage. Aber noch immer sind es vorwiegend Frauen, die sich mit dem »Jodeldiplom« und seinen Verwandten beschäftigen, auch deshalb, weil es keine auch nur annähernd vernünftige flexible Möglichkeit zur Verbindung von Berufstätigkeit und Elternschaft gibt. Dann fallen die Frauen durch den Rost, weil der Mann meist mehr verdient. Der gemeinsame Nenner heißt Geringschätzung von Vielfalt und Divergenz. Es gibt keine flexiblen Strukturen in den Organisationen. Es gibt keinen Raum für Wissensarbeit, bei der es nicht darum geht, auf vorgefasste Problemstellungen genau eine Lösung zu finden, sondern Alternativen zu denken.

Schlecht beraten

Wen es als Manager überfordert, wenn seine Meetings nicht jeden Tag am selben Ort zur selben Zeit stattfinden, wer unentwegt die Abwesenheit »seiner« Mitarbeiterinnen und Mitarbeiter beklagt und um die gute alte Präsenzkultur trauert, der lässt tief blicken: Er oder sie kann so nicht arbeiten, divers, digital, in Netzwerken, mit Überraschungen umgehen? Gut. Dann besser nicht. Es wird nämlich Zeit, uns von den Kontrollettis und Innovationsverhinderern in der Politik und im Management zu verabschieden. Manche lernen es einfach nicht mehr, weil ihr ganzes Leben nur darauf aufgebaut ist, andere zu instrumentalisieren. Dass die Netzwerkorganisation auch und viel über ethische Fragen diskutiert, ist ja kein Zufall. Der Mensch spürt den Unterschied. Die Erfahrungen des »Homeoffice« haben vielen die Augen geöffnet: Die unzähligen Meetings sind in Wahrheit kein »Teambuilding«, sondern einfach die neue Stechuhrkultur. Die fixen Arbeitszeiten hat man zwecks flexibler Gestaltung abgeschafft, um dann aber auf den Jour fixe und anderen fixen Regeln zu beharren, die dem eigentlichen Zweck dienen: zu zeigen, wer das Herrchen oder Frauchen ist

> Die fixen Arbeitszeiten hat man zwecks flexibler Gestaltung abgeschafft, um dann aber auf den Jour fixe und anderen fixen Regeln zu beharren, die dem eigentlichen Zweck dienen: zu zeigen, wer das Herrchen oder Frauchen ist und wer die Stöckchen holt.

und wer die Stöckchen holt. Diese Führungskräfte, die keine sind, hat die alte industrielle Kultur geradezu geschaffen. Eigensinnige, kreative Leistungsträger haben dagegen keine Chance. Selbstbestimmtes Arbeiten kommt aber nicht ohne selbstständiges Denken aus, und damit ist die alte Organisation tot. Sie wird noch ein wenig vor sich hin vegetieren, versorgt von den Notärzten und Sterbehelfern, die sich Berater und Coaches nennen und nicht wie ihre fortschrittlicheren Kollegen den Mut haben, zu sagen, dass der Wandel keine Übung ist. Sie flicken ihre Patienten notdürftig zusammen und erzählen ihnen, was die hören wollen: Das wird schon wieder.

Doch es wird nicht.

Das Problem ist offensichtlich. Wir haben Menschen in führende Positionen geholt und befördert, deren Fähigkeiten in erster Linie im Verwalten und Organisieren vorhandener Strukturen liegen. Das ist eine wichtige Sache. Gleichzeitig aber haben wir diese Leute nicht darin gebildet, wie sie und ihre Organisation über sich selbst hinauswachsen. Die industrielle Gesellschaft leidet unter einer *déformation professionelle*, und auf dieser Grundlage ist sie unterschiedsblind geworden. Man kann, was man kann, aber sonst nichts. Denkunterschiede stören die Abläufe. Deshalb ist dieses System so uninnovativ. Nur ein Jahr nach Beginn seiner Tätigkeit als Gründungsdirektor der staatlichen »SPRIND«, der deutschen Agentur für Sprunginnovation, bemerkte Rafael Laguna de la Vera, dass es offenbar kulturelle und bürokratische Gründe gebe, die der Innovationsfähigkeit im Land entgegenstehen. Es scheint doch, ein Ministerium würde sich lieber mit dem anderen verhakeln, als gemeinsam die kreativen Prozesse laufen zu lassen. Kontrolle ist nicht mehr nur gut, sie ist alles, und niemand vertraut irgendjemandem. Das kommt davon, wenn man den Bock zum Gärtner macht, Verwaltungsbeamte für Innovationspolitik zuständig sind und Volksparteien aus dem 19. Jahrhundert für die Wissensgesellschaft. Nichts außer Verlusten und Enttäuschungen.

Die Bürokratie hat aber längst auch die Unternehmen erfasst, sie sind Teil jenes ideellen »Stamokap«-Komplexes, von dem weiter oben die Rede war.

Die amerikanischen Marketingexperten Al und Laura Ries haben das Thema Divergenz in ihrem Bestseller »Die Entstehung der Marken«[97] (angelehnt an Darwins Entstehung der Arten) beschrieben und treffend gezeigt, dass »Divergenz, also abweichendes Denken, das nicht Routinen, sondern neue Lösungen sucht, Kreativität also, die (heute, Anm. d. Verf.) am wenigsten verstandene, aber mächtigste Kraft des Universums« ist. Verschiedenartigkeit, so die deutsche Übersetzung von Divergenz, dem Ergebnis der Diversity, zeigt also, dass die Abweichung Originale erzeugt, während die Norm auf das Kopieren ausgerichtet ist.[98]

Als der Apple-Gründer Steve Jobs das Firmenmotto »Think different« wählte, also explizit kreatives Denken, Divergenz und innovative Intelligenz in den Mittelpunkt dieses Leuchtturms der Wissensökonomie stellte, war das die Antwort auf das damals noch sehr viel berühmtere »Think!« des IBM-Gründers Thomas Watson sr., mit dem der einst weltgrößte Hersteller von Bürosystemen Furore machte. »Think!« hat mehr den Charakter, den auch die deutschen Manager schätzen, es bedeutet so viel wie »Denk nach, dann fällt es dir ein!«. Und suggeriert, es genüge, bereits vorhandenes Wissen abzurufen. Das »Think!« ist dann im Grunde genommen die Aufforderung, auswendig Gelerntes repetieren zu können. Lange Zeit hielt sich das Unternehmen auf der Erfolgsspur. Das war die Zeit, in dem vor allen Dingen staatliche und große institutionelle Auftraggeber, die ganz ähnlich tickten wie die »Think!«-Manager, das »Big Blue« genannte Unternehmen bevorzugt mit Aufträgen versahen, weil man, wie jedermann wusste, »damit nichts falsch machen konnte«, wie ein – nicht nur unter IT-Leitern – geflügeltes Wort lautete. Noch bis weit in die 1980er Jahre hinein war IBM die »Nummer sicher«, wurde dort doch bewährte Ware in klarer Norm für bestimmte Aufgaben hergestellt. Dass man bald im eigenen Saft schmorte, fiel den erfolgsverwöhnten »Think!«-Managern gar nicht mehr auf. Man »setzte« die Benchmarks, und schließlich waren Computer nach den eigenen Rezepturen von IBM jene, die man »industriekompatibel« nannte. Es ist bemerkenswert, wie deutlich auch die Sprachregelung war. Nun kamen aber durch die von Apple Ende der 1970er Jahre maßgeblich mit ausgelöste Personalisierung der IT – und durch die später von IBM *Personal Computer* genannten Systeme – die starren Strukturen durcheinander. Computer waren nicht mehr einfach nur Steuer-, Kontroll- und Rechenmaschinen. Die Kreativität der Nutzer war herausgefordert, wie sich schon an den kleinen, aber ungeheuer beliebten »Homecomputern« der frühen 1980er Jahre zeigte. Für IBM begann der Abstieg. »Think!« war nicht genug. Man kann in der Transformationsbiographie des später den todkranken IBM-Konzern rettenden Change-Managers Louis V. Gerstner mit dem sprechenden Titel »Wer sagt, dass Elefanten nicht tanzen können« lesen, unter welchen Bedingungen er das Unternehmen Anfang der 1990er Jahre vorgefunden hat. Die Lektionen aus diesem Buch sind hervorragend, und sie würden sich für viele deutsche Auto- und Maschinenbauer ebenfalls anbieten. »Think!«, das ingenieurhafte, aber eben nicht kreative, problemorientierte, differenzierte Denken, wie es der Divergenz eigen ist, kann einen zerstören. Aus genau diesem Grund ergänzte Steve Jobs das »Think!« seines traditionell größten Konkurrenten IBM um ein entscheidendes Wort: different.

Steve Jobs' Firmenmotto »Think different« spiegelt die Einsicht, dass unternehmerischer wie politischer Erfolg nur in einer Vielfaltskultur möglich ist, nicht regellos, nicht ohne Normen und auch nicht ohne gemeinsame Grundlage, keineswegs, aber gebaut auf der Einsicht, dass Innovationen und Fortschritt die Produkte abweichenden Denkens sind.

Heute arbeitet man bei IBM fast lückenlos mit den Produkten des ehemaligen Erzfeindes und hat seine eigene

PC-Produktion längst an die chinesische Lenovo Corporation verkauft.

Der amerikanische Sozialpsychologe J.P. Guilford gilt als wichtigster Landvermesser des kreativen Denkens im Vergleich zum konventionellen Denken. Er hat lange vor dem Konflikt zwischen »Think!«- und »Think different«-Menschen die Unterschiede zwischen dem sogenannten *konvergenten Denken* und dem *divergenten Denken* herausgearbeitet. Das von Guilford seit den 1950er Jahren entwickelte Konzept definiert konvergentes Denken als eine Art »logisches Vorgehen, das auf einen ganz bestimmten Lösungspunkt hinführt. Unter divergentem Denken, das bei kreativen Prozessen vorherrscht, geht es dagegen um unübliche Assoziationen, um den Wechsel von Perspektiven, um die Verbreiterung des Horizonts«, so schreibt der Heidelberger Psychologe und Hochschullehrer Joachim Funke in seinem sehr empfehlenswerten Text »Psychologie der Kreativität«.[99] Das aus dem Lateinischen stammende Verb *convergere* bedeutet so viel wie »zusammenlaufen«. Es geht dabei also auch und vor allen Dingen um eine Nivellierungsstrategie. Konvergentes Denken nützt dann, wenn man einfache, normierte Probleme zu lösen hat, auf die es bereits eine Antwort gibt (oder etwas, was dieser Fragestellung stark ähnelt). Alle industriekapitalistischen Ansätze sind dafür ausgesprochen anfällig. Da auch das Management und die Verwaltung ohnehin aus dieser Tradition kommen, ist es nur natürlich, dass die »Think!«-Rufer weitaus mächtiger sind als die »Think different«-Vertreter. Nicht einfacher wird es dadurch, dass es zwar schicker ist, zu den »Think different«-Menschen zu gehören, weil damit ja auch durchaus Attribute wie Eigensinn, Mut, Geduld, Widerstandskraft oder Rebellentum verbunden werden, die eine Wohlstandsgesellschaft »anturnen« – vermutlich, weil die meisten ihrer Bewohner so wenig davon haben.

Vor diesem Hintergrund wirkt der Appell an Vielfaltskulturen und die Selbstverpflichtung zum divergenten Denken fast schon albern, zweckoptimistisch und wie ein Rufen im finsteren Wald. Doch es wird immer klarer, dass das Normenregime des Industrialismus keine Antworten mehr für das 21. Jahrhundert hat. Die neue Industrie, die es ja durchaus gibt, versteht sich auch als Wissensökonomie. Sie bringt es zaghaft und viel zu zögerlich als »Smart Factoring« und »Industrie 4.0« vor. Erstaunlicherweise finden sich unter den unternehmerisch motivierten Industrieleuten mehr Anhänger selbstbestimmter und divergenter Arbeit als unter den klassischen Dienstleistungsmanagern – etwa jenen von Banken, Versicherungen und Serviceagenturen. Dort wird lieber viel über Agilität und »Purpose« geredet. Aber offenbar spüren die Industrieleute die Transformation viel heftiger. Sie sehen in ihren Fabriken, wie Roboter und Algorithmen längst zu den wichtigsten Betriebsmitteln geworden sind. Sie erkennen, dass die Gegenwart der Arbeit, die Zukunft sowieso, längst davon abhängt, kluge, kreativ und innovativ denkende Köpfe an Bord zu haben. Das ist alles nicht neu. Wer als Hochpreisland überleben will, braucht eine massiv bessere Qualität und mehr persönliche, individualisierte Lösungen als jene, die am Fließband ihre Billigprodukte skalieren können. Und die sogenannte Digitalisierung, die Automatisierung unserer Tage, zeigt uns, wie weit das geht.

Die Unterschiedszerstörungsmaschine

In Stanley Kubricks brillantem Film »Dr. Strangelove«[100] wird ein System an atomaren Waffen, die sogenannte Weltvernichtungsmaschine, durch eine Verkettung unglücklicher Ereignisse ausgelöst. Im Kalten Krieg des Jahres 1964 war das ein durchaus realistisches Szenario. Wir sind heute dabei, zumindest eine Weltunterschiedszerstörungsmaschine zu bauen. Und wir sind damit schon weit fortgeschritten. Eine entscheidende Rolle spielt dabei eine Kultur wie die der Vereinheitlichung – also des westlichen Industrialismus und der politischen Gleichmacherei –, die auf eine Technologie trifft, die auf Vereinfachung und Optimierung beruht: die Informationstechnologie, als Computer, Software, Algorithmen und Netzwerke, die die sogenannte Digitalisierung – die digitale Automatisierung – betreiben.

Wo der Vergleich im vordigitalen Zeitalter Anpassung meinte, Nivellierung, und damit Qualität zerstörte, wird der gleiche Vorgang im Zuge der Big-Data-Offensiven richtig gefährlich. Wo automatisiert optimiert wird, gibt es keine Eigensinnigen mehr, die dagegen anreden und ankämpfen, weil diese Leute gar nicht mehr stören können. Sie sind nicht mehr im Entscheidungsprozess – denn der wird von Systemen getroffen. Dabei sind die Widerständigen und Neinsager die einzigen Garanten gegen die Kreislaufwirtschaft der Dummheit und des dazugehörigen Mittelmaßes, das Unterschiede und Komplexität (die Grundzutaten der Vielfalt) nicht ausstehen kann.

Algorithmen arbeiten unermüdlich am neuen Durchschnitt, an einer Einheit, bei der Unterschiede nivelliert werden oder eben nur mehr in oberflächlichen Erscheinungsformen behandelt werden.

Denken wir einen Schritt weiter: Best Practice, konvergentes Denken, »Think!« – was heißt das für Bürgerinnen und Bürger, wenn Big Data über ihren Krankenkassenbeitrag entscheidet? Über die Frage, wann es sich nicht mehr lohnt, kranke Alte medizinisch zu versorgen? Ja, es gibt gute Gründe, skeptisch zu sein gegen Big Data, wie man an den Entwicklungen in der Volksrepublik China sieht. Aber gerade daran müssten wir auch sehen: It's the singer, not the song. Es ist der Spieler, der diese Algorithmen unterschiedslos falsch anwendet, der gegen seine eigene Bevölkerung ein rücksichtsloses kollektivistisches Regime führt, dem die Persönlichkeitsrechte seiner Bürger völlig egal sind. Wer, wenn nicht der Westen, wer, wenn nicht Europa, sollte dem entgegensetzen, dass Digitalisierung der Zivilgesellschaft nicht nur dient, sondern ihr wichtigstes Werkzeug zur Selbstbestimmung wird? Wir könnten den Unterschied machen. Das gilt für den Kapitalismus und seine unzähligen Spielarten genauso wie für die Technologie. Wann lernen wir das hier mal?

Jedes Jahr erscheinen neue Smartphones, Produkte im neuen Design und neue Marketingversprechen. Nimmt man nur den nüchternen pragmatischen Fortschritt, dann tut sich aber sehr wenig. Erst über lange Distanzen wird Veränderung und damit der Unterschied klar.

Und fast immer ist die Marktforschung mit im Spiel, die die Produzenten wissen lässt, was die Kunden wirklich wollen. Mit ihren vorgefassten Fragestellungen erfährt man das aber nicht. Zu Recht erwarten die Kunden Angebote, die nachvollziehbare Vorteile bieten und gleichsam genug Spielraum, um sich mit dem, was man kauft und nutzt, individuell zu identifizieren. Deshalb funktionieren Produkte und Dienstleistungen, die selbstbewusst auftreten, in der Regel besser als jene, deren Opportunismus keinerlei Widrigkeiten mehr zulässt. »Glatte« Produkte und Dienstleistungen sind zwar leichter durch Benchmarking zu kalkulieren, aber langweilig, trostlos und das, was man unpersönlich nennt. Die Dinge, die wir in die Welt bringen, sind so lebendig oder so langweilig wie wir selbst, und unser Charakter spiegelt sich in ihnen.

Das alles lässt die ohnehin schwach entwickelte Unterscheidungsgabe vieler Menschen weiter verkümmern. Das World Wide Web wurde entwickelt, um möglichst viele unterschiedliche Positionen miteinander in den Austausch zu bringen – so jedenfalls war es die Absicht von Timothy Berners-Lee, der die entscheidende Sprache des WWW, die Hypertext Markup Language (HTML), entwickelte. Was aber ist daraus geworden? Studien der Universität Stanford (2016) und der deutschen Bitkom (2018) legen nahe, dass immer weniger junge Erwachsene zwischen Marketing und Nachricht unterscheiden können. Hinzu kommt, dass viele Nachrichten und Informationssendungen mit Kommentaren, also subjektiven Weltsichten, versehen worden sind. Es ist kaum noch auszumachen, wo politische oder ökonomische Influencer am Werk sind, Marketingleute oder Journalisten.

Moden

Wir kennen das aus der Mode. Im Grunde genommen sind Trends, Moden und Zeitgeist nichts weiter als der Versuch, dazuzugehören. Es ist sozusagen Gruppenkohäsion im großen Maßstab, die die Person einnorden soll. Das machen sich Modeschöpfer und Kreative zunutze, Politiker und Manager, die den Menschen nach dem jeweiligen Maul reden. Gleichzeitig liegt in der Mode jenes Unterschieds-Paradox, das uns ganz vorne schon bei der Einsicht der Kulturwissenschaftlerin Margaret Mead begegnet ist: »Vergiss nicht, dass du einzigartig bist – so wie alle anderen auch.«

Es gibt also ein Sowohl-als-auch. Mode bedeutet, insbesondere für junge Menschen, eine Zugehörigkeit zu einer Gruppe, die sich im Outfit spiegelt: elegant, stylish, punkig oder alternativ – unzählige Stile stehen zur Auswahl. Uniformität ist immer auch ein Zeichen identitärer Einstellung, die, wie wir schon gesehen haben, ein Zeichen für Unsicherheit ist. Unsichere Leute sind leichter zu manipulieren. Nicht ohne Grund würden politische Parteien das Wahlalter am liebsten auf zehn reduzieren und fühlen sich Marketingleute vorwiegend in der Zielgruppe der Jungen wohl. Die 19- bis 49-Jährigen gelten als konsumfreudig und vor allen Dingen leichter beeinflussbar – sie sind die »werberelevante Zielgruppe«. Erst in den letzten Jahren, und auch nur vor dem demographischen Hintergrund der wachsenden Zahl der Älteren mit gutem Einkommen, wird diese Doktrin in Frage gestellt. Aber kaum jemand fragt, warum gerade der Umstand, dass Menschen leichter manipulierbar sind, im Mittelpunkt der Bemühungen um sie steht. Es wäre doch – unabhängig von der Altersgruppe – angemessener, an die Stelle von Manipulation klare, pragmatische Angebote zu setzen. Eine vielfältige Gesellschaft wird, wir haben es oben angesprochen, kritischer sein – und auch mit solcher Manipulation kritischer und unnachgiebiger umgehen. Es wäre höchste Zeit, wenn sich die werberelevante Zielgruppe in eine verwandelt, die man ernst nimmt und respektiert – nach dem Motto, das auf einem *brand eins*-Titel vor fast zwanzig Jahren stand: »Wir wollen nichts von Ihnen. Aber wir haben was für Sie.«[101] Angebote. Moden sind erstaunlicherweise ein solches Angebot, wenngleich nicht auf den ersten Blick. Ja, sie nivellieren, sie uniformieren sogar. Mindestens ebenso oft sind sie aber auch Ausdruck der Distinktion, des Unterscheidenwollens, bis hinein in die Gruppe. Das kann man in Schulklassen gut nachvollziehen, wo sich Differenzierung mit der Zeit besonders deutlich zeigt. Man geht ja auch dann mit der Mode, wenn man ausdrücklich nicht mit ihr geht. Der deutsche Soziologe Georg Simmel hat das vor mehr als hundert Jahren als einer der Ersten erkannt. In der Mode ist das Spannungsfeld des Unterschieds zwischen Gruppe und Individuum – und das Wechselwirksame daran, die Zusammenhänge – besonders deutlich. Simmel ist der Soziologe des Vorübergehenden, einer, dem lange vor der Einführung von Begriffen wie Netzwerken oder Interaktion klar war, dass menschliches Verhalten nie dauerhaft ist, sondern eben immer nur ad hoc beobachtet werden kann. Abweichungen werden zu Normen, Normen zu Dogmen und bedürfen dann wieder neuer Abweichungen, um ersetzt zu werden. Was wir heute noch für richtig halten, ist morgen schon ein abgelegter Stoff aus der letzten Saison. Wir können aus unserem Verhalten gegenüber den Moden sehr viel über uns selbst erfahren, über unseren Umgang mit Differenz. Er erfolgt unmerklich, er ist selten ein bewusster Prozess. Zeigt man beispielsweise heute einer Sechzigjährigen Fotos aus ihrer Teenagerzeit in den 70er Jahren, ein modisch ziemlich ambitioniertes Jahrzehnt, dann ist das meistens peinlich, ganz so wie dem Teenager die Fotos, die seine Eltern ungefragt auf den Tisch legen, wenn seine Freundin zu Besuch kommt. Wir sind an unserem Geschwätz von gestern nur bedingt interessiert, und wir selbst sind uns ein Rätsel angesichts der Entscheidungen, die wir angeblich fürs Leben trafen – und revidierten. Sie sind Moden, also der jeweilige Versuch, es besser zu machen als zuvor.

Der kluge Marshall McLuhan, der im Wesen des digitalen Menschen den deutlichen Umriss der alten Stammesgesellschaft erkannte, urteilte in seinem Buch »Understanding Media«: »Wenn es funktioniert, ist es überholt.«[102] Nicht nur Irrtümer werden überwunden, sondern eben auch jene Entscheidungen, die wir hier und heute treffen. Was lernen wir daraus? Dass wir die allermeisten Dinge, die wir tun, mehrmals tun müssen und nur ganz selten ein für alle Mal erledigen. Armut und Ohnmacht zwangen früher meist Frauen in sogenannte Vernunftehen. Und auch aus Liebe geschlossene Beziehungen mussten ein Leben lang halten, der Kirche, der Kultur, der Leute, der mangelnden ökonomischen Unabhängigkeit halber. Das ist für viele, wenn auch noch nicht für alle, überwunden. Wir sehen, dass materielle Verbesserung, die Unterschiede im Einkommen und in der Bildung dazu führen, neue Entscheidungen zu treffen. Es geht nicht darum, Beziehungen so abzulegen wie alte Kleider. Im Gegenteil. Es soll klar werden, dass die eigene Entscheidung, so sie aus freien Stücken getroffen wurde, nicht von den »Moden« der herrschenden Kultur und Meinung abhängen soll. Das so kitschig klingende »Seinem-Herzen-Folgen« ist der richtige Ratschlag, denn es bedeutet ja, dass man tut, was man – mit Frithjof Bergmanns berühmten Diktum – »wirklich, wirklich will«. Denken hilft, Selbstkritik führt weiter, öffnet die Möglichkeiten der neuen Entscheidung, dann kommt das Herz ins Spiel. Das ist im Grunde genommen das, was Unterscheidungsfähigkeit ausmacht:

das jeweils Richtige tun.

> Das ist im Grunde genommen das, was Unterscheidungsfähigkeit ausmacht: *das jeweils Richtige tun.*

Der Schlüssel zur Transformation

In der Entscheidung für das Richtige liegt die einzige Chance auf eine Wende. Bleiben wir bei der »klassischen« Betriebswirtschaft (also bei der mediokren Theorie der Optimierung und der Nivellierung wirtschaftlicher und organisatorischer Prozesse durch das sogenannte Management), haben wir verloren, und es wird noch weitere Verluste geben. Oder aber wir ändern das Spiel grundlegend und schalten die Organisationen auf Differenzfähigkeit um. Was ist das? Im Grunde etwas ganz Einfaches: das Zulassen anderer Positionen, die nicht nur im gesellschaftlichen Diskurs – also in der Auseinandersetzung mit dem neuen Jakobinismus der Identitären und Identitätspolitischen – so wichtig sind, sondern auch in der Entwicklung neuer Produkte. Der Transformation liegt *eine* Sache zugrunde, das ist ihr Fundament, ihre Verfassung, an der niemand vorbeikann: Sie baut auf Differenz. Es gibt also keinen »Königsweg« – das wäre ja auch albern in einer selbstverantwortlichen Zivilgesellschaft, wie sie die Wissensgesellschaft sein sollte. Das Lernen an Vorbildern ist sicher eine gute Starthilfe, wenn es zur Selbstständigkeit und zur Selbstbestimmung führt.

Wahrscheinlich ist die große Unruhe, die die gut ausgebildeten, jungen oder enttäuscht alt gewordenen dritten und vierten Wohlstandsgenerationen, die nach dem Krieg aufgewachsen sind, ergriffen hat, ein Resultat dieses noch Unentschieden-Seins. Noch wagt sich kaum eine oder einer aus der Scheinsicherheit der alten Verhältnisse zu sich selbst vor, trauen sich viele den Sprung nicht zu. Ein selbstständigenfeindliches Klima, wie es die etablierten Parteien verbreiten – die sich durchwegs als Vertreter der Angestelltenklasse und der öffentlich Bediensteten sehen und ja auch zum großen Teil, als Bundestagsabgeordnete, aus diesen Reihen kommen –, hält viele davon ab, sich vorzuwagen. Deshalb ist es eine der wichtigsten politischen Aufgaben der nächsten Jahre, die »Einheit in Vielfalt«, eine starke, selbstbewusste und schlagkräftige Vertretung für die Selbstständigen aufzubauen. Sie haben – zumindest in Deutschland – nichts zu verlieren als ihre Diskriminierung.

Äpfel und Birnen

Das Industriezeitalter verglich, die Wissensgesellschaft unterscheidet. Vergleichen ist gut, Unterscheiden ist besser. Wenn wir Unterscheidbarkeit als positive Kraft verstehen, also nicht, um auszuschließen, sondern weil wir Möglichkeiten verbessern wollen, den Horizont erweitern und mehr Akteure ins Spiel bringen, statt sie auszugrenzen, dann müssen wir das alte Vergleichen, die Charts und Hitparaden der vermeintlichen Leistung hinter uns lassen. Qualitäten zählen – das sind jene persönlichen Merkmale, die kenntlich machen, was wir sind und was wir tun. Das alte Vergleichen ist selbstreferenziell, getrieben von der Vorstellung, dass richtig sei, was *andere* tun. Nicht die Frage, was man *selber* erreichen kann, steht dabei im Mittelpunkt, sondern das Leben der Anderen. Was heißt das? Wenn man in Deutschland das scheinbar Ungleiche dennoch vergleicht, gibt es den leidenschaftlichen Satz, dass man »nicht Äpfel mit Birnen vergleichen kann«. Doch, man muss es sogar, wenn man in einer Welt des Unterschieds und der Vielfalt lebt. Und natürlich unterscheidet sich auch jeder Apfel vom anderen.

Der konstruktive Vergleich lässt das Unterschiedene so, wie es ist, aber er sieht sich dort um, versucht auch zu lernen, möglicherweise auch das eine oder andere zu übernehmen (und das hoffentlich unter Anerkennung der geistigen Urheber). Unterscheiden kann man aber nur, wenn bereits ein Unterschied vorliegt, also ein eigenes Objekt oder eigene Maßstäbe oder Rahmen. Die Dinge sind dann an und für sich gehaltvoll. Nicht der »Vergleich macht sicher«, sondern das Selbstbewusstsein, mit dem man »sein Ding macht«.

Man braucht niemanden und nichts, woran man sich dabei messen muss. Nur so kommt man überhaupt einer anerkannten Vielfalt näher. Bis dorthin ist das nämlich nur Gerede und ein Potenzial, das man nicht heben kann, weil uns dazu schlicht die Werkzeuge fehlen: die Zuversicht und das Zutrauen in die eigene Arbeit und Person. Vielfalt ist ohne Individualismus, ohne Respekt und Anerkennung für den einzelnen Menschen nicht zu haben.

Können wir das?

Wir haben gar keine andere Wahl.

Die digitale Kränkung

Auch hier haben die Menschen den Grundstein für die Transformation selbst gelegt. Sie haben, mit der Automation, Prothesen ihrer Selbst geschaffen, erst einfache Werkzeuge, die ihre Muskeln und Gliedmaßen verbesserten, dann Maschinen und Systeme, die immer effizienter und optimierter taten, was zuvor Menschen verrichten mussten. Die Digitalisierung ist Teil der Automationsgeschichte, und sie übernimmt erst seit kurzer Zeit zunehmend die noch verbliebene menschliche Routinearbeit.

Das wurde lange vorhergesehen, von Klarsehern wie Karl Kraus, Bertrand Russell, Hannah Arendt oder Ralf Dahrendorf.[103] Die Maschinen machen das, die Algorithmen, die Roboter. Klar. Aber wir? Uns bleibt das Originäre, die Vielfalt. Der Weg zur Selbstverwirklichung ist kein Luxus und keine spinnerte Attitüde von Wohlstandsbürgern. Uns bleibt angesichts der Erfolge als Spezies in Sachen Automation gar nichts anderes übrig. Uns geht die alte Arbeit aus, wie Hannah Arendt es in den 1950er Jahren sagte, und da wäre dann die Frage, wie wir mit uns umgehen. Können wir uns selbst in die Augen sehen, nüchtern, so wie es Karl Marx und Friedrich Engels im Kommunistischen Manifest dem bürgerlichen System unterstellten? Ja, wir können. Wir sind in der Lage, uns aus den Vormundschaften zu befreien. Das schaffen wir. Allerdings sind wir selbst zweifellos das größte Hindernis auf dem Weg zur Vielfalt und Selbstverwirklichung.

> Der Weg zur Selbstverwirklichung ist kein Luxus und keine spinnerte Attitüde von Wohlstandsbürgern.

Der Prozess der Automation etwa, der unglaublichen Wohlstand in die Welt gebracht hat, ist für die meisten so unbewusst verlaufen, dass nun auch die nächste Entwicklungsstufe dubios und unklar erscheint. Der österreichische Philosoph Günter Anders[104] – Hannah Arendts erster Ehemann übrigens – hat die weise Bezeichnung der »prometheischen Kränkung« geschaffen. Prometheus ist der Gott, der den Menschen das Feuer bringt, er gilt demnach als Urahn aller Technik und Forschung, des ganzen Fortschritts – und damit natürlich auch des Digitalen und des Maschinenbaus. Stolz könnte man sein auf das, was man geschaffen hat, aber nein, der Mensch vergleicht sich mit seinem Werkzeug und erkennt, nicht erst in der digitalen Ära, dass seine Geschöpfe ihm in vielerlei Hinsicht überlegen sind. Sie werden nicht krank, klagen nicht, arbeiten härter und ausdauernder und sind überdies leicht und sorgenfrei ersetzbar. Die Maschine ist der bessere Mensch, so denken viele. Sie sehen den Zusammenhang nicht, dass keine Maschine ohne uns Menschen existieren könnte, allein deshalb, weil es keiner Maschine bedürfte, ganz gleich, ob die nun »intelligent« wäre oder nicht.

Die Maschine sind wir

Die Medienpsychologin Martina Mara von der Johannes Kepler Universität in Linz weiß, dass Menschen sich mit ihren Erfindungen gleichsetzen. Sie geben Autos und Staubsaugerrobotern Namen.[105] Dieser Animismus, bei dem der Maschine Geist und Seele eingehaucht werden, wäre beinahe – es entbehrt nicht der Ironie – ein Beweis für künstliche Intelligenz, denn tatsächlich übertragen wir menschliche Eigenschaften und Fähigkeiten, Charakterzüge und Verhaltensweisen auf Maschinen. Wir vergleichen uns mit ihnen. Die Wissenschaft kennt das unter dem Namen Anthropomorphismus. Ein Beispiel für dieses Phänomen ist eine spezifische Frontgestaltung eines Automobils, die als »böser Blick« interpretiert wird, während eine andere auf uns eher »knuffig« wirkt. Roboter sollen dann so aussehen wie Menschen, so wie es auch Science-Fiction-Filme zeigen. Martina Mara verweist immer auf eine Studie aus dem Jahr 1944, bei der ein Trickfilm mit einem Dreieck, einem Kreis und einem Quadrat gezeigt wurde. Die Studenten deuteten in die simplen Bewegungsmuster der drei reduzierten geometrischen Formen wahre Räubergeschichten hinein. Manchmal war es eine Romanze zwischen Kreis und Dreieck, die das böse Quadrat störte. Oder aber jeder kämpfte gegen den anderen. Tatsächlich bewegten sich nur drei schlichte geometrische Objekte in groben Umrisszeichnungen auf dem Papier. Das zeigt, wie wir Unterschiede fast zwangsläufig machen. Der Unterschied ist darstellbar, kommunizierbar, ein Narrativ, also eine Geschichte. Der Unterschied ist also vielfach eine Story, eine Konstruktion, ohne die wir uns nichts vorstellen können. Das wird so bleiben – und kann uns, klug gewendet, helfen.

Wenn Maschinen in der Alten- oder Krankenpflege akzeptiert werden, sollen sie gar nicht aussehen wie Menschen. Es sind freundliche Roboter, die als Boxen auf Rädern helfen – und vor allen Dingen wertvolle Beziehungszeit für die Pflegerinnen und Pfleger frei machen, die dort eingesetzt werden können, woran es überall am meisten mangelt, an der zwischenmenschlichen Zuwendung. Essen, Trinken, Hygiene, medizinische Versorgung – überall da können Apparate und Roboter und Algorithmen ein hervorragendes Werkzeug sein – und sind es ja schon heute. Dabei erfüllen die Automaten ihren eigentlichen Zweck: Sie können komplexe Muster abarbeiten und dafür sorgen, dass der Laden läuft. Wenn sich die Transformation zur Wissensgesellschaft auf einen Satz bringen ließe, dann wäre es wohl der: Die Maschinen machen die Routinearbeit, wir übernehmen das Denken und das Originäre. Denken ist nun nicht annähernd das, was uns die Industrie mit ihrer »künstlichen Intelligenz« verkaufen will. Die ist nichts weiter als die Fähigkeit, mehr oder weniger komplexe Muster abzuarbeiten. Das ist nicht unwichtig, keine Frage. Aber würden wir etwa bei einer Skiläuferin, die gekonnt den Hang runterfährt, behaupten, das läge in allererster Linie an ihren tollen Skiern? Es mag solche Maschinengläubigen geben, aber die pflegen dann keine sehr nüchterne Beziehung zu ihrem Werkzeug. Vor allen Dingen bieten sich hier auch Ausreden an; man schiebt ja auch Fehler »aufs Material«. Wenn dann etwas nicht klappt, ist man nicht verantwortlich. Die Angst des industrialisierten, kollektivierten Untertanen davor, in die eigene Verantwortung zu gehen, übertönt alles. Je lauter über die Zivilgesellschaft nachgedacht wird, desto mehr ducken sich auch viele von denen weg, die als Maulhelden der Transformation punkten wollen. Wenn es dann nicht klappt, war es »das System«. Der Mensch kennt nur den Unterschied, ja. Aber noch viel richtiger ist: Der Mensch ist der Unterschied. Er ist für den Unterschied, seine Existenz, seine Kenntlichkeit, seine Problemlösungsfähigkeit, seine Empathie sowie für seine Fähigkeit, Ideen und Gedanken mit anderen zum Nutzen aller zu teilen, verantwortlich. Vor dieser Arbeit drücken sich fast alle, die ansonsten wortreich auf die Transformation pochen. Gute Berater hingegen erkennt man daran, dass sie ihre Klienten dazu befähigen, selbstständig und selbstbestimmt zu arbeiten. Schlechte Berater machen ihre Kunden abhängig und übernehmen die Rolle der wissenden Eltern.

Wissensgesellschaft ist Menschengesellschaft

Dabei geht es in einer hochkomplexen, arbeitsteiligen Gesellschaft nicht darum, dass alle alles können – sie müssen aber über ihre Lebensangelegenheiten entsprechend Bescheid wissen, um gute Entscheidungen treffen zu können. Derlei wird immer nebeliger. »Das macht die KI«, heißt es dann. »Dafür ist Big Data da.« Das sind ungeheuerliche Vergleiche, die den üblen Benchmarkismus, von dem schon die Rede war, auf die Spitze treiben. Nein. *Wir* müssen den Unterschied machen. *Wir* füllen den Laden mit Leben. Die Wissensgesellschaft ist ein großartiges Angebot an die Menschheit, nämlich ihre Werkzeuge endlich so einzusetzen, dass immer mehr Menschen in der Lage sind, Freiräume konstruktiv zu nutzen. Die Wissensgesellschaft ist eine Menschengesellschaft, in der es mehr denn je darum gehen wird, die Werkzeuge auf ihren klaren Platz zu verweisen – und niemand die eigentlich alberne Phrase vom »Menschen im Mittelpunkt« sagen oder schreiben muss. Ja, wer denn sonst?

Um Werkzeuge für ein besseres Leben einzusetzen, müssen wir das Falsche vom Echten unterscheiden lernen.

Körperkult

Um dem so merkwürdigen Verhältnis zwischen uns Menschen und den Maschinen auf die Spur zu kommen, empfiehlt sich ein Blick auf die Konzepte von Körper und Geist, wie sie seit der griechischen Antike verbreitet werden.

Dass wir Autos, Roboter, Maschinen vermenschlichen, liegt daran, dass sie im Grunde unsere Prothesen sind. Wir liegen also gar nicht so falsch, wenn wir unbelebten Dingen Namen geben, die in unserer Welt eigentlich nur Lebewesen zugedacht sind. Nur: Das tun wir so unbewusst, dass es nun, im Zeitalter der Digitalisierung, der Schlüsseltechnologie zur Wissensgesellschaft, gefährlich wird, diesen alltäglichen Kontext nicht zu sehen.

Bewusstmachung bedeutet erst einmal, den geistigen Lagerbestand zu sichten. Es gibt einen Konflikt zwischen Körper und Geist. Der in der Schweiz lebende und lehrende Kulturwissenschaftler Jörg Scheller ist einer der profundesten Kenner dieses Konflikts, wie man nicht nur seinen brillanten Büchern entnehmen kann[106], sondern auch seiner Biographie. Der Mann des Geistes ist zertifizierter Fitnesstrainer und Bodybuilder. Das erstaunt, ja irritiert viele, die ihn treffen. Warum eigentlich, wenn doch angeblich *mens sana in corpore sane*, ein gesunder Geist in einem gesunden Körper, herrscht? Für Scheller ist die westliche Trennung von Körper und Geist ein auf Platon zurückgehendes Konzept, bei dem Muskel und Hirn getrennte Wege gehen. Wer das eine hat, ist beim anderen zu kurz gekommen. Und noch wichtiger: Das Körperliche gilt als echt, das Geistige als Konstruktion, als virtuelle Welt. Halbseiden.

Überall herrscht heute Distinktion durch Körper. Die Leute tätowieren sich, sie gehen »mit der Mode«, sie versuchen, ihre Identität äußerlich von der anderer zu unterscheiden – bei aller Ambivalenz dieses Vorhabens. Bei Bodybuilding macht die Kultur jedoch noch Faxen. Das geht zu weit. Worin genau aber besteht denn da der Unterschied? Tätowierungen waren beispielsweise bis vor einigen Jahren das Zeichen der Zugehörigkeit zur Unterschicht. Weil man Tattoos naturgemäß schwer wieder loswird, könnte man sich fragen, ob das nicht Methode hat. Tun das die Leute, um sich in einer hastigen, sich schnell verändernden Zeit etwas Haltbares zu verpassen? Etwas, woran man sich mental festhalten und die Zeit »anhalten« kann? Um, wie es heute aus allen Kanälen tönt und überall zu hören ist, »sich zu spüren«?

Wir sollten sehen, wo die Zusammenhänge liegen: Es geht darum, dass eine alte Körperlichkeit die Hoheit über den Kopf beansprucht: Das Wahre, Echte ist der Körper, das, was man im wahrsten Sinne des Wortes »be-greifen« kann. Das Abstrakte, Geistige hingegen ist flüchtig, das Symbol des Instabilen. Ständig wird was Neues gedacht. Unsere Körper hingegen ändern sich vergleichsweise wenig. Aber ist das so? Gerade darauf zielt Scheller mit seiner Kritik am vorherrschenden Denken ab. Die Leute bemerken den wesentlichen Unterschied nicht, glaubt er. »Mein Körper gehört mir«, sagt er, »das gilt für alle. Ich kann ihn gestalten, selbstbestimmt.«[107] Giovanni Pico della Mirandola ist ihm hier Vorbild. Der Renaissancedenker hat das Werk »Über die Würde des Menschen« verfasst, in dem er den Satz »Du bist der Bildner deiner selbst« schreibt. Das würde man heute vielfach als Bildungsaufforderung interpretieren: Lern doch mal mehr. Aber das Lernen geht das Körperliche genauso an wie das Geistige. Und wer Wissensgesellschaft und Wissensökonomie ernst nimmt, der macht sich das auch sehr genau bewusst. Nicht nur Scheller weiß: »Unser Körperbewusstsein transformiert.« Wir lernen gerade den Unterschied zwischen dem, was unsere technischen Prothesen können, und was wir selbst, und das ist gut so. Denn daraus nährt sich berechtigte Hoffnung, dass wir unterscheiden können zwischen Mensch und Maschine, zwischen Master und Servant. Das wiederum passt sehr gut zur Debatte über Roboter als Pflegekräfte, über Maschinen, die unser Leben – in guter Verfassung und nicht leidend und dahinsiechend – verbessern. Hochmütig schauen viele auf die Möglichkeiten moderner »Apparatemedizin« und kritisieren die lebenserhaltenden Maßnahmen an bereits bewusstloser Menschen. Das aber steht nicht für die Gegenwart und nicht für die Zukunft. Die liegt zum Beispiel dort, wo Martina Mara die Maschine in der Pflege verortet: als Werkzeug für das, was Maschinen routinemäßig können, als Ermöglicher für mehr direkte Menschlichkeit, weil dafür nun Zeit bleibt. Auch Scheller betont: »Ich möchte gerne mal Kritiker der Cyborgisierung sehen, wenn ihnen ein Chip oder Implantat weitere gute 20 Jahre geben kann. Da wird oberflächlich und zynisch geredet.«[108] Bodybuilding, das ist für ihn nicht nur die Muckibude, sondern eben auch die digitale Prothetik, die uns ein besseres Leben ermöglicht. Mit simpler Dafür-oder-dagegen-Logik, dem berüchtigten Entweder-oder-Denken von früher, kommt man da nicht weiter. Den Unterschied macht das, was unser Leben verbessert. Das, was wir spüren.

Präsenzdienste

Mit Ausbruch der Coronapandemie im Jahr 2020 wurde sehr schnell klar, dass unser Verhältnis zu Körper und Geist nicht mehr zeitgemäß ist. Dass Menschen Sozialkontakte vermissten, die sie in ihrem Büro (getrennt vom Wohnort) hatten, ist natürlich nachvollziehbar. Sehr viele Menschen finden heute im Job ihre Freunde, in der Arbeit den Großteil ihrer Sozialkontakte – und man darf ruhig fragen, ob das so gut ist. Viele erleben dann den Abschied aus der Firma wie den Abschied von der Familie, vielleicht sogar schmerzlicher. Es scheint geradezu ein gutshofartiges Verhältnis in dieser modernen Idylle zu herrschen.

Andererseits sind die Wahrnehmungen, die wir haben, wenn wir einander von unterschiedlichen Orten technisch vermittelt begegnen, sehr gemischt. Die digitale Präsenz bringt vielen Gutes. Vieles lässt sich leichter und besser erledigen, man spart eine Menge Zeit, fokussiert auf ein Thema und schont dabei auch noch die Umwelt und die Budgets. Da passt doch eigentlich alles? Nein, nicht alles. Natürlich gibt es viele kontrollsüchtige Manager, die ihre Schäfchen gerne live im Laden sehen wollen. Und natürlich spielt viel alte und überholte Betriebsführung und Arbeitsorganisation eine Rolle. Das alles muss weg. Andererseits muss uns aber auch klar sein, dass Informationen nicht nur fokussiert getauscht werden, wenn wir kommunizieren. Konferenzen und Meetings können online so gut oder gar besser als offline funktionieren, eben weil sie fokussiert verlaufen. Aber die Gespräche vorher und nachher, die Spielraum für das Unentschiedene lassen, das Überraschende, das also, was der Psychologe Robert Merton »Serendipity« genannt hat (für: eine positive, unerwartete Wendung), fällt flach. Daraus nähren sich aber auch oft Innovation und Ideen. Man bemerkt »nebenbei« etwas, das vielleicht ein fehlender Baustein in einem Gedanken ist, das weiterführt oder einen eine andere Abbiegung nehmen lässt. Solche Begegnungsebenen sind virtuell schwer, wenngleich auch nicht ausgeschlossen.

Wir haben es noch nicht gelernt, in sozialen Netzwerken relativ spontan zu sein. Wo das bereits geschieht, wie beispielsweise bei Twitter, wird ausgerechnet die spontane Reaktivität kritisiert. Natürlich geht es spontan emotional zu, was sonst? Aber gerade deshalb eignet sich das Medium – im Guten wie im Schlechten – für das, was man sonst so sehr vermisst in der geplanten digitalen Kommunikation: Spontaneität und Überraschungsfähigkeit. Wo sich Neugierde und Interesse mit einer unmittelbaren Reaktion verbindet, wird deutlich, dass wir menschlich auch dort kommunizieren, wo bisher der öffentliche Raum Derartiges verbot. Möglicherweise sehen wir bald auf das Zeitalter der zurückhaltenden Kommunikation so zurück wie einst auf die Gesprächs- und Sittenordnung unserer Ururgroßeltern zur Gründerzeit. War das nicht sehr steif? Musste man nicht vieles verschweigen? Bemerken Sie den Unterschied?

Accuracy Lost

Warum wurde, schnurstracks, gleich mal die Frage der physischen Präsenz versus die digitale oder auf andere Art technisch vermittelte Kommunikation so betont? Der Kommunikationswissenschaftler Christian Hoffmann von der Universität Leipzig hält die digital vermittelte Kommunikation für »verlustträchtig«. In der Netzwerktechnik würde man das als *accuracy lost* bezeichnen, als Verlust der

Genauigkeit, der Tiefe der Kommunikation, die nur dort entstehen kann, wo alle Sinne vollkommen ungestört von technischer Vermittlung aufnehmen können, was geht. Und der Unterschied, den viele zwischen der berühmten »Vor Ort«-Kommunikation und der verächtlich »Kachel« genannten Videokonferenztechnik spüren, ist wissenschaftlich nachweisbar.

Die Frage, die man im Kontext der besseren Zuordnung von Mensch und Maschine hier stellen muss, ist aber, wie lange das noch der Fall sein wird. *Augmented reality*, bei der die echte Landschaft mit virtuellen Informationen versorgt wird, ist eine gebräuchliche Praxis. Virtual-Reality-Brillen und -Systeme sind bei Spielkonsolen lange schon Standard. Und in Freizeitparks klettern Kids und Eltern auf der Suche nach dem Kick in Achterbahnen, wo die VR-Brille dem Gehirn dann Verfolgungsjagden und Sturzflüge vorgaukelt, die – verbunden mit der Fliehkraftwirkung der Achterbahn – kaum oder gar nicht mehr von der Wirklichkeit unterschieden werden können.

Natürlich ist unsere Unterscheidungskraft gefragt. Hier sieht man sehr praktisch, was es bedeuten würde, zwischen Illusion und Wirklichkeit nicht mehr unterscheiden zu können. Man kann nun lapidar darauf verweisen, das sei nichts Neues. Im 18. Jahrhundert fielen die Leute auf den »Schachtürken« rein, ein ausgeklügelt konstruierter Apparat, bei dem eine mit türkischer Tracht ausgestattete Puppe Schach spielte – sogar Napoleon soll der für damalige Verhältnisse perfekten Illusion auf den Leim gegangen sein. Es dauerte noch Jahrzehnte, bis der »Schachtürke« auf einer Amerika-Tournee enttarnt wurde.

Im 19. Jahrhundert wiederum dachten bei der Betrachtung der Werke der Gebrüder Lumière nicht wenige daran, dass die bewegten Bilder nun von der Leinwand ins Publikum springen müssten – und rannten angsterfüllt davon.

Die Beispiele lassen sich auch bis heute weiterführen. Sie alle zeigen: Ja, wir verwechseln die Illusion, die Technik erzeugt, mit der Wirklichkeit, aber wir tun es zumeist nicht dauerhaft. Es zeigt sich eine Form technischer Alphabetisierung, die mit der Zeit eintritt. Das gilt auch für jene, die andere bewusst an der Nase herumführen wollen – die Manipulanten.

Die wirklich wirkliche Wirklichkeit

Was das Medium vermittelt, ist durchaus geeignet, um die Unterscheide zwischen wahr und falsch zu nivellieren. Da nützt uns jetzt auch der Hinweis darauf, dass ohnehin alles Menschliche eine Konstruktion sei, nichts. Wer diesen – grundlegend ja zutreffenden – Satz allzu sehr strapaziert, gerät in komplexen Zeiten schnell aus der Bahn. Denn damit lassen sich natürlich auch – siehe Impfgegner, nur zum Beispiel – wissenschaftliche Tatsachen konsequent als Erfindung abtun. Auch hier sehen wir, dass die komplexe Welt ohne Regeln nicht läuft.

Wenn Menschen sich bewusst einen Hollywoodfilm ansehen, bedeutet das noch lange nicht, dass sie das, was darin erzählt wird, nicht glauben. Die politische Wirkung der »Wahrheiten«, die etwa der amerikanische Streamingdienst »Netflix« mit seinen Serien verbreitet, ist erheblich. Im Jahr 2019 bahnte sich angesichts der Netflix-Serie »The Crown« ein öffentlich ausgetragener Streit über die Authentizität der Inhalte ab. Die von Left Bank Pictures produzierte Serie wurde vom britischen Minister für Kultur, Digitales, Medien und Sport, Oliver Dowden, wegen der Vermengung historischer Fakten mit reiner Fiktion offen kritisiert. Der fiktionale Charakter sollte, so eine Forderung nicht nur Dowdens, auch vor dem Film noch mal deutlich klargestellt werden. Tatsächlich versuchen Netflix und Co. mit ihren Entertainment Acts, die Unterschiede zwischen Fakten und Fiktion konstruiert aufzuheben. Viele Menschen haben keinerlei Zugang (oder Interesse) an historischen Tatsachen. Alles, was sie wissen, kam früher aus dem Fernseher und wird heute via Netflix oder dessen Mitbewerbern gestreamt. Dort gilt die menschliche Unterscheidungskraft wenig. Hauptsache, die Serien laufen gut. Die derart konstruierte Historie mag bei Mantel- und Degenfilmen wie den drei Musketieren fragwürdig sein, hat aber natürlich nicht annähernd solche Auswirkungen auf Einstellungen und politische Präferenzen wie bei der Darstellung zeitgenössischer Personen. Deshalb greift hier in vielen Fällen das Persönlichkeitsrecht weit umfänglicher. Wer, wie das die Produzenten von »The Crown«

tun, dann die Freiheit der Kunst beansprucht, liegt falsch. Die Wirklichkeit ist keine Konstruktion. Menschen sind wirklich am Leben. Sie haben wirklich etwas getan oder unterlassen. Daran kann und soll man sie messen, nicht an Propagandafilmen oder Manipulationen der Auflage wegen. Denn das steckt ja hinter der Netflix-Strategie. Sie ist nicht links oder antimonarchistisch, sondern schlicht das, was man im Internet »klickgeil« nennt. Man lügt für die Reichweite, denn die bedeutet Machtgewinn, politisch wie persönlich und ökonomisch. Dabei geht es nicht nur um den offensichtlichen »Profit«, sondern eben auch um Vorurteile und die Lust an der Manipulation, die offensichtlich daher rührt, dass wir andere so denken lassen wollen, wie wir es tun.

Das gilt ja auch für viele andere öffentliche Personen, etwa extrem engagierte Schauspieler, die ihr ökologisches, politisches, humanes Reden natürlich auch aus Gründen der Aufmerksamkeit vollziehen. Sie verstehen sich gerne als »Botschafter«; doch wenn man genau hinsieht, bedeutet das mitunter nur, dass man mehr Interviews, Aufmerksamkeit und Reichweite erzielt, wenn man nicht nur schauspielert, sondern auch noch moralisiert. Das ist eines der großen Probleme auf dem Weg zu einer fairen und gerechten Gesellschaft, die diesen Namen auch verdient. Die Voraussetzung für sie ist Fairness im Umgang mit dem Leben anderer. Dass so viele das heute nicht können und wollen, zeigt, wie sehr Anspruch und Wirklichkeit auch bei denen auseinanderklaffen, die gerne hohe moralische

Standards verwenden, um sich Gehör zu verschaffen. Das gilt nicht nur für Parteien und Verbände. Wer seine Interessen nicht offenlegt, verwischt den Unterschied. Das ist ein falsches Spiel, ganz gleich, ob man nun damit schnell verdienen oder Wahlen gewinnen will.

Aufklärung

Doch Vorsicht: Es ist tatsächlich, wie es im alten Spruch heißt, »nichts so fein gesponnen, dass es nicht kommt zur Sonnen«. Aufklärung heißt auf Englisch *enlightenment*, Erleuchtung, und wenn man das mal ganz profan versteht, dann ist diese Denkschule der Moderne das, was man das Ausleuchten der realen Zusammenhänge nennen könnte. »Jetzt ist mir ein Licht aufgegangen« – man kann diesen wunderbaren Satz gar nicht oft genug hören. Manipulation und Täuschung kommen ans Tageslicht. Und es gibt auch eine Verpflichtung der Getäuschten, sich »schlau« zu machen, also nicht einfach alles für bare Münze zu nehmen. Zu vieles, was entscheidenden Einfluss auf unser Dasein hat, interessiert uns leider nicht.

Der Unterschied ist aber nicht zweckfrei, das soll hier nochmals gesagt sein. Es ist nicht egal, ob eine Sache so oder so ist. Ein Relativieren verhindert geradezu die Akzeptanz von Vielfalt. Nicht wenige, die früher das Kollektiv beschworen haben, sind heute auf diese Spielart der Manipulation umgeschwenkt. Sie sagen gerne »das geht ja allen so« oder nicht selten »wir«, wenn sie »ich« meinen. Auch hier gilt: Brave Mitarbeiter und Mitarbeiterinnen werden das Problem nicht lösen. Mehr Mut statt dem verbreiteten Opportunismus kann helfen. Und noch besser ist es, wenn man gleich den Unterschied macht – und sein Schicksal nicht in die Hände des einen Arbeitgebers, der einen Organisation legt, sondern seine innerliche Unabhängigkeit pflegt und bewahrt. Das nicht zu tun, ist ein gewaltiger Fehler, der nicht nur die Ausgestaltung der eigenen Position und das Recht, zu sagen, was anderen möglicherweise nicht gefällt, verhindert, sondern immer weitere Theaterspielereien verursacht.

Der Mensch spürt nur den Unterschied – und spüren ist eine sehr körperliche Angelegenheit. Man bemerkt, dass sich nach dem offenen Reden etwas tut. Das ist gerade in der Welt der Wissensgesellschaft entscheidend. Wo Abstraktion zur eigentlichen Arbeit wird, ist es umso wichtiger, deren reale Auswirkungen zu erkennen. Sonst geraten wir in Gefahr, dass Wirklichkeiten in verschwörerischen Identitären-Zirkeln oder identitätspolitischen Privatclubs verhandelt werden.

Wo wir das nicht mehr erkennen, sollten wir uns fragen, was die Sprecher eigentlich mit ihrer Idee bezwecken. Kämpfen sie für mehr Gerechtigkeit? Oder um mehr Reichweite? Und was müssen wir tun, um diesen Unterschied zu begreifen? Wo schauen wir genauer hin? Damit beschäftigen wir uns im letzten Kapitel dieses Buches. Gleich also.

V. Versöhnung

Wie wir lernen,
den Unterschied zu lieben

»Die Selbständigkeit der Partei bedingt die Unselbständigkeit der Parteiglieder.«
Max Stirner[109]

Busfahrten

Menschen haben das Recht, in Ruhe gelassen zu werden, und sie haben die Pflicht, aufzustehen, wenn sie und andere in dieser Ruhe gewaltsam gestört werden.

Wie einfach und wie schwierig das sein kann, lernt man an einem Morgen in der Stadt Montgomery in Alabama. Die Schneiderin Rosa Parks steigt in den Bus ein, der sie zur Arbeit bringen wird. Sie darf in der Mitte sitzen, nicht vorn. Dort sind die ersten vier Reihen nur für Weiße reserviert. Parks darf noch nicht mal durch den Mittelgang vorne zu ihrem Sitzplatz gehen. Bezahlt wird beim Fahrer, dann steigt sie aus, geht zum hinteren Einstieg und betritt so neuerlich den Bus. Wenn es gut läuft, dann wird sie nicht belästigt. Heute, am 1. Dezember 1955, läuft es nicht gut. Denn auch die mittleren Sitzplätze sind nur dann für sie okay, wenn keine Weißen dort sitzen wollen, und wenn nur ein einziger Weißer in der Reihe sitzt, dann muss die ganze Reihe geräumt werden. Das alles geschieht in den USA, in Alabama, 90 Jahre nach dem verlorenen Bürgerkrieg der rassistischen Sklavenhalterstaaten des Südens gegen die Union. Steh auf, rufen die Weißen, aber Parks steht nicht auf. Dann stoppt der Fahrer. Er brüllt sie an. Sie solle aufstehen. Parks bleibt ruhig. Der Fahrer holt die Polizei. Rosa Parks wird verhaftet. Doch das war nicht das Ende der Geschichte, sondern der Anfang vom Ende der Rassensegregation in den Südstaaten. Es regte sich Widerstand, der Baptistenprediger Martin Luther King wurde auf den Fall aufmerksam, und innerhalb weniger Tage wurde ein Boykott aller öffentlichen Verkehrsmittel organisiert. Proteste gegen die Verhaftung und Verurteilung von Parks und ihren Mitstreitern wuchsen zu einer Welle, und nur etwas mehr als ein Jahr später erklärte der Supreme Court, das höchste Gericht der USA, die Rassensegregation endgültig für illegal. Das war und ist natürlich immer noch nicht das Ende der Geschichte. Die Rassentrennung ist dann aufgehoben, wenn nicht nur Chancengleichheit herrscht und damit rechtliche Sicherheit und Gerechtigkeit – sondern wenn es auch keine sozialen Zugangsbarrieren mehr gibt. Das mag illusorisch klingen in einer Welt, in der es immer wieder auch Rückschritte gibt, aber sehen wir bitte klar: Es geht voran. Wir sind nicht mehr in der Welt von vor 200 Jahren, nicht mehr in jener von Montgomery, Alabama, im Dezember 1955. Das gilt nicht nur für Rassen und Religionen. Wir verdanken das übrigens nicht all jenen, die von Revolution und Rache reden, sondern mutigen Menschen wie Rosa Parks, die einfach nur in Ruhe gelassen werden wollen, auf ihrem Sitzplatz in einem öffentlichen Bus. Nicht Ideologen und Parteien ändern die Welt, sondern Menschen, die auf dem Recht ihrer Freiräume bestehen. Auch hier macht Selbstbewusstsein den großen Unterschied. In diesem Beispiel wird nochmals deutlich, dass der alte Unterschied – die Rassentrennung, das Abgrenzende und Negative – nur aufgehoben werden kann durch die Kenntlichmachung neuer Unterschiede: des Mutes und der Konsequenz der Rosa Parks, auf ihrem Menschenrecht zu bestehen. Das gilt für alles. Wir haben viel zu lange die Politik, Führung und Organisation in die Hände anderer gelegt. Es wird Zeit, dass wir uns in der großen Transformation dieser Tage von den alten Zeiten abheben. Und handeln. Das ist der große Unterschied, echte Diversität.

Natürlich ist das leichter gesagt als getan, denn die Grenzen zwischen persönlichem Einsatz und ideologischer Mitlauferei sind nicht selten fließend. Dennoch gibt es Faustregeln, Erfahrungswerte im Umgang mit Freiheitsbegriffen.

Je pathetischer die Freiheitsbewegungen beschrieben werden, desto manipulativer und ideologischer agieren sie. Manche fragen: »Hätte sie denn nicht einfach aufstehen können und den nächsten Bus nehmen?«

Nein, hätte sie nicht. Der Mechanismus der Unterdrückung ist wie eine straff gespannte Stahlfeder, deren Druck man sich nicht entziehen kann. Weicht man zurück, drückt sie erbarmungslos weiter. Alles, was einem übrig bleibt, ist, sie aus ihrer Verankerung zu bringen, um den Druck zu beseitigen. Diese Aufgabe kann nur jede und jeder selbst erledigen. Unter Umständen, wie sie in Montgomery herrschten, kann Sitzenbleiben eine Heldentat sein. Was diese einfache Handlung der Rosa Parks

V. Versöhnung **247**

bewirkte, kann gar nicht groß genug eingeschätzt werden. Das ist nicht nur die Geburtsstunde der amerikanischen Bürgerrechtsbewegung, es zeigt auch jene Grenze an, die kenntlich macht, was sich nun ändert.

Es ist aber vor allen Dingen auch ein Signal an alle, denen es so ergeht, auch Weißen übrigens, die Dinge nicht einfach hinzunehmen, sondern selbst dazu beizutragen, dass sie sich bessern.

Niemand wird das für uns tun, keine Politik, keine Organisation, kein Staat. Falsche Grenzen hebt man selber auf, indem man den falschen Unterschied aufhebt und den richtigen macht: durch Handeln.

Fünfzehn Jahre nach Rosa Parks' Busfahrt schreibt der Dichter Gil Scott-Heron sein berühmtestes Stück: »The Revolution Will Not Be Televised«. Scott-Heron ging es dabei vor allen Dingen darum, die eigene, persönliche Passivität vieler in der Unterschicht lebender Afroamerikaner zu durchbrechen, aber eben nicht nur. Die Revolution findet nicht im Fernseher statt, so betonte er, nicht nur in diesem Gedicht, sondern im Kopf, nicht in wilden Streetfights, sondern in einer grundlegenden Bewusstseinsänderung. Niemand hat ein Schicksal hinzunehmen. Scott-Heron ist, typisch für viele amerikanische Transformations-Denker und -Künstler, eben kein stereotyper, ideologisierter Schwarz-Weiß-Denker,

> **Die Revolution findet nicht im Fernseher statt, sondern im Kopf.**

bei dem die »eigenen Leute« immer recht haben und die anderen falschliegen, wie es bei Fundamentalisten in identitären und identitätspolitischen Lagern anzutreffen ist. Dort gibt es ein klares Freund-Feind-Schema. Aber niemand redet darüber, dass auch die Opfer die Pflicht haben, diese Lage nach Kräften zu verändern. In einem Interview mit der *taz*[110] zeigte Scott-Heron seine differenzierte Sicht auf das Thema Rassenkonflikte und Selbstverantwortung. »Wir haben lange ignoriert, dass der Collegestudent, der Geschäftsmann und der Autohändler auch Mitglieder unserer Community sind«, sagte Scott-Heron. Es gab also Erfolge der Bürgerrechtsbewegung. Vielfalt, die um ihre Rechte kämpft, sollte ihre positiven Ergebnisse präsentieren und damit aufzeigen, was man alles erreichen kann. Sie sollte den Freiraum, die Chancengerechtigkeit betonen und nicht negativ sein. Das aber sei schwer, denn die sozialen Aufsteiger aus den eigenen Reihen würden ignoriert, von den eigenen Leuten wie Verräter behandelt. »Sie sind Schwarze wie wir, aber das Einzige, was sie von der Community zu hören kriegen, ist Schelte«, so Scott-Heron. Man müsse sich also nicht wundern, »wenn der schwarze Mittelstand wirklich mal weiß sein wird. Weil ihn die Community dazu gebracht hat. Ich denke dagegen, dass auch der schwarze Mittelstand ein Recht auf Songs von uns hat […] man negiert die Menschlichkeit der Individuen, wenn man nur die eine Seite sieht.«[111] Scott-Herons kluge Analyse ist durchaus mit den Erfahrungen von Didier Eribon[112] vergleichbar. Es ist die Geschichte

V. Versöhnung **249**

vieler Aufsteiger: Gelingt ihnen tatsächlich, wozu sie von ihren Leuten ermuntert wurden, werden diese eifersüchtig, neidisch, grenzen sich ab und nennen die, die Erfolg haben, Verräter. Hat nicht die alte Arbeiter- und Emanzipationsbewegung nie etwas anderes gewollt als Freiräume und ein besseres Leben für ihre Menschen? Und was ist daraus geworden? Das Recht auf gleiche Konsumgüter, in gleicher Menge? Und warum hat sich niemand in den klassischen kollektiven Massenbewegungen jemals darauf vorbereitet, die eigenen so heroisch angekündigten Ziele tatsächlich auch zu erreichen?

Viele politisch polarisierende Bewegungen von links wie rechts können nicht mit ihrem Erfolg umgehen, sie sind Protestparteien, wie man das salopp nennen kann. Sie sind nicht differenzierungsfähig. In Regierungen angekommen, versagen sie fast immer. Denn wer nur gelernt hat, sein Schicksal zu beklagen, es aber nicht weiterzudenken und in die Hand zu nehmen, kann natürlich auch nichts verändern. Erfolgreiche Veränderungsarbeit baut auf die Fähigkeit einer Unterscheidungskraft, die eben nicht formalisiert ist, die der Welt also jenseits von Parteiprogramm oder Manifest mit Offenheit und Neugierde begegnet. Differenzierung, lateinisch *differentia*, heißt Verschiedenheit und Unterschied zugleich. Verschiedenheit ist keine statische Einrichtung. Thomas von Aquin hat den Begriff der *differentia accidentalis communis* geprägt, das meint eben die verschiedenen, sich ändernden Zustände eines Menschen, eines Individuums.[113]

Die Revolution, von der er rede, so Scott-Heron, sei nichts anderes als »Veränderung, und die Dinge wandeln sich nun mal permanent. Wer hingegen meint, die Revolution auf der Straße beobachten zu können, wird sie dort nicht finden.«[114]

Sicher hat die Bürgerrechtsbewegung viel erreicht durch Massenproteste, etwa den legendären »Marsch auf Washington« im Jahr 1963, bei der sich rund 200 000 Menschen vor dem Lincoln Memorial, dem Symbol des Sieges über die Sklaverei, versammelten. Hier hörte man Martin Luther Kings berühmte Rede »I Have A Dream«.[115] Und zweifelsohne liegt das neue Interesse an der Klimakrise den Schülerprotesten von Fridays for Future zugrunde. Es gilt aber genau hinzusehen. Es kann nicht schlicht darum gehen, eine Jugendkultur – temporär und vorübergehend – zu etablieren. Entscheidend ist die Frage, ob jede und jeder Einzelne, der den Appellen von Greta Thunberg folgt, das tut, weil das eben jetzt gerade hip ist, oder weil er oder sie tatsächlich *selbst* einen Bezug dazu entwickelt hat. »The Revolution will not be televised«, sie ist nicht auf Twitter, LinkedIn, sie steht nicht in diesem Buch und in keinem anderen. Die Revolution bist du selbst. Nur selbstbestimmte Menschen können um große und kleine Dinge ringen. Wer den Unterschied nicht bei sich selbst macht, wird zu den vielen Revolutionsenttäuschten gehören, die eben die Veränderung als einfache Lösung, als vorübergehendes Lebens-

> **Die Revolution bist du selbst.**

gefühl erlebt haben – so wie viele 1968er, die dann zynisch wurden oder derart spießige Mitglieder des Establishments, als gelte es heute, die vermeintlichen Irrtümer von gestern durch besonders gründliche »Kaderdisziplin« abzuarbeiten. Das ist jämmerlich. Aber wohl unvermeidbar, wenn man die Ursachen der Veränderung nicht zur eigenen Sache macht und nur mitläuft. »Won't get fooled again«, sangen The Who nach der gescheiterten Revolution und Straßenschlachtparty der 68er-Bewegung. Der Musiker Pete Townshend schrieb 1971:

»There's nothing in the streets
Looks any different to me
And the slogans are replaced, by-the-bye
And the parting on the left
Is now parting on the right
And the beards have all grown longer overnight«[116]

Du bist verantwortlich. Hör auf, andere verantwortlich zu machen. Ja, es gibt Menschen, die schlecht sind. Aber das ist kein Grund, darauf passiv und schlecht zu reagieren. Kämpfe für deine Freiräume, hilf anderen dabei, ihre Freiräume zu schaffen und zu erhalten. Auf der Straße, im Bus, im Job.

Die alte Welt sieht in der Abweichung einen Fehler. Die Geschichte ist voll mit all jenen systematischen Begrenzungen und Ungerechtigkeiten, in denen Geschlecht, Rasse, Religion, Herkunft eine unüberwindliche Barriere bildeten, um ein Leben in Selbstbestimmung zu führen. Dabei ging es denen, die eingeschränkt wurden, nie um einen Machtwechsel oder einen Umsturz, sondern schlicht um einen Freiraum für sich selbst, das Recht darauf, nicht schlechter behandelt zu werden als andere.

Die alte Politik und das alte Management definieren in der industriellen Machtlogik Abweichung als Fehler. Dennoch reden sie ständig von Vielfalt, Diversität und Unterschieden, aber nicht, weil diese Fragen ernst genommen werden, sondern weil sie gut klingen. So wie seit Jahren Greenwashing betrieben wird, gibt es längst auch Changewashing, also das Vorgaukeln von Aktivität bei der Entwicklung neuer, individuellerer Organisationsformen. Damit verschleppt man die in Deutschland so lange ungeliebte Transformation. Statt zu handeln, wird geredet – Marketing ersetzt den Mut zur Veränderung.

> Statt zu handeln, wird geredet – Marketing ersetzt den Mut zur Veränderung.

A Room of One's Own

Das ungebrochene Interesse an Divergenz, Diversität, Unterschieden, Personalisierung, Individualisierung und Netzwerkarbeit hat gute Gründe. Die Ablösung des industriellen Regimes ist das, was die eigentliche Agenda der Transformation ist. Manchmal gerät das hinter der ökologischen Agenda in Vergessenheit. Doch tatsächlich ist das eine – ein besserer Umgang mit Ressourcen, Umwelt, Menschen, mit ihrer Ökologie, mit Nahrungsmitteln, Nutztieren und Flächen, mit Emissionen und Energieträgern, Mobilität und – ganz sicher nicht zuletzt – intelligenten und wirksamen Antworten auf die Herausforderungen des globalen Klimawandels – eine Frage des Zugangs, einer Kultur, die sich für oder gegen Vielfalt entscheidet. Wer so weitermachen will wie bisher, keinen Unterschied machen will, der wird das in Sachen Umwelt und Klima so wenig tun wie in Hierarchien und Organisationen wie beim Denken und Entscheiden. Unterscheidungsfähigkeit ist eine Querschnittsqualifikation. Wer differenziert, wird schnell an den Ergebnissen erkennen, dass damit mehr Effekte erzielt werden als beim braven Mitmachen und Auswendiglernen der alten Welt.

Diese Welt kommt vom Groben ins Feine. Am Anfang dieses Buches war die Rede von der High Definition der Wissensgesellschaft. Full HD existiert dann, wenn wir Diversität nicht als Mann-Frau-Divers-Thema belassen, also statt zwei Schubladen drei oder auch mehr aufmachen, sondern lernen, dass jegliche Emanzipation nur dann wirksam ist, wenn sie möglichst viel Einzelgerechtigkeit erzeugt. Es geht, um mit Virginia Woolfs berühmtem Emanzipations-Essay aus dem Jahr 1929 zu sprechen, um »A Room of One's Own«, »Ein Zimmer für sich allein«.[117] Das Zimmer ist ein Raum, der Freiraum, den das Individuum braucht. Als die große Humanistin das schrieb, musste man noch niemandem klarmachen, dass sich das Menschsein nicht nur über die Teilhabe am Konsum und an Gemeinschaften allein definieren würde.

Die dem Einzelnen mögliche Entscheidung, ob man lieber still im Zimmer sitzen will oder in Gesellschaft weilt, ist es, was das freie Menschsein ausmacht. Sich Gemeinschaft selbst aussuchen zu können, aber nicht zu müssen. Das ist der große Unterschied. Das Recht darauf, niemandem zu folgen außer sich selbst. Alles andere ist nur eine Spielart, eine Strafererleichterung jenes Zwangs, der seit den Tagen der Stammesgesellschaft immer neue Namen bekommen hat. In der bürgerlichen Gesellschaft hatten sich – vor allem getrieben durch die Aufklärung ab dem 18. Jahrhundert – aus Untertanen zunehmend selbstbewusste Menschen entwickelt. Und um die Jahrhundertwende, mit der allgemeinen politischen Demokratisierung, stand auch fest, was erstrebenswert war: so viel materiell zu besitzen, dass man auch sonst seine Freiräume wahren konnte. Es ging sehr konkret um den Unterschied von Abhängigkeit – als Arbeiter, als Frau etwa – und den erstrebenswerten Freiheiten. Ein gutes Leben bestand nicht allein darin, alles an Besitz haben zu können, was man wollte. Ein besseres Leben war eines, in dem man als Mensch wahrgenommen wurde, Respekt und Anerkennung erfuhr und sich mit den Themen beschäftigen konnte, die einem am Herzen lagen. Virginia Woolfs 500 Pfund im Jahr[118] und ein eigenes Zimmer sind nicht nur ein materielles Programm.

Sie sind nur das Basislager für ein gelungenes Leben. Bei der wahrscheinlich meistzitierten Autorin der Emanzipationsbewegung des 20. Jahrhunderts – und bis heute – geht es eben nicht darum, dass man bloß kriegt, was Männer haben: Rechte, Freiheiten, Jobs, Karrieren. All das ist wichtig und nicht nebensächlich. Aber der Kern, der unübersehbare Mittelpunkt aller Ideen und aller Gedanken der Virginia Woolf (und der mit ihr geistig so verwandten Simone de Beauvoir) ist die Selbstverwirklichung. Darin spiegelt sich auch die Idee des bedingungslosen Grundeinkommens wider: Es geht nicht um finanzielle Vollversorgung, sondern um die Möglichkeit, Freiräume zu schaffen; das Geld ist Starthilfe, aber keine Rente, auf die man sein Lebtag lang zurückgreift. Sobald jemand seine 500 Pfund und ein Zimmer für sich selbst verdient, ist es nicht nötig. Wo aber nicht, braucht es eben die Überwindung jenes Minimums, das die Sozialverwaltungen heute Menschen zur Verfügung stellen, ganz nach dem Motto »Zu wenig zum (freien) Leben, zu viel zum Sterben«. Dass davon hauptsächlich die Sozialverwaltung profitiert, also die Verwaltung von Problemen statt ihrer Lösung, weiß jedes Kind. Dennoch geht niemand dagegen an. Virginia Woolf hat, ob Frau, Mann, divers, immer noch kein eigenes Zimmer gefunden, keinen Raum, »der verdient, würdevoll genannt zu werden«, wie ihr Übersetzer Axel Monte schreibt. Viele haben sich bei Woolf bedient, die eigene Ideologie mit ihr befruchtet, alle zu Unrecht, denn sie war weder eine »militante Feministin« noch eine »stramme Konservative«, so Monte, sondern eine Meisterin des Unterschieds und der im besten Sinne des Wortes konsequenten »Ich-Erforschung«. Sigmund Freud hat ihr, als Greis im Londoner Exil, voll Zuneigung und Respekt kurz vor seinem Tod im Jahr 1939 eine Narzisse überreicht, die Blume des griechischen Gottes Narziss, der früh starb, weil er »sich selbst erkannte«.[119] Die unermüdlichen Ideologen des Kollektivs und der Manipulation haben daraus jene unerhörte »Selbstliebe« gemacht, die geradezu als pathologisch gilt. Wer an sich selbst denkt und sich mag, gar sich selbst erkennt – übrigens ein altes Ideal der europäischen Antike –, der wird heute von den Ideologen aller Lager schnell zu den Egoisten gezählt, den »Verrätern am Sozialen«. Bei Stalin und Hitler wurden jene noch hingerichtet, späteren Generationen genügt die Denunziation und Ausgrenzung. Der Unterschied ist schon da. Aber das tumbe Fundament ist geblieben. Virginia Woolf ist die vielleicht bedeutendste Freiheitsheldin der Geschichte, denn ihre Freiheit hatte das Individuum und seinen Freiraum im Auge, nichts anderes. Ihre Ich-Erforschung (»How I interest myself«[120]) war nie unkritisch. Sie zweifelte an sich, war nicht von sich besessen und wollte in keiner Gemeinschaft aufgehen. Sie war selbstverantwortlich, ein Mensch, der sich nicht dafür schämte, die Freiheit beim Namen zu nennen. 500 Pfund. Ein eigenes Zimmer. Ein eigenes Leben.

Der wichtigste Unterschied

An den Freiräumen der Bürgerinnen und Bürger, an deren Möglichkeiten, ihr Leben selbst zu gestalten, ihre Arbeit selbstbestimmt und selbstständig zu machen – daran muss sich eine aufgeklärte Zivilgesellschaft messen lassen. Natürlich reicht es nicht aus, alle vier, fünf, sechs Jahre zu wählen. Politiker sind nicht unsere Eltern – so wenig, wie es Manager sind. Und wir sind keine kleinen Kinder, die sich bei jeder Gelegenheit bei Papa und Mama beschweren. Wir brauchen mehr Eigenverantwortung und mehr Selbstbewusstsein, um unsere Probleme zu lösen. Und wir brauchen gleichsam mehr Kooperation und barrierefreie Zugänge zur Gestaltung. Mehr Freiräume, weniger Fürsorge – jedenfalls von der Sorte, die nivelliert und kleinhält.

Alle sind also angesprochen. Der typisch deutsche Satz, der beliebige Inhalte mit »… ist Chefsache« komplettiert, ist völlig daneben. Digitalisierung, Diversität, Innovation, Politik sind nicht »Chefsache«. Sondern werden gefälligst von allen Erwachsenen gemacht.

Ein »Raum für sich allein« ist auch eine Verpflichtung, sein Zimmer in Ordnung zu halten. Was nicht geht: Freiräume ohne Verantwortung fordern. Diversität ohne eigenes Engagement setzt nur mehr die alte paternalistische Politik fort, von »denen da oben« mehr Brot, Spiele, Posten und Versorgungssicherheiten einzufordern. Das ist eine Politik, die nur so tut, als sei sie »progressiv«. Ist sie aber nicht. Neu sind jene Netzwerke und Kooperationen, in denen Menschen gemeinsam an Zielen arbeiten, in Projekten, kurz oder lang, in denen »getrennt marschiert«, aber »gemeinsam geschlagen« wird. Solche Netzwerkorganisationen vereinen selbstständige und eigenverantwortliche Wissensarbeiterinnen und Wissensarbeiter. Sie ähneln eher Genossenschaften als der klassischen unternehmerischen Struktur, die bis heute vorherrscht. Solche Netzwerke sind ohne Differenzierung sinnlos. Die Aufgaben, Talente, Fähigkeiten müssen sich klar unterscheiden lassen. Unterscheidungsfähigkeit und Kenntlichkeit sind zwei Seiten einer Medaille. Man verwechsle das nicht mit der heute beliebten Hascherei nach Aufmerksamkeit. Wer am lautesten schreit, dabei aber nur wiederholt, was andere sagen, macht sich nicht kenntlich, sondern lächerlich. Es braucht schon einen eigenen unverkennbaren Sound.

Diversity Networks

In den Netzwerken entwickelt sich eine Originalität, derer es auch in Organisationen, im Management und Leadership bedarf. Sie werden nicht weiter existieren, wenn sie wie bisher nur in Oben und Unten, in Chefs und »Mitarbeiter« unterscheiden (daran ändert auch die Begrifflichkeit »Mitarbeitende« nichts).

Diversität und Divergenz in der netzwerkfähigen Organisation bedeuten ein Maximum an selbstständigem

Arbeiten. Das ist nur folgerichtig in einer hoch arbeitsteiligen Welt mit Expertinnen und Experten. Es bedarf der Fähigkeit, gemeinsam mit anderen Zusammenhänge herzustellen, also zu kooperieren und sich auszutauschen, aber auch eines neuen Verständnisses von Leistung und Verantwortlichkeit auf beiden Seiten. Selbstständigkeit ist ohne Eigenverantwortung nicht zu haben. Organisationen werden (und sollen auch) nicht mehr existieren, wenn ihre Potenziale, also das, was die Menschen, die sich in den Organisationen zu bestimmten Zwecken und auf bestimmte Dauer zusammentun, nicht von genau diesen Menschen definiert und genutzt werden. Peter Druckers Feststellung über die entwickelte Arbeitsteiligkeit, die längst erreicht ist, kann niemand bezweifeln: Wissensarbeiter, so sagte er sinngemäß, verstünden von ihrer Arbeit mehr als ihr Chef.[121]

Hört auf mit dem Theater

Der Punkt ist nicht, dass jede:r selbst die Chefin oder der Chef sein will. Die Frage ist, ob sich Wissensarbeit unter anderen Bedingungen als durch Unterscheidbarkeit, Kenntlichkeit und Selbstbestimmung erledigen lässt. Fehlt auch nur eines der Kriterien, ist es keine Wissensarbeit mehr. Die Grenzen zwischen routinierter Sachkenntnis und jeweils persönlicher Problemlösung sind bei Experten fließend. Und die Routinearbeit verschwindet natürlich nicht ganz. Aber ihr Anteil an dem, was wir tun, geht dramatisch zurück. Damit steht ja auch die Organisation, wie wir sie kennen, zur Diskussion. Ihre Daseinsberechtigung ist der Erhalt von Routinen. Natürlich gibt es in jeder Organisation auch ein unternehmerisches, dynamisches Element, das nach Innovation und Veränderung ruft. Aber es wird kurzgehalten. Der Zweck der Organisation ist der Erhalt des Status quo.[122] Das ist vielen Führungskräften – und nicht nur denen – klar. Deshalb wird aber unter dem Druck der Transformation (Digitalisierung, Diversität, Agilität, Teilhabe etc. pp.) so getan, als hätte man bereits eine andere Agenda. Eine Rolle wird gespielt, ein Theater zur Aufführung gebracht. Der kanadische Soziologe Erving Goffman ist der Vater dieser Idee. Er ging davon aus, dass Menschen wissen, dass man ihnen bei ihren Handlungen zusieht. Deshalb verstellen sie sich dort, wo es ihnen nötig erscheint, sie spielen eine Rolle – wie Schauspieler am Theater. Das tun sie gar nicht in böser Absicht. Aber zuweilen sind die eigenen Interessen so gar nicht kompatibel mit dem, was andere wollen und fordern. Das wird von denen, die schon in Kindergarten und Schule auf ihre Rolle getrimmt wurden, routiniert verdrängt.

Viele Darsteller, so meint Goffman, glauben an ihre Rolle. Doch wie im Theater gibt es auch in der Wirklichkeit eine Vorder- und eine Hinterbühne – ein Goffman-Bild, das viele Berater auch hierzulande gerne verwenden.[123] Es wird – bewusst oder unbewusst – ein doppeltes Spiel gespielt.

Deshalb gibt es ja auch die von so vielen in Unternehmen beobachtete »wahre Wirklichkeit« neben der offiziellen Agenda. Im Schaufenster des Unternehmens wird von Transformation und nötiger Erneuerung geredet, werden Agilitäts- und Transformationsseminare abgehalten, die aber im selben Atemzug in der täglichen Praxis annulliert werden, ganz selbstverständlich.

Das Rollenspiel wechselt das Fach, von kleiner Komödie zu Drama und Tragödie, wenn dem Publikum erst einmal dämmert, was da gespielt wird. Solange das Auditorium bei der Illusion selbst mitmacht – also Veränderung und Transformation ohnehin nicht will, sondern nur der Mode folgt und halt dann auch mal ein Seminar besucht oder freudig nickt, wenn der Chef so was ankündigt –, passiert wenig. Allerdings verändert sich natürlich der Laden auch nicht zum Besseren. Richtig Theater gibt es aber, wenn die Hinterbühne grell ausgeleuchtet wird und das auf ein Publikum trifft, das Ansprüche hat. Viele junge, gut ausgebildete Leute haben diese weit über das Gehalt und das Honorar hinaus. Und viele, die schon lange in Organisationen arbeiten, haben bis heute die Hoffnung nicht aufgegeben, dass sich was ändert – und dieser Unterschied endlich spürbar wird.

Es ist schlimm genug, wenn Führungskräfte nur ihre eigene Vorstellung von Organisation durchsetzen und meinen, sie könnten auch ihre Positionen bei allen durchsetzen – ganz gleich, ob sie es gut meinen oder nicht. Erkannte Manipulation wird als Betrug identifiziert. Das ist ein Kapitalverbrechen. Wer vorgibt, etwas zu ändern, aber nichts tut, außer Theater zu inszenieren, der muss mit mehr rechnen als bloß einigen Buhrufern. Dann fällt der Vorhang, für immer.

An allen Ecken und Enden zeigt sich das Versagen dieses schwachen Versuches, Transformation auch innen zu verhindern. Unternehmen gehen letztlich daran zugrunde, manche, in ohnehin schwächelnden Branchen, schneller, andere verlängern, gerne auch mit staatlicher Unterstützung, ihre Leiden auf Kosten der Mitarbeitenden und der Allgemeinheit. Die Kunden wenden sich von den einfältigen Unternehmen ab. Es gibt nur eins, das noch schlimmer ist als ein ignoranter »Vorgesetzter«, wenn es um unterschiedliche Meinungen geht: ein Vorgesetzter, der so tut, als ob er sich für die unterschiedlichen Meinungen interessiert, ständig neue Reformschritte ankündigt und dann aber alle enttäuscht. Das ist an der Tagesordnung. Verhindern. Tricksen. Täuschen. Ist das eine Strategie oder einfach dumm? Es tut übrigens nichts zur Sache, die berühmten »Sachzwänge« dann kurz vor den Vorhang zu bitten. Ja, klar gibt es sie, die Notwendigkeiten, aber sie müsste man nicht erst erklären, wenn ein kooperativer, wirklich transparenter Führungsstil vorhanden wäre. Selbstständige Menschen in selbstbestimmter Tätigkeit wären nicht überrascht davon, dass in Krisenzeiten bestimmte Sachzwänge vorhanden sind.

Respekt

Wenn die Social-Media-Teams von Unternehmen uns in den Netzwerken duzen, hat das wenig mit einer »neuen Kultur der Freundschaft« zu tun, wie behauptet wird, sondern mit vorsätzlicher Übergriffigkeit. Will man die Kunden verärgern? Nein, man setzt auf die, die das Du in allen Lebenslagen cool finden, weil sie meinen, dass es soziale und persönliche Unterschiede aufheben würde. Das aber ist falsch. Dass es in der deutschen Sprache ein Sie und ein Du gibt, hat gute kulturelle Gründe. Ersteres weist auf Distanz hin, Zweiteres auf Nähe. Niemand, der auf Twitter oder Facebook ist oder der in großseitigen Anzeigen von Ikea & Co. angeduzt wird, ist mit dem Unternehmen befreundet. Das Marketing nutzt diese Manipulation aber aus. Per Du ist man weniger distanziert, und es ist ganz klar, dass sich dann die Leute weniger über schlechten Service oder Warteschlangen aufregen. In den Social-Media-Unternehmen ist es nicht anders. Manchmal werden dabei sogar Vorstände reingelegt, von ihrer eigenen Social-Media-Truppe, die den ahnungslosen CEOs erzählt, dass die Teilnehmer in den Sozialen Netzwerken nur das erwarten würden. Das ist eine reine Behauptung. Tatsächlich steckt dahinter der Versuch, sich selbst soziale Vorteile zu verschaffen. Doch wer glaubt, dass der bloße Einsatz des Du schon alle Unterschiede beseitigt, hat nicht viel verstanden.

Das Du ist, ja, eine Frage der Kultur und des Milieus. Und

es ist ein Unterschied, ob man auf einer Tiroler Berghütte oder einem niederländischen Fischkutter angeduzt wird (alles gut) oder vom Lieferanten einer Festplatte oder einem Hamburger Versandhändler. Es ist ein Unterschied, ob man jemanden eingeladen hat, ihn zu duzen, um ihm besondere Nähe zu zeigen, oder ob er sich diese Nähe einfach nimmt.

Unterschiede sind auch ein Schutz gegen Übergriffigkeit und Gewalt. Und genau das geschieht mit dem ungefragten Du. Gleichsam nimmt das Ganze schon sehr lächerliche Züge an. Bei einer Veranstaltung, bei der sich alle Beteiligten vor- und nachher schön siezten, bat man tatsächlich während des öffentlichen Interviews um ein vertrautes Du – »Nur während der Sendung, dann sind wir gerne wieder per Sie!«. Das ist das Ergebnis des halbgaren Beziehungsübergriffs. Er wird absurd und, wie so vieles heute, zur reinen Marketinghülle. Beziehungen, auch ihre Begrifflichkeiten, sind zu wichtig, um sie solchen Tricksereien auszuliefern.

Ein wichtiger Indikator dafür wäre mehr Selbstrespekt, denn Respekt und Anerkennung, Maslows vierte Ebene, sind keineswegs eine Einbahnstraße: Respekt zollen und respektiert werden, Respekt einfordern und ihn sich selber zugestehen

Wer den Unterschied macht, braucht Standfestigkeit, Konsequenz eben, und den Mut, sie auch öffentlich anzuwenden. Siezen Sie mich gefälligst. Das geht wieder nur, wenn man sich selbst begegnen kann, sich darüber im

Klaren ist, wer man ist und, nochmals Frithjof Bergmann: was man wirklich, wirklich will.

Niemand müsste Ihnen erklären, »was Sache« ist, weil es nämlich längst Ihre eigene wäre. Das ist der Unterschied.

Pyramiden

Abweichung ist kein Fehler, sie ist eine Chance, für viele die einzige. Und sie zeigt sich nur in der Eigen- und Selbstverantwortlichkeit aller Beteiligten, dort, wo selbstständiges Arbeiten und Autonomie herrschen. Das mag nicht überall funktionieren, aber es ist das »Geschäftsmodell« der Wissensarbeit. Beim Denken gibt es niemanden, der uns sagen kann, wie es geht. Und deshalb ist es auch töricht, die alten Hierarchien aufrechtzuerhalten. Eine Führungskraft ist, wer anderen ermöglicht, seine Fähigkeiten voll zu entwickeln und für gemeinsame Ziele einzusetzen. Wer das – aus Eifersucht, Neid, Herrschsucht – verhindert – und das kommt ziemlich oft vor und nicht nur in offensichtlich alten Unternehmen –, sollte gehen. Das gilt auch für die vielen Jungen, die so denken. Wer »Chefin« oder »Chef« sein damit verwechselt, anderen sagen zu können, wo es langgeht, der hat nicht verstanden, was seine Arbeit ist. Solche Leute kündigen sich von selbst.

> Eine Führungskraft ist, wer anderen ermöglicht, seine Fähigkeiten voll zu entwickeln und für gemeinsame Ziele einzusetzen.

Es gibt sie, diese Zwangsläufigkeit der kulturellen und sozialen Evolution, die zur Persönlichkeit führt und die Abraham Maslow, der große Sozialpsychologe, in seiner Bedürfnispyramide aus dem Jahr 1942 zeichnete. Nach dem Existenz-, Sicherheits- und Sozialbedürfnis kommt die Person. Sie fordert auf »Stufe 4« Respekt und Anerkennung, und sie strebt zur Selbstverwirklichung, der höchsten Stufe. Das haben die Gegner des selbstbestimmten Menschen immer als verrückt diskreditiert. Doch es geht dabei um eine nüchterne Einsicht, nämlich zu tun, was man (wieder nach Bergmann) wirklich (wirklich) will und kann. Das macht den Unterschied sichtbar. Moment – ist der etwa schon da? Aber selbstverständlich.

Die Kultur der Wissensgesellschaft, die normative Kraft hinter der Transformation, ist Vielfalt. Und es ist bis jetzt in dieser Kategorie einfach zu wenig gedacht worden, als dass uns das Denken in Divergenz und Diversität ans Herz gewachsen wäre. Es stört uns wie die Komplexität, weil sie daraus besteht. Die Ressource Vielfalt aber kann man nicht durch Weglassen, Sparen und Reduzieren verstehen. Wir brauchen andere Bordmittel für eine Welt, in der die »Vielfalt in Einheit« nicht nur ein wohlfeiles Sonntagsmotto ist, sondern der große, der ganz große Code hinter dem, was Menschen zustande bringen können.

Der Vielfalt verpflichtet, im Plural gedacht, heißt nichts anderes, als dass wir Gemeinsamkeiten auf der Grundlage klarer Fundamente formulieren müssen. Kultur sind

Kulturen, und zu schaffen sind Regeln für das weithin Ungeregelte, Normen für das weithin Unnormierte.

Kompetenzen

Gemeint sind also Standards für eine Wissensgesellschaft, die in nachvollziehbaren Regeln bestehen, die uns aber nicht, wie heute, am Gehen hindern, sondern uns dabei helfen, Langstrecken ebenso zu laufen wie 100-Meter-Rekorde in eigener Sache. Unterschiede sind die Quellen allen Fortschritts, die wichtigste Quelle menschlicher Kreativität und damit auch unsere einzige Chance und unser einziger Freund in einer Welt, in der sich die alten Gewissheiten vor unseren Augen in heiße Luft auflösen.

> Unterschiede sind die Quellen allen Fortschritts, die wichtigste Quelle menschlicher Kreativität und damit auch unsere einzige Chance und unser einziger Freund in einer Welt, in der sich die alten Gewissheiten vor unseren Augen in heiße Luft auflösen.

Diese Regeln, diese Kultur der Vielfalt, wird eben nicht komplizierter sein als das, was wir haben. Die Ohnmachtsgefühle gegenüber den modernen Systemen rühren ja daher, dass wir sie nicht durchschauen. In meinem Buch »Zusammenhänge« habe ich deshalb den Vorschlag gemacht, aus den eigenen engen Revieren auszubrechen und das eigene Fachwissen verständlicher, verbindlicher, netzwerkorientierter zu formulieren.

Allein durch dieses Bemühen kann sich viel verändern. Wo wir nicht einfach gleichgültig gegenüber den Mechanismen und der Mechanik des Alltags agieren, es uns nicht egal ist, wie IT funktioniert, Politik, das Rechtssystem und vieles mehr, wo wir also teilnehmende Bürgerinnen und Bürger werden, lichtet sich der Nebel des Unverbindlichen genauso, wie die Schwindelgefühle weichen, die heute noch die große Ohnmacht unserer Gesellschaft ausmachen.

Kontextkompetenz bedeutet, handlungs- und entscheidungsfähig zu bleiben. Und mehr: Es bedeutet auch, dass die Forderung nach klaren, für (potenziell) alle verständlichen Regeln und Normen lauter gestellt werden muss. Die bisherigen Systeme setzen darauf, eine Unzahl an Ausnahmen zu verwalten. Behauptet wird dabei der Anspruch auf Einzelgerechtigkeit. Doch dass die auf der Strecke bleibt, versteht sich für die meisten sowieso. Denn wer nicht weiß, was sein Recht ist, bekommt es auch nicht nachgetragen. Niemand wird, um eine der dümmlichen Phrasen der Verantwortungslosigkeitsgesellschaft zu verwenden, »abgeholt, wo er ist«. Überhaupt: Die ganze Abholerei ist paternalistisch und von oben herab gedacht. Wer von denen, die so reden, kennt eigentlich die Menschen, die dazu passen? Welches Menschenbild ist das denn, das kleine Kinder und Hilflose gleichsetzt mit wahlberechtigten, geschäftsfähigen Erwachsenen?

Das ist arrogant und zeigt zweierlei: Übergriffigkeit – wir müssen uns um diese armen Leute kümmern, ist schließlich unser Job – und Überheblichkeit – die kriegen es eh nicht ohne uns auf die Reihe. So kommt Stein auf Stein einer Unmündigkeitsgesellschaft, die nicht mehr differenziert in Fähigkeiten, Wünsche, Sehnsüchte und Möglichkeiten der und des Einzelnen. Wir vertun unser wichtigstes Potenzial: unsere Unterschiedlichkeit, die ja auch in unserer Unangepasstheit besteht, wenn es darum geht, dieses Eigene klar erkennbar zu machen. Es ist etwas in der deutschen Kultur, das stets Angst vor dem Individuum hat. Die verknarzte Weltsicht von Karl Marx und Friedrich Engels machte Furore, totalitäre Ideen blühen hier immer wieder auf, wenn sie sich nur auf die Gemeinschaft berufen. Der libertäre Max Stirner, dessen großartiges »Der Einzige und sein Eigenthum« ein Schattendasein neben den Werken seiner weit weniger menschenfreundlichen Zeitgenossen führt, hat das Eigene, das Selbstverantwortliche, nicht verachtet, aber seine stete Abwesenheit im »deutschen Wesen« schon vor fast zwei Jahrhunderten klug analysiert. Wie lange wollen wir noch selber nicht verantwortlich gewesen sein?

Es reicht. Es gibt nicht eine Herausforderung der Gegenwart, geschweige denn der Zukunft, die eine gelungene Transformation befördern könnte, die sich durch bloßes Mitmachen, Ducken und Nichtunterscheiden machen ließe.

> **Wie lange wollen wir noch selber nicht verantwortlich gewesen sein?**

Mobile Politik

Das ist ja schon lange klar. Die Nachkriegsordnung im Westen, später auch auf globaler Ebene, zeigt ein rapides Anwachsen zivilgesellschaftlichen Engagements mit dem wachsenden Wohlstand. Letztlich sind die Grünen nichts anderes als eine natürliche Entwicklung auf diesem Pfad. Sie sind sehr bewusst nicht als einheitliche Partei gegründet worden, sondern waren stets in ihren Anfängen auf Diversität und Wandel ausgerichtet. Man mag die Sinnhaftigkeit der Quotenlösungen in der Führung bezweifeln, aber der Geist dahinter war eben der, dass maximale Unterschiedlichkeit zum Zuge kommen soll. Das ist gewagt in einer Welt, die sich von der Politik einfache Antworten erwartet. Immer noch. Und es zeigt sich ja, dass auch dort, wo die Inhalte auch nur annähernd so komplex aussehen, wie sie ja tatsächlich sind, gleich mal auch die Gunst der Wähler umschlägt. Und trotzdem. Es geht nicht anders. In entwickelten, wohlständigen Zivilgesellschaften gibt es auch weiterhin ein Hin und Her, Furcht vorm Verlust des Vertrauten und scheinbar Bewährten und gleichsam Neugierde und Lust am Ausprobieren neuer Freiräume und Alternativen zum Bestehenden. Beides bildet ein Kraftfeld, in dem alte Politik mit starren Weltbildern nicht mehr zurechtkommt. Das muss nicht gegen Volksparteien sprechen, im Gegenteil. Dass es sie überhaupt gibt, ist ja schon der Beweis für die Tatsache, dass Macht in der Demokratie nur über einen möglichst breiten, konsensualen Ansatz hergestellt werden kann. Die Vielfalt, auch wenn sie sich sorgsam in den Weltbildern vieler Berufspolitiker versteckt, ist die treibende Kraft. Nach außen hin versuchen die Parteien, ihre Geschlossenheit zu betonen, als wäre sie ihr höchstes Gut. In einer Welt der Vielfalt und Diversität geht es also dieser klassischen alten Organisation der Politik möglichst darum, wenig Unterschiede und Differenzen zu leben. Man gibt sich völlig einig. Tatsächlich geht aber immer öfter der Deckel hoch, und die Scheinharmonie explodiert. Das ist ja auch klar. Denn es gibt das, was uns die alte Ordnung immer verkaufen will, tatsächlich nicht, jene Homogenität der Meinung, die Fundamentalisten und Identitäre behaupten. Es ist sonderbar, wenn Parteipolitiker sich über den neuen Fundamentalismus empören, den sie selber mit Begriffen wie »Parteidisziplin« beschwören. Wählbar sollten Parteien sein, in denen sich nicht »eine Richtung« durchsetzt, sondern möglichst am konstruktiven Konsens gearbeitet wird. Es schadet dabei überhaupt nicht, wenn man die Unterschiede betont – und gleichsam auch Positionen mit dem vermeintlichen politischen Konkurrenten teilt. Kluge Politikerinnen und Politiker wissen, dass es nicht ums Rechthaben geht, ums sture Bestehen auf den einmal (auf dem Parteitag oder, noch öfter, vom Spindoctor) festgelegten Kurs, sondern um gelebte Differenz. Eine vielfältige Gesellschaft braucht keine einfältige Politik. Für Führung gilt dasselbe.

Rechthabereien

Soll man sich als alter Grüner aufregen, wenn in den Programmen und Projekten anderer Parteien und Firmen plötzlich die eigene Agenda auftaucht, ganz so, als ob es nie was anderes gegeben hätte? Natürlich nicht, außer man gehört zu den spießigen Rechthabern. Politisch klug ist es hingegen, die eigenen Ziele möglichst breit angelegt zu wissen. Diese politischen Copycats haben ihr Gutes, denn sie zeigen, dass Systeme lernfähig sind. Es schadet niemandem, wenn auch eine früher dem harten Industrialismus mit all seinen Umweltproblemen zugewandte Volkspartei (was ja für Union und Sozialdemokraten gleichermaßen gilt) ihr Herz für die Umwelt und mehr Vielfalt entdeckt. Aber auch hier braucht es einen Unterschied.

Nur: Aufpassen, dass eben nicht nur schön geredet, sondern auch gut und zügig umgesetzt wird. Dafür braucht es eine kritische Öffentlichkeit, die *qualifiziert* den Mund aufmacht, Zusammenhänge verstehen will, Kontextkompetenz entwickelt und sich einmischt – kurz und gut: eine funktionierende Zivilgesellschaft, die sich nicht in identitätspolitischen oder identitären Schützengräben verschleißt, sondern um guten Konsens ringt. Auch hier sehen wir wieder, dass in der Netzwerkgesellschaft, die ja zivile Eigenverantwortung ebenso im sozialen Miteinander kennt wie in der Netzwerkorganisation der Wissensarbeiter, die Eigenverantwortung der Schlüssel für echte Unterschiede ist. Nur wo der und die Einzelne sich auch selbst einsetzen, verändert sich etwas zum Besseren oder kommt überhaupt erst zum Zug.

In der Industriegesellschaft war Mitbestimmung gut. In der Wissensgesellschaft ist Selbstbestimmung besser.

Partnerwahl

Nun geht das nicht, wenn man dem sogenannten politischen Gegner immer nur eins ans Zeug flicken will. Wir erinnern uns an dieser Stelle an den Abschnitt weiter vorn, den über Konkurrenz und Wettbewerb, über den alles entscheidenden Unterschied zwischen Gewalt und Kooperation.

Jeder, der mal einige Zeit mit Berufspolitikern verbracht hat, weiß, dass die ihre besseren Beziehungen meist außerhalb der eigenen Parteien pflegen – das ist ja auch in vielen Organisationen so. Grenzüberschreitend zeigt sich die Differenz zur alten Ordnung. Barrieren werden beseitigt und falsche Loyalitäten sichtbar.

Man sucht sich in einer offenen Gesellschaft seine Partner selber aus. Die Zeiten, in denen Menschen Vernunftehen eingehen mussten, um zu überleben, sollten vorbei sein. Niemand muss sich in ein »Team fügen«, denn allein das Ansinnen ist schon albern. Damit nivellieren wir die Fähigkeiten von Personen, machen sie unkenntlich, nicht selten, um sie leichter »beherrschen« zu können. Es ist geradezu widersinnig, hier den Begriff der Loyalität ins Spiel zu bringen. Denn damit sind ganz sicher keine einseitigen Abhängigkeitsverhältnisse gemeint.

Max Stirners goldenes Motto aus »Der Einzige und sein Eigenthum«, das diesem Kapitel vorangestellt ist, macht klar, was ohnehin jeder weiß, aber sorgsam verdrängt wird: »Die Selbständigkeit der Partei bedingt die Unselbständigkeit der Parteiglieder.«[124]

Wie wahr. Und wie einfach für beide Teile. Zu einfach, um die Welt zu begreifen und zu gestalten. Hört auf damit. Differenz muss sich immer wieder der Kritik stellen, sich beweisen, diskutieren. Es gibt keine ewige Wahrheit.

Klarheit

Die alte Losung Feind–Todfeind–Parteifreund gilt auch für viele Unternehmen, wo sich eben der Nahrungskonkurrent bedroht fühlt und deshalb nicht – oder nur heuchlerisch – kooperiert und gegen den vermeintlichen Konkurrenten intrigiert, wo es nur geht. Das ist weit öfter Alltag, als es das Gerede und die Beschwörung von den tollen Teams und vom Spirit der Gemeinschaft wahrhaben will.

Eine Lektion wäre also Ehrlichkeit, gerade dort, wo es um die Binnenbeziehungen geht. Wenn Organisationen so verfasst sind, dass Menschen nicht in Ruhe und vertrauensvoll kooperieren können, sondern sozusagen jeder seines Nächsten Wolf ist, dann ist der Laden kaputt.

Deshalb ist es zwingend nötig, Unterschiede in Organisationen mit klaren, transparenten Verantwortlichkeiten, aber auch ebenso klar definierten Freiräumen zu gestalten.

Nochmals: Unterschiede sind Kenntlichkeit. Kenntlichkeit ist Klarheit.

Es ist eben kein Widerspruch, dass komplexe, vielfältige Beziehungen durch klare, eindeutige Regeln gekennzeichnet werden. Sie verlangen sogar danach. Dazu müssen wir die Verhältnisse auf den Kopf stellen. Heute wird im Namen der Gleichheit und vermeintlichen Gerechtigkeit ein Wust an Regeln und Gesetzen erzeugt, an Vorschriften, eine Compliance-Flut, bei der nur Bürokraten Oberwasser gewinnen und eben jene Berater, die sich auf die Verkomplizierung der Verhältnisse spezialisiert haben. Für die Einzelnen wird das Leben immer schwieriger, das Ohnmachtsgefühl immer größer. Stellen wir uns jetzt vor, dass es einige wenige klare Regeln gibt. Dass das Fundament neu gestaltet und darauf ein großes Spielfeld errichtet wird: Leadership beginnt zu ermöglichen, anstatt sich und uns zu verzetteln.

> **Unterschiede sind Kenntlichkeit. Kenntlichkeit ist Klarheit.**

Die Idee, dass Menschen selbstverantwortlich ihren Job machen, ist in der Wissensgesellschaft nicht nur gut, sondern Grundlage für alles, was wir tun. Selbstbestimmung wird nicht gewährt, man macht sie sich selbst.

Kooperation

Auf allen bekannten Märkten und in allen bekannten Gemeinschaften ist Kooperation zwischen den Individuen ein Erfolgsfaktor. Das geht umso besser, je mehr sich die Fähigkeiten und Talente ergänzen. Logisch ist also, dass das Unterschiedliche, die Kontur des Eigenen, der eigentliche Garant für gute Kooperationen sind. Das aber scheint noch nicht wirklich begriffen zu sein. Teambuilding kann, wenn es nicht eine der vielen Buzzwords des modernen Unternehmenstheaters ist, doch nur bedeuten, dass sich unterschiedliche Individuen freiwillig und von sich aus, selbstbestimmt und kenntlich in eine solche temporäre Gemeinschaft einbringen.

Der Mensch spürt nur den Unterschied, aber weiß er das auch?

Sputnik

In seinem bereits erwähnten Aufsatz »Psychologie der Kreativität« erklärt Joachim Funke, weshalb die USA in Sachen Wissensökonomie und Wissensgesellschaft eindeutig weniger Berührungsängste haben als die Europäer und Deutschen. Das ist auch deshalb interessant, weil die USA nach der Niederlage Deutschlands im Zweiten Weltkrieg eindeutig die Hegemonialmacht Westeuropas wurden, und ebenso das einhellige kulturelle Vorbild. Doch die USA waren, vergessen wir es nicht, in jenem »militärisch-industriellen Komplex« gefangen, der weiter vorne bereits ausführlich besprochen wurde. Sie waren zur industriellen Supermacht geworden, und die Zeiten des unternehmerischen, kreativen, auf selbstständige und freie, selbstbestimmte Menschen bauenden Landes der Pionierzeit waren nicht mehr als vergangene Folklore. In den 1950er Jahren war in den USA viel von Zukunft die Rede. Doch schließlich waren es die Russen, die im Oktober 1957 den ersten künstlichen Erdtrabanten in die Umlaufbahn schossen. Der »Sputnik-Schock«, wie man es nannte, saß tief und wurde gleichsam zum wichtigsten Wendepunkt der Geschichte der Transformation zur Wissensgesellschaft. Die Antwort der Amerikaner war kein ängstliches Zurückweichen, kein Versuch des Hinüberrettens dessen, was man erreicht hatte, sondern eine energische Technologieinitiative, aber, noch weitaus wichtiger, ein sogenannter Headstart, bei dem die Regierung nun das kreative Potenzial seiner Bevölkerung geradezu herausforderte. Kluge, eigensinnige, alternativ denkende Menschen hatten ihre große Zeit – und der enge, totalitäre McCarthyismus, der so gut ins Räderwerk des industriellen Nachkriegsamerikas passte, war wie weggeblasen. Die DARPA, die Regierungsbehörde für »Defense Advanced Research Projects«, bastelte an Netzwerksystemen, aus denen schließlich das moderne Internet hervorging. Das Prinzip war das der selbstbestimmten Kooperation eigenständiger technologischer Einheiten. Die USA haben auch im Bereich der Computer und später von deren Abkömmlingen wie Smartphones die Nase vorn, weil sie nach der Originalität der Idee suchen. Sie wollen Alternativen hören zu dem, was ist. Und sie sind in der Lage, Irrwege (nicht nur bei Präsidentschaften) relativ

> **Gelebte Fehlerkultur: aufstehen, Krone richten, weitermachen.**

schnell zu revidieren, und zwar so, dass man schon kurz nach der Revision nicht mehr merkt, was da war. Auch das ist gelernte und gelebte Fehlerkultur: aufstehen, Krone richten, weitermachen.

In dieser Zeit formulierte der Psychologieprofessor und Intelligenzforscher Joy Paul Guilford sein Konzept des divergenten Denkens, dem eine entscheidende Bedeutung für die Etablierung einer kreativen Unterschiedskultur in Organisationen und Gesellschaften der Wissensökonomie zukommt. Dabei hat er einen Test namens »Unusual Uses« formuliert[125], der darin besteht, dass die Probanden möglichst viele Anwendungsbeispiele und Verwendungszwecke für ein und dieselbe Sache nennen sollen. Ein bestimmter Gegenstand, und sei es nur eine Büroklammer, kann dann von sehr vielen unterschiedlichen Perspektiven aus betrachtet werden, aber das Ganze klappt auch mit Chips, Methoden und Ansätzen, geistigen und physischen Werkzeugen aller Art. Man kann das als intellektuelle Spielerei abtun – und gerade die Fokussierung auf *eine* Funktion fordern. Doch wie soll man das begründen außer mit: Wir haben es nicht anders gelernt?

Über das Experiment hinaus lässt sich bei diesem Ansatz des *unusual use* viel lernen über die Nützlichkeit der Werkzeuge, die wir seit so langer Zeit herstellen. Und es trainiert die Fähigkeit, Unterschiede und Alternativen zu sehen und weiterzudenken und bestimmte Dinge und Sachverhalte in einen neuen Zusammenhang zu setzen. Diese unzähligen potenziellen Zusammenhänge bergen Lösungen, die manchmal gerade eben oder aber auch als langfristiger Ansatz nützlich sind. Dass man die kleinen Reset-Schalter in elektronischen Geräten fast ausnahmslos mit dafür schnell zurechtgebogenen Büroklammern auslöst, ist ein Beispiel. Als die Universalmaschine Computer in die Welt kam, mangelte es vielfach an massenhaft nützlichen Zusammenhängen, einem Kontext für den Alltag. Als Spezialmaschine war der Rechner prima. Aber wofür noch? Es begann die Zeit der Homecomputer, bei denen Entwickler, Programmierer, Bastler, Anwender und Neugierige aller Art anfingen, sich vorzustellen, was man noch alles an einem kleinen Computer für zu Hause machen konnte. Das World Wide Web ist eine ganze Ansammlung von *unusual uses*, denn hier haben wir das erste global vernetzte, leicht zugängliche Medium, in dem jede noch so kleine Nische Anbieter und Interessierte findet. So wird aus dem Unüblichen, dem Ungewöhnlichen etwas Neues, Normales, nicht mehr in dem Sinn eines möglichst einheitlichen Angebots, sondern der Vielfalt und Breite. So denken sich Menschen von jeher voran.

Zukunftsschocktherapie

Der Industrialismus mit seiner reduktionistischen Weltsicht – die übrigens ja auch von seinen radikalen Gegnern oft geteilt wird – hat uns das Weiterdenken fast abgewöhnt. Wir haben die Mitte verloren, die Balance, mit der Menschen und ihre Kulturen immer aus dem Vollen der Vielfalt schöpften, Varianten begrüßten und nicht furchtsam und verknarzt ihr »Weniger ist mehr« verbreiteten. Weniger ist nie mehr, sondern nur weniger, weniger Möglichkeiten, weniger Chancen, weniger Fairness, weniger Gerechtigkeit für jede und jeden Einzelnen. Das ist nicht schwer zu verstehen, wenn einen der Mangel selber trifft, offensichtlich aber sehr, wenn die eigenen materiellen Verhältnisse so gut sind, dass man sich um das Wohlergehen anderer nicht mehr schert. Vielleicht ist das gar nicht mal böse Absicht, sondern die Folge dessen, was der Zukunftsforscher Alvin Toffler zu Beginn der 1970er Jahre »Future Shock« nannte.[126] Der »Zukunftsschock«, so fand er, war eine Erkrankung des Industrialismus, in dem Menschen, die nicht gelernt hatten, mit der Vielfalt umzugehen, plötzlich in einer ausfernden Konsumwelt angekommen waren, die ihnen etwas völlig Neues abverlangte, weil das bisher andere für sie erledigten: Entscheiden.

So wird Komplexität aber nun mal erschlossen, durch Entscheidungen.

Unterscheidungsfähigkeit und Diversität sind nicht voneinander zu trennen. Und mit ihnen fest verbunden ist Neugierde, also Begierde aufs Neue, aufs Unbekannte auch, auf Möglichkeiten, die wir bis jetzt nicht gesehen haben. Wer überfordert ist, geschockt, wie einst die Amerikaner beim sowjetischen Sputnik, der bewegt sich erst mal gar nicht. Wer unter Schock steht, bleibt stehen. Der Punkt ist nur: Die Amerikaner haben immer wieder gezeigt, wie sie vom Schock ins Handeln kommen.

Unterschiedsregeln

Der Unterschied ist das Ungewöhnliche, das gewöhnlich wird, immer wieder aufs Neue. Gregory Bateson, der Vordenker der Systemtheorie, hat das in der bereits zitierten »Ökologie des Geistes«[127] trennscharf analysiert und den Unterschied als Idee benannt. Das Geistige, Kreative, die Welt des Schöpferischen macht den Unterschied – im Wortsinn. Wer also Wissensgesellschaft nicht nur als wohlfeile Phrase missverstehen will, der kommt nicht daran vorbei, dass Wissen, kreatives Wissen, immer persönlich ist, also an die Träger des Wissens gebunden. Unterschiede sind Ideen sind Wissen sind Kreativität. Der Mensch, um nochmals Sigmund Freud aufzunehmen, spürt den Unterschied nicht nur – er denkt ihn im wahrsten Sinne des Wortes. Diversität, Vielfalt, sie sind Produkte unseres Geistes. Das ist das eine.

Jede kreative Idee, jede Innovation wird irgendwann einmal zur Routine, zur Norm. Aber immer wieder fangen Menschen an, die Dinge von ihrem Standpunkt aus zu sehen. Inwiefern ihnen dies gelingt, hängt maßgeblich von der Hinbildung zur Vielfalt und Unterscheidungsfähigkeit ab. Eine humanistische Erziehung lehrt, dass die Welt rund ist, und der Kopf auch, wie Francis Picabia sagte, damit auch »das Denken die Richtung wechseln kann«.

Lehren und führen heißt, anderen ihr Leben zu ermöglichen, die Voraussetzung dafür zu schaffen, dass sie nach ihrer Fasson glücklich werden.

Wo das Gegenteil gefordert wurde, lässt sich oft nicht mehr viel machen. Die Furcht vor dem eigenen Willen wird in viele junge Köpfe – im Wortsinn oder mit Worten – hineingeprügelt. Am Ende haben wir dann Erwachsene, denen alles zu kompliziert ist, zu schwierig, zu viel, zu riskant, zu neu. Innovation kann auf diese Weise nicht stattfinden.

Menschen, die sich an Überraschungen freuen, weil sie Möglichkeiten mit sich bringen, sehen die Welt anders und sind natürlich auch zufriedener, vielleicht sogar glücklicher als die, die vor Angst nicht laufen können.

Alternatives Denken lernen

Unterscheidungsfähigkeit braucht Zeit. Joachim Funke ging der dafür wichtigen Frage nach: »Wie sieht kreatives Denken aus?«[128]

Vergesst erst mal Geistesblitze, so sein Rat. Es gibt zwar immer wieder mal Geschichten von Persönlichkeiten, die die Lösung eines kniffligen Problems geträumt haben – doch darauf sollte sich eher niemand verlassen. Was aber durchaus geschehen kann, ist, dass jemand einen ganz alltäglichen Gegenstand sieht oder eine bekannte Methode anwendet und dabei eben eine Lösung erkennt – für etwas, das auf den ersten Blick ganz woanders hingehört. Das allerdings setzt voraus, dass der Kopf trainiert ist, so fasst Funke die Forschung zusammen. »Der Zufall begünstigt nur den vorbereiteten Geist«, hat es Louis Pasteur formuliert.[129] Der bedeutende amerikanische Soziologe Robert Merton hat in der Mitte des vergangenen Jahrhunderts dafür den Begriff der *Serendipität* geprägt.[130] Das bedeutet soviel wie eine überraschende Entdeckung, die ungeplant ist, aber von Nutzen, also das ziemliche Gegenteil von geplanter und geordneter Entdeckung. Das wohl berühmteste Beispiel ist die Landung Christopher Kolumbus' auf den karibischen Inseln, allgemein bekannt als »Entdeckung Amerikas«, während er eigentlich Richtung Westindien unterwegs war. Der vorbereitete Geist, wie es der nüchterne Naturwissenschaftler Pasteur so treffend sagte, ist einer, der weiß, was er tut. Und ganz so ist es auch mit der Wissensarbeit der kreativen Klasse: Die Fähigkeit, Unterschiede und Alternativen zu denken, ist die Schlüsselqua-

> **Die Fähigkeit, Unterschiede und Alternativen zu denken, ist die Schlüsselqualifikation des 21. Jahrhunderts.**

lifikation des 21. Jahrhunderts. Wie also lässt sie sich schulen? Es lohnt sich an dieser Stelle, nochmals genauer auf Joachim Funkes Erkenntnisse über die Entwicklung von kreativen Ideen zu schauen:

Der Unterschied braucht Erfahrung

Stufe 1 ist die Vorbereitung – ganz im Sinne Louis Pasteurs also das, was den »vorbereiteten Geist« ausmacht. »Es ist schwierig, eine gute Idee zu bekommen, ohne sich nicht vorher intensiv mit dem fraglichen Gebiet beschäftigt zu haben«, schreibt Joachim Funke.[131] Das weiß im Grunde jede Wissensarbeiterin und jeder Wissensarbeiter. Physische Arbeit, bei der Kraft und Muskeln gefragt sind, setzt etwas Training voraus, aber in aller Regel werden ihr alle jungen, physisch unverbrauchten Menschen gerecht. In manchen Sportarten gilt man bereits mit Anfang 20 als alt, 30-jährige Fußballer schon als Methusalem. Wissensarbeit hingegen reift, entwickelt sich, sie braucht Expertise. Um jemanden eine Expertin oder einen Experten nennen zu können, so haben es Forschende[132] herausgefunden, sind rund 10 000 Stunden Beschäftigung mit einem bestimmten Thema nötig. Das wären, bei acht Stunden harter Einlassung pro Tag, also mehr als drei Jahre, vielleicht sogar länger. Der Mensch spürt nur den Unterschied, wenn er darauf trainiert ist.

Das Virus der Idee

Stufe 2 ist für Funke die Inkubation.[133] Wenn man nicht gleich eine Lösung findet, dann sollte man die Sache »einfach liegen lassen«, empfiehlt der Forscher, denn »in den Phasen der Nichtbeschäftigung arbeitet unser Gehirn offensichtlich weiter«. Es ist eine Art »gedankliche Infektion«, wie Funke es nennt, die hier greift. Künstler und Wissenschaftler kennen das ebenso wie Autoren und andere Wissensarbeiter. Ist erst mal die Saat für ein Thema, ein Problem ausgelegt, ist das eigene Interesse, die Neugierde, geweckt, dann wird notfalls jahrelang, gar jahrzehntelang an der Ausführung gearbeitet. Es scheint fast so zu sein, dass das Gehirn eine Art Bestellung abarbeitet, die sich verzögern kann, weil bestimmte Zutaten fehlen, aber wenn die – wiederum durch die Aufmerksamkeit des kreativen, vorbereiteten Wissensarbeiters – schließlich doch »besorgt« werden, geht es weiter. Manchmal fehlen Bücher, Texte, Zahlen, Daten, Beispiele, Anwendungen etc., die das Bild im Kopf komplettieren. Dass bei komplexen Vorgängen häufig vom Puzzeln die Rede ist, entspricht wohl ziemlich genau den biologisch-physiologischen Vorgängen im Kopf. Das Puzzle lebt vom Unterscheidenkönnen, das die Voraussetzung ist für das Zuordnen.

Die gute Krise und der lange Marsch

Stufe 3 bei Funke heißt Einsicht, meint also das, was man als Aha-Effekt kennt, als »Heureka«. Darauf sind viele Innovationsgeschichten fixiert. Keine Frage: Nichts ist schöner als der Moment, in dem man ein Problem gelöst hat. Doch das bedarf gewisser Voraussetzungen und hat ein Nachspiel. Funke spricht hier dezidiert die *krísis* an, das alte griechische Wort für Meinung, Beurteilung, Entscheidung, Trennen und: Unterscheiden. Die Krise ist der Durchbruch, der Wendepunkt nach langer Suche und Arbeit zur Lösung.[134] Wenn sich Wissensarbeiterinnen und Wissensarbeiter an den Zeitpunkt der Entdeckung erinnern, dann erzählen fast alle von der schweren Zeit zuvor, in der es unmöglich schien, ein Problem zu lösen. Der Durchbruch erscheint nach so langer und risikovoller Suche immer als besonders magischer Moment. Dabei ist es nur eine unfassliche Erleichterung, die uns erfüllt, wenn uns die Lösung bewusst wird.[135] Gleichsam wird beim Aha-Effekt der Botenstoff Dopamin ausgeschüttet. Wer eine Lösung findet, eine Einsicht gewinnt, den belohnt die Evolution. Dabei geht es sehr oft nicht um völlig neue Sachverhalte, sondern um das Erkennen vorhandener Strukturen und Prozesse – in der Naturwissenschaft ist das sogar der Standard. Aber auch in anderen Wissensgebieten ist es ja, genau genommen, nicht anders. Der Durchbruch ist, wenn uns der Zusammenhang zwischen einer offenen Frage und einer Antwort bewusst wird.

Wenn man die Coronapandemie von dieser Seite aus betrachtet, dann wäre etwa eine der erstaunlichen »Überraschungen« dieser Krise etwas, das vielen gar nicht aufgefallen ist, nämlich dass es möglich war, trotz massiver Lockdowns sehr vieles sehr gut am Laufen zu halten. Das ist – keine Frage – vielen hart arbeitenden Menschen zu verdanken, allen voran freilich Krankenschwestern, Pflegern, Ärztinnen und Ärzten, die mit einer guten Verwaltung im Verbund und der Pharmaindustrie Leben retteten. Aber was wir kaum sehen, ist, dass wir sehr gut mit den vorhandenen digitalen Strukturen umgehen konnten, fast wie selbstverständlich. Während nach wie vor auf allen Kanälen eine raunende Debatte darüber läuft, ob wir nun zu viel oder zu wenig digitalisieren, ist die Wirklichkeit schon weiter. Klar hat die Krise auch viele Defizite gezeigt, vor allen Dingen in der öffentlichen Netzstruktur. Aber gleichsam ist auch klar geworden, wie viele Menschen, die täglich die Straßen und Innenstädte durch den Berufsverkehr belasten, Energie sinnlos vergeuden und viel, viel Lebenszeit (und Lust an der Arbeit) im Wortsinn auf der Strecke lassen, auch ganz anders können. Unser großes Aha-Erlebnis steht leider aus, so geschult sind wir im Wiedereintritt in die Hamsterräder der alten Kollektive. Doch machen wir uns nichts vor: Nicht nur die Generalprobe der digitalen Wissensgesellschaft hat geklappt. Sie ist Realität. Aber auch diese für Massen erlebbare und eigentlich doch gar nicht so schwer erkennbare Realität muss sich gegen etwas durchsetzen, was auch da ist, nämlich die alte Realität, die aus der Konstruktion der alten Arbeitsgesellschaft und ihrer Moral besteht. Das passt sehr genau in Joachim Funkes nächste Stufe des kreativen Prozesses.

Stufe 4 steht im Zeichen der Bewertung. Ist das, was einem eingefallen ist, auch realitätsfest? Liegt jetzt die Lösung des Problems vor? Setzt sie sich gegen Dogmen und Paradigmen durch?[136] Viele sehr gute Lösungen kollidieren mit dem Besitzstand des aktuellen Establishments. Das ist, ohne Zweifel, auch der Grund für den mehr oder weniger subtilen Widerstand gegen die digitale Wissensgesellschaft und die Netzwerkökonomie. Hier ist mehr denn je ein ermöglichendes Leadership gefragt. Und Widerstand, wo dieses fehlt. Widerstand besteht in erster Linie aus Geduld. Das ist eine unterschätzte Tugend, die aber den Unterschied macht, wenn es um Erfolg oder Misserfolg geht.

Stufe 5, die der Ausarbeitung, ist eng mit der Bewertung verbunden. Vom Prototyp einer Idee bis zum fertigen Produkt sei es ein weiter Weg, »auf dem sich noch zahlreiche Überraschungen ergeben« können, so Funke. Er zitiert in diesem Zusammenhang den Erfinder und Unternehmer Thomas Alva Edison, dessen bekanntes Diktum »Genie bedeutet ein Prozent Inspiration und 99 Prozent Transpiration« bis heute die Runde macht.[137] Ausarbeitung, Geduld, Ausdauer bei der Umsetzung und immer wieder die Fähigkeit, Serendipität positiv anzunehmen, also nicht in das Problemfeld der »selbsterfüllenden Prophezeiung«[138]

zu laufen, in dem sich viele glühende Enthusiasten verlieren.

In meinem Buch »Innovation« habe ich Thomas Alva Edison den »Erkennern« zugeordnet, also der Kategorie an Wissensarbeitern, die vor allen Dingen bereits vorhandene Problemlösungen zu einer neuen rekombinieren. Er ist ein hervorragendes Beispiel für die Wirksamkeit von *unusual use*.

In seinem Menlo-Park-Labor wurde ständig geliefert, was unter manchen Mitarbeitern nur ein Kopfschütteln erzeugte, Alltagsgegenstände, die Edison umformte oder umfunktionierte, miteinander verband und daraus Neues schöpfte. Edison war ein großer Verbinder und Vollender, mehr, als er Erfinder war. Vieles von dem, was auf seiner Patentliste stand, hatten andere begonnen, ohne es weiterzudenken. Es ist kein Zufall, dass man Steve Jobs von Apple oft mit Edison verglichen hat. Jobs war ein mäßiger Techniker, ein sehr guter Marketingmann und ein brillanter Erkenner. Zumindest als Techniker und Erkenner ist ihm aber der meist im Vergleich unterschätzte Steve Wozniak mindestens ebenbürtig. Wozniak bastelte aus piepsenden Fernseh-Fernbedienungen, die in den 1960er und frühen 1970er Jahren noch sehr üblich waren, sehr gut funktionierende Hackerwerkzeuge für das amerikanische Telefonnetz. Hielt man einen von Wozniak modifizierten Piepser ans Telefon, konnte man gratis im ganzen Land telefonieren. Das machte den technischen Vater der ersten Apple-Rechner in der Szene des Silicon Valley bereits früh zur Legende. Wozniak gehört auch zu den wenigen Digerati von echtem Rang, die öffentlich eine realistische Position zur *Artificial Intelligence* (AI bzw. auf Deutsch künstliche Intelligenz, KI) einnehmen.[139]

Erziehung zum Unterschied

Es klingt sonderbar, wenn in einem Essay, der sich der Selbstbestimmung und dem Ringen um Freiräume widmet, plötzlich auch von Erziehung die Rede ist. Erziehung hat, jedenfalls scheint das schon seit Längerem der gemeinte Sinn des Wortes zu sein, etwas mit »Abrichten« zu tun, weniger hart formuliert: mit dem Einrichten eines jungen Menschen, damit der so wird wie die, die ihn »erziehen«. Nun aber kann das nicht Sinn der Erziehung sein, ganz gleich, auf welche Moral und »Wahrheit« sich ihre Manipulationen auch erstrecken. Erziehung kann nur Ermöglichen bedeuten, das stete Hinweisen auf die Unterschiedlichkeit, die Persönlichkeit und den Respekt, den wir untereinander zeigen sollten. Es geht gerade um das Durchbrechen jener »Pathologie des Gehorsams«[140], die den deutschen Sozialpsychologen Peter Brückner so beschäftigt hat. Er verstehe, »warum diejenigen, die eine Ideologie der Macht und des Gehorsams verkörpern, selbst glauben, frei denken zu können«. Und weiter: »Gehorsam erspart Unlust und verleiht eine wenn auch vom Wohlleben der Mächtigen abhängige Sicherheit.« Das halten solche Menschen dann irrtümlich für Freiheit. Erziehung, sagt Brückner, sollte deshalb lehren, wie man Unsicherheit erträgt. »Aber unsere Kultur erklärt Unsicherheit zur Schwäche, so dass dieser Weg für viele unmöglich wird.«[141]

Das ist eine brillante Erklärung für das, was uns heute noch umgibt, obgleich Brückner damit den Untertanengeist der Generation beschrieb, die sich von Hitler erst einspannen ließ und die dann so schlagartig das Gedächtnis verließ. Ihr Geist ist nicht verschwunden, die Selbstverleugnung, das Einordnen, das pathologische Leugnen der eigenen Verantwortung und Persönlichkeit, verbunden mit dem steten Beschwören von »Sachzwängen«. Man müsse ja mitschwimmen, mitmachen, sich anpassen, schließlich habe man ja Frau und Kinder oder Verantwortung in irgendeiner anderen Sache. Das geht so weit, dass man seine eigenen Persönlichkeitsstörungen institutionalisiert, also zu einer »Haltung« umdichtet. Misanthropinnen und Misanthropen sind heutzutage gut dort aufgehoben, wo sie einem merkwürdigen Malthusianismus huldigen, bei dem der Mensch das größte Problem des Planeten sei und deshalb die Fortpflanzung ein Frevel an Mutter Natur. Selbsthass ist auch ein Thema der famosen Differenzierungsschau, die Arno Grün in seiner Rede »Der Fremde in uns« bietet. Wer sich selbst fremd ist, kann auch niemand anderem nahe sein. Böse Menschen, könnte man sagen, können noch so gut daherreden. Sie kommen nicht in den Himmel. Selbst dann nicht, wenn sie sich von lauter Menschenliebe getrieben wähnen. Mitmachen ist ein Angebot, kein Zwang. Und nur dort, wo dieses Prinzip gilt, kann es mit sehr feiner und transparenter Vorgehensweise zur Diskussion gestellt werden. Nur dort, wo es tatsächlich um die wirkliche, reale Freiheit der anderen geht, darf darüber gestritten werden – selbstverständlich nicht, wenn, wie in einer Pandemie, Leib und Leben bedroht sind. Hier wird deutlich, worum es geht: Dass nämlich feines Unterscheiden, das nicht immer leichte Abwägen von Richtig und Falsch, eben das ausmacht, was man Differenz, guten Unterschied und Vielfalt nennen darf. Das andere ist nichts weiter als alter Wein in neuen Schläuchen, eine Täuschung anderer und des eigenen Selbst.

Wer Gehorsam nur mit militärischer Sprache und Drill verbindet, der hat nicht verstanden, worum es geht. Auch Teenager sind gehorsam, sehr sogar, sie reden, wie *man* reden soll, denken, wie *man* denken soll, und handeln, wie *man* handeln soll. Jedes »man« steht für eine spezifische Einstellung, Mode, Moral oder »Wahrheit«. Tatsächlich haben die Opportunisten nur die Fahnen gewechselt, den Stil, die Ausdrucksform. Aber sie tragen die Traditionen ihrer Großväter und Urgroßväter weiter, und nicht selten entsteht der Eindruck, dass die Unterschiede zwischen den Generationen umso kleiner sind, als sie empört betont werden wollen.

Die amerikanische Anthropologin Gene Weltfish beschäftigte sich intensiv, mehr als drei Jahrzehnte lang, mit einer höchst seltenen Gesellschaft, jener der Pawnee-

Indianer, die auf dem Gebiet des heutigen US-Bundesstaats Oklahoma leben. Die meisten Menschen aus den unterschiedlichsten Kulturen sind in einem Klassensystem groß geworden, das ihnen deshalb ganz natürlich erscheint. Es gibt eine »herrschende Klasse« und eine »beherrschte Masse«, und selbst wenn man diese Quantität auf den Kopf stellt, wie sie unter der bizarren Formel der »Diktatur des Proletariats« vorgenommen wurde, kommt am Ende nichts anderes dabei heraus als vorher oder nur, siehe die jüngere Geschichte, noch Schlimmeres. Weltfish glaubt, dass wir, die wir dieses falsche Bild eines Unterschieds im Kopf haben, uns nur schwerlich davon trennen können. Auf der Suche nach einer Gesellschaft, eines »Modells eines Menschen, der niemals in eine solche Massenform gepresst war«[142], stieß sie auf die Pawnee. »Die Zivilisation der alten Welt beruhte für Jahrtausende auf der Masse. Die Pawnee-Kultur funktionierte anders. Das Streben des Pawnees ist ein eigenes, er setzt sein eigenes Ziel, das sein persönliches Geheimnis ist.« So strebe kein Pawnee danach, den anderen zu übertreffen (wie wir es aus der Konkurrenz kennen, dem organisierten Konflikt, Anm. d. Verf.) sondern »nur über seine eigene Leistung hinauszugehen«, und so gab es »weder Gebote noch moralisierende Sprichworte«.[143] Grün ergänzt Weltfishs Betrachtungen: »Für die Pawnee war Demokratie eine persönliche Sache. Im Grunde verstanden sie darunter, nicht zu etwas gezwungen zu werden und nicht das Bedürfnis zu haben, einen anderen zu bezwingen.« Weltfish berichtet, dass diese Erziehung zur Selbsterziehung, die mit ungeheurer Selbstdisziplin und Verantwortung verbunden war, bereits früh begann und alles darauf ausgerichtet wurde, eine »Entwicklung zu einem disziplinierten und freien Menschen, für den Würde und Unabhängigkeit unantastbar waren«, zu fördern.

Freihaltung

Es ist fast das genaue Gegenteil dessen, was in unseren Breiten – auch dort, wo man sich für »politisch bewusst« hält – geschieht. Hierzulande impliziert Erziehung irgendeine Form der Eingliederung, des Glaubens. Der Begriff »Haltung« beispielsweise, eines der verbreitetsten Modewörter unserer Zeit, meint in den allermeisten Fällen nicht eine selbst gefundene und sehr persönliche Einstellung zu Dingen, Sachverhalten und Lebensfragen, sondern die Anschlussfähigkeit an die Milieus, die wichtig sind – für Karriere, Prestige und eben jenes Gefühl der Sicherheit durch Unterwürfigkeit, das sich als Heldenmut ausgibt, aber genau auf dem Gegenteil basiert: auf einem sehr dünnen Charakter, der sich vor eigenen Handlungen fürchtet.

Arno Grün hat die Geschichte von den Pawnees und dem Gehorsam nach Peter Brückner nicht zufällig gewählt, natürlich nicht. Denn um uns von den Menschen der Massengesellschaft unterscheiden zu können, um zu jenen zu werden, von denen wir so oft behaupten, dass wir sie schon sind, freie, selbstbestimmte Wesen, müssen wir lernen, dem Fremden in uns zu begegnen. Unter extremen Bedingungen, etwa in chinesischen Gulags, von denen Grün berichtet, gab es Gefangene, die nicht ihre Unterdrücker, sondern sich selbst verantwortlich machten für ihr Elend, bald verhungern zu müssen. In Maos China – und noch lange danach – war es gang und gäbe, sich in öffentlichen Schauprozessen selbst der Taten zu beschuldigen, derer man vor dem Gericht bezichtigt wurde. Man könnte annehmen, dass diese Selbstbeschuldigungen nun irgendwelche Vorteile für die Delinquenten mit sich gebracht hätten. Doch dem war nicht so. Das Urteil, der Tod oder eine lange Lagerhaft, stand fest. Offenbar war es den Beschuldigten aber lieber, die Sichtweise ihrer Peiniger einzunehmen, als sich ohnmächtig in ihre Rolle zu fügen oder gar Widerspruch einzulegen. In aussichtsloser Lage wollten sie lieber Teil der Macht sein, auch wenn diese Macht sie gerade zermalmte.

> Als freie, selbstbestimmte Wesen müssen wir lernen, dem Fremden in uns zu begegnen.

Abseits solcher Extremlagen mag sich nun jede und jeder selbst die Frage stellen, wie oft man im Arbeitsalltag etwas in der Gruppe befürwortet, was man innerlich und aus gutem Grunde ablehnt.

»Die Allgegenwärtigkeit solcher Erfahrungen deutet nicht nur auf die universelle Verbreitung des Fremden als bestimmender Faktor in unseren Beziehungen zu unseren Mitmenschen und zu uns selbst hin, sondern auch auf die Quelle unserer gegenseitigen Feindlichkeiten und des allgemeinen Bedürfnisses, andere oder auch sich selber zu bestrafen oder runterzumachen«, schreibt Grün.[144]

Das Ergebnis ist, dass wir uns selbst fremd sind. Wenn Diversität und Vielfaltskultur wirklich dafür stehen, den Menschen freier und selbstbestimmter machen zu wollen, dann gilt es, sich dieser Beschränkung bewusst zu sein. Wir müssen uns mit uns selbst versöhnen, uns selbst mit Freundlichkeit begegnen. Wer sich für »die Gemeinschaft opfert«, opfert andere gleich mit. Selbstzerstörung ist nicht die Antwort auf jahrtausendelange Unterdrückung. Deshalb ist auch der Ruf nach neuen Kollektiven falsch.

Die wahre Identität

In den vergangenen Jahren hat das Schlagwort von der »Ambiguitätstoleranz« die Runde gemacht. Das hat gute Gründe. Wo immer in Organisationen oder auch privat nach der Transformation gefragt wird, dem »Wie geht's weiter?« und »Was kommt?«, spielt die Mehrdeutigkeit, so die Übersetzung des Begriffs Ambiguität, die entscheidende Rolle. Warum? Weil der Unterschied, über den wir hier ein ganzes Buch lang sprechen, eben so massiv in unsere Welt getreten ist, dass man gar nicht anders kann, als ihn zu sehen: Differenz ist »normal«, und das, was bisher »normal« schien, war eine Illusion, deren Zeit abgelaufen ist. Entscheidend ist in diesem Zusammenhang aber auch das lateinische Verb *tolerare*, das soviel wie »ertragen« meint. Toleranz bedeutet, dass man eine andere Position als Unterschied zum eigenen Standpunkt »sein lässt«, wie die Aufklärer sagten. Im Zusammenhang mit den religiösen Freiheiten, die aufgeklärte Herrscher und Regierungen ab dem 18. Jahrhundert gewährten, bedeutete Toleranz keinesfalls, dass man eine Religion gegen die andere tauschte, sondern transportierte den Wunsch, jeder möge nach seiner Fasson glücklich werden. Ambiguitätstoleranz unterscheidet sich also dramatisch von dem, was wir gewohnt sind. Wenn wir einer Gruppe beitreten wollen, einer Firma beispielsweise, wird dort auch heute noch »unbedingte Loyalität« erwartet, auch dann, wenn nach außen alles ganz locker erscheint. Aber Abweichungen sind in einer intoleranten Kultur, die auf Einheit gepolt ist, auch dann nicht erwünscht, wenn man miteinander nach den zeitgenössischen Ritualen der entspannten Hierarchie umgeht. Tatsächlich ist Ambiguitätstoleranz eine Technik, die man immer wieder bewusst zur inneren Einstellung anwenden muss, denn das alte Denken ist uns regelrecht einprogrammiert. Wer mit Vielfalt konstruktiv umgehen will, der muss Neues, Überraschendes lernend und neugierig begreifen. Das heißt ja nicht, dass man es sich zu eigen machen müsste, in dem Sinne, dass Neues, unkritisch, als »gut« und das Vorhandene als »schlecht und alt« interpretiert wird. Es zeigt sich, dass Menschen, die eine gute Beziehung zu sich selbst haben – durchaus mit etwas kritischer Distanz –, besser mit Neuem umgehen können als jene, die unsicher sind. Das ist nicht überraschend, so wenig, wie sich unter den sogenannten Querdenkern und Impfgegnern eben genau auch jenes Publikum wiederfindet, das ansonsten versucht, durch den absurdesten esoterischen Klimbim mehr »Wahrheit« in sein Leben zu bringen. Leute, die andere und anderes nicht aushalten, die den Unterschied nur als negative Erscheinung sehen, halten sich selbst nicht aus. Der Selbsthass und der Fremdhass wohnen Tür an Tür.

> Der Selbsthass und der Fremdhass wohnen Tür an Tür.

Nun ist Ambiguitätstoleranz weder Gleichgültigkeit noch ein Dogma, es ist einfach der Versuch, andere in Ruhe zu lassen bei dem, was ihnen wichtig ist. So darf jeder an die Kraft der Kristalle glauben oder an heilende Zuckerkügelchen und sich politisch öffentlich äußern, wenn andere dadurch nicht geschädigt werden können. Bei einer Pandemie ist tatsächlich diese Grenze erreicht. Wenn jemand aber mit seinen politischen oder esoterischen Überzeugungen andere an Leib und Leben bedroht, überschreitet er diese Grenze definitiv. Das eigentliche Problem dabei ist, dass die Vielfalt und das Recht auf Unterschiede diskreditiert werden. Identitäre wie radikale Fundamentalisten, die das Andere nicht tolerieren, berufen sich ja umgekehrt stets darauf, dass man sie nicht toleriere. Wer an ihnen Kritik übt, sei »gegen den Islam« oder »gegen die Meinungsfreiheit«, wenngleich sich die Kritik doch gegen Intoleranz und Freiheitsfeindlichkeit, gegen Terror und Übergriffe wendet, also das genaue Gegenteil. Die Feinde der Freiheit sind immer die Feinde der Freiheit, ganz gleich, unter welcher Flagge sie segeln. Und nur eine Gesellschaft, die nicht sagt, »ihr müsst so sein wie wir«, kann sich gegen diese Bedrohung der Vielfalt und der Freiheit zur Wehr setzen. Sie ist in der Lage, den Intoleranten etwas entgegenzusetzen, auch einen Rechtsstaat, der den Unterschied zwischen Freiraum und Tatbestand nicht vergisst.

> Die neue humanistische Bildung für die Wissensgesellschaft ist eine Erziehung zur Differenz.

Ja, es ist, schon wieder, ein Bildungsproblem, nicht nur eins an Schulen. Die neue humanistische Bildung für die Wissensgesellschaft ist eine Erziehung zur Differenz.

Erziehung zur Differenz ist mehr als die heute oft zitierte Ambiguitätstoleranz, also die Fähigkeit, Unterschiede auszuhalten – so wichtig und gleichsam schwer das auch dem Massenmenschen fallen muss. Es ist mehr, weil es um die eigene Identität geht, wie Arno Grün es so präzise herausgearbeitet hat, um das, was unser Selbst ausmacht, unser Innerstes: »Menschen ohne Inneres sind ständig auf der Suche nach einer überhöhten Macht, der sie sich unterwerfen können, weil sie kein Eigenes haben.«[145]

Die »wahre Identität« ist eben nicht die der Identitären und der Identitätspolitischen, auch nicht jene Haltung, die wir zu haben glauben, die aber nichts weiter ist als eine Leihgabe der Massen- und Klassengesellschaft von gestern. Grüns Vorschlag zur Besserung ist jeder und jedem bekannt. Es geht um echte Empathie, um Mitgefühl, nicht nur mit anderen, sondern auch mit sich selbst. Nur dieses »Einfühlen in den Schmerz und das Leid«, nicht die Gleichgültigkeit und auch nicht Verleugnung, weder Ideologie noch »Haltung«, mache »das Böse unmöglich«.[146] Das Mitgefühl differenziert, es ist der große humanistische Unterschied zwischen Gut und Böse. Viktor Frankl hat davon

> Das Mitgefühl differenziert, es ist der große humanistische Unterschied zwischen Gut und Böse.

in seinem »Trotzdem ja zum Leben sagen«[147] berichtet. Wer sich und andere mag, auf sie zugeht, ihren Schmerz nachempfinden und auch Glück teilen kann, wer das wenigstens versucht, der kommt sich selbst näher und wird lernen, »sich zu spüren und zu erkennen«.

Live different!

Also lerne, den Unterschied zu machen. Sei eigensinnig, widerständig, aber auch kooperativ und zuvorkommend zu den anderen. Bertolt Brecht, der große deutsche Dichter, hat durch seine eigene Biographie erfahren, was das bedeutet. Der Kommunist, ein gefeierter Bühnenautor der Weimarer Republik, dessen »Dreigroschenoper« weltweit für Furore sorgte, muss vor den Nazis flüchten, doch in der Sowjetunion, wo seine politischen Freunde leben, für die er ja diesen Kampf auch mitträgt, bringen unterdessen viele der Genossinnen und Genossen Menschen um, mit denen Brecht das Unrecht zu bekämpfen versuchte. Viele, die in bester Absicht Stalin folgten, haben diese Erfahrung gemacht.

»Wirklich, ich lebe in finsteren Zeiten!«, ruft der Dichter aus über die Umstände, die 1939 herrschen, Mord zu Hause und im Exil und wenige Auswege.[148]

»Wie angenehm ist es doch, freundlich zu sein! Ein gutes Wort entschlüpft wie ein wohliger Seufzer«, ruft Brecht in seinem Gedicht *An die Nachgeborenen*[149] aus und ergänzt:

> »Dabei wissen wir ja:
> Auch der Haß gegen die Niedrigkeit
> Verzerrt die Züge.
> Auch der Zorn über das Unrecht
> Macht die Stimme heiser. Ach, wir
> die wir den Boden bereiten wollten für Freundlichkeit
> Konnten selber nicht freundlich sein.«

Und die neuen Zeiten mögen andere sein, die die Wahl lassen, so Brecht:

> »Ihr aber, wenn es soweit sein wird
> Daß der Mensch dem Menschen ein Helfer ist
> Gedenkt unsrer
> Mit Nachsicht.«[150]

Das ist eine so dramatische Situation, dass sie sich natürlich nicht mit dem vergleichen darf, was heute ist. Wir müssen natürlich strikt unterscheiden und, das Wort gilt immer, »das Unvergleichliche nicht vergleichen«. Dennoch muss uns allen klar sein, gerade in der Bedrohung der Demokratie durch beständiges Aufweichen von Nationalisten, aber auch linken wie rechten Identitären, dass wir sehr bald in finsteren Zeiten leben könnten, wenn wir nicht die Demokratie, die Freiheit, den Freiraum – und in all diesen Wörtern auch uns selbst – verteidigen und bewusst entwickeln. Wir dürfen uns nicht länger fremd sein. Was es mehr braucht als alles andere, ist ein ständiges Bemühen darum, Differenz und Komplexität nicht als Schicksal zu begreifen, dem wir uns unterzuordnen haben, sondern selbstbewusst unsere Position im Konzert der vielen deutlich zu machen. Klarheit, Kenntlichkeit, Originalität – jede Einzelne von uns, jeder Einzelne verfügt über dieses Kapital, es ist das wichtigste, das wir haben. Wer zynisch meint, gegen China und Russland ließe sich ohnehin nichts ausrichten, und das sind in Europa zu viele, der hat auch die Kraft der Vielfalt im Kontinent selbst nicht begriffen. Es schadete nichts, wenn auch die EU-Verwaltung, die allzu oft nur selbstgefällige Bürokratie ist, deutlicher machen würde, wie wichtig die Vielfalt in Einheit ist. Gemeinsame Fundamente des Sozialen, des Rechts, auch des Fiskalen, ja, aber eben nicht kulturelle Normierung und auch kein leeres Beschwören von Einheit, sondern die Entdeckung der Kraft der Vielfalt, des

Unterschieds. Europa kann der vielfältige, freundliche, gute Kontinent sein. Die Betonung des Unterschieds ist auch innerhalb der alten Nationalstaaten großartig – wie schön, dass es Regionen gibt, die sich wiederum in kenntliche Orte und Landschaften gliedern, mit eigensinnigen Menschen. Das alles geht natürlich nebeneinander – das Gemeinsame und das Eigene. Das ist die Lektion, die wir lernen müssen, in Organisationen ebenso wie in der Politik. Wir haben alles dazu. Nichts fehlt, außer Zuversicht und der Einsicht: »Natürlich gibt es mich – ich bin ich!« Ganz gleich, wo wir leben: *Wir sind alle verschieden – wie alle anderen auch.*[151]

Das ist der Unterschied.

Wer die Freiheit hat und die Macht

Freundlichkeit, das war es, das Brecht vermisst hat. Unterschiede zeigen Respekt. Oft sind es Kleinigkeiten, wie das erwähnte Akzeptieren, dass andere nicht geduzt werden wollen. Sich nicht durchzusetzen, keinen psychischen und physischen Druck auf andere ausüben. Das Große und das Kleine wachsen im Unterschied zusammen. *Respectus*, das heißt übersetzt soviel wie den anderen mit eigenen Augen sehen, sich empathisch zeigen, aber ernsthaft, weil man sich für Menschen interessiert.

Gute Unterschiede leben – das zeigt uns eine Möglichkeit auf, mit anderen zusammenzuleben, ohne sie als Feinde, Konkurrenten oder Gegner zu verstehen. Und nein: Das sind keine avantgardistischen Positionen, sondern die Grundregeln des guten Zusammenlebens und damit auch eines gelungenen persönlichen Lebens. Brecht konnte nicht freundlich sein, wir können es. Und die Freundlichkeit bedeutet nicht nur ein Lächeln, die Freude daran, anderen eine Freude zu machen – eine sehr menschliche Eigenschaft übrigens –, sondern zuweilen auch, nicht auf Provokationen zu reagieren. Man muss nicht darauf eingehen, wenn andere versuchen, ihre persönlichen, kulturellen, politischen Positionen übergriffig zu fordern. Wir verhandeln hier, in aller Ruhe, und manchmal sind die Verhandlungen auch für die Katz. So ist das Leben. Was aber nicht funktioniert, ist, auf Emotionen mit Emotionen zu reagieren und es dabei zu belassen. Ja, Wut ist okay – aber sie trägt nicht weiter. Vernunft, bewusstes Differenzieren, der gute, wenngleich nicht einfach zu habende Unterschied trägt weiter.

Michelle Obama hat es in ihrem, auf die Angriffe des politischen Gegners im Wahlkampf 2016 gemünzten, pointierten Satz zusammengefasst für unsere Zeit:

»When they go low, we go high.« Im *Time Magazine* erklärte sie die Bedeutung dieser schnell berühmt gewordenen Phrase:

> »›Going high‹ doesn't mean you don't feel the hurt, or you're not entitled to an emotion […] it means that your

response has to reflect the solution. It shouldn't come from a place of anger or vengefulness. [...] Anger may feel good in the moment, but it's not going to move the ball forward.«[152]

Wir sollten unsere Kinder den guten Unterschied lehren. Und Luft holen, bevor wir uns durch all jene, die die falsche, alte, gefährliche, gemeine Welt der Einheit prägen, provozieren lassen. Sie sind unwichtig. Wir können anders. Die Wissensgesellschaft, die Welt der digitalen Netzwerke, ist eine Zivilgesellschaft, die uns dazu zwingt, uns selbst mit jenen nüchternen Augen anzusehen, die für Marx und Engels noch eine Bedrohung waren. Wir haben gelernt: Es ist gut, nüchtern zu sein, Freiräume entstehen durch Abstand und Distanz. Sie sind unsere Entscheidung. Das letzte Wort für diesen wichtigsten Unterschied auf dem Weg in eine bessere Welt hat der große Viktor Frankl:

»Zwischen Reiz und Reaktion gibt es einen Raum.
In diesem Raum haben wir die Freiheit und die Macht, unsere Reaktion zu wählen.
In unserer Reaktion liegen
unser Wachstum und unsere Freiheit.«

»Erst der Mut zu sich selbst
wird den Menschen seine Angst überwinden lassen.«

Anmerkungen

1 Bourdieu, Pierre: *Die feinen Unterschiede. Kritik der gesellschaftlichen Urteilskraft*, Suhrkamp Verlag, Frankfurt a. M. 1987.
2 Le Bon, Gustave: *Die Psychologie der Massen*, übersetzt von Rudolf Eisler, in der Textfassung von 1911, Nicolai Verlagsgesellschaft, Hamburg 2015. (Im weiteren Verlauf zitiert als Le Bon: *Massen*), S. 11 ff.
3 Le Bon: *Massen*, S. 31.
4 Ebd.
5 Arendt, Hannah: *Eichmann in Jerusalem. Ein Bericht von der Banalität des Bösen* (aus dem amerikanischen Englisch von Brigitte Granzow, von der Autorin überarbeitete Fassung der englischen Erstausgabe, neue »Vorrede«), Piper Verlag, München 1964.
6 Empfohlen seien hier auch Hannah Arendts Aufsätze *Was heißt persönliche Verantwortung in einer Diktatur?*, Piper Verlag, München 2018 und *Über die Revolution*, als Neuausgabe ebenfalls bei Piper, 2018, in München erschienen. In beiden Büchern wird das Prinzip Selbstverantwortung im Kontrast zur kollektivistischen Gewaltbewegung untersucht.
7 Einen schönen Überblick liefert Peter Felixberger in *Wie gerecht ist die Gerechtigkeit*, Murmann Verlag, Hamburg 2012.
8 Christensen, Clayton M.: *The Innovator's Dilemma*, Harvard Business School Press, Boston 1997.
9 Bruner, Jérôme: *The Conditions on Creativity*, in: Bruner, Jérôme: *On Knowing. Essays for the Left Hand*, Harvard University Press, Cambridge 1962. Zitiert aus PDF-Version. Vgl. auch Lotter, Wolf (Autor), Herms, Ralf (Hrsg.): *Die Überraschung / The Surprise*, Rosebud No. 8, Verlag für Moderne Kunst, Wien 2019.

10 Ebd.
11 Lotter, Wolf: *Innovation. Streitschrift für barrierefreies Denken*, Edition Körber, Hamburg 2018. Lotter, Wolf: *Zusammenhänge. Wie wir lernen, die Welt wieder zu verstehen*, Edition Körber, Hamburg 2020.
12 Drucker, Peter F.: *Die postkapitalistische Gesellschaft*, Econ Verlag, Düsseldorf 1993.
13 Liessmann, Konrad Paul: *Die Theorie der Unbildung. Die Irrtümer der Wissensgesellschaft*, Paul Zsolnay Verlag, Wien 2006.
14 Lotter, Wolf: *Zusammenhänge. Wie wir lernen, die Welt wieder zu verstehen*, Edition Körber, Hamburg 2020, S. 281.
15 *brand eins,* das Magazin, dem der Autor als Gründungsmitglied und langjähriger Essayist verbunden ist.
16 Bateson, Gregory: *Ökologie des Geistes. Anthropologische, psychologische, biologische und epistemologische Perspektiven*, Suhrkamp Verlag, Frankfurt a. M. 2001, S. 618. Bateson, Ehepartner von Margaret Mead und mit Talcott Parsons der wahrscheinlich einflussreichste »Vater« der Systemtheorie, hat den Begriff des Unterschieds in den Mittelpunkt seiner Arbeit gerückt.
17 https://de.wikipedia.org/wiki/Genesis_(Bibel), zuletzt abgerufen am 12. April 2021.
18 Vgl. https://de.wikipedia.org/wiki/Genesis_(Bibel), zuletzt abgerufen am 18. Dezember 2021.
19 Vgl. https://de.wikipedia.org/wiki/Devianz, zuletzt abgerufen am 18. April 2021.
20 Seine *Theorie der Subkultur*, erschienen 1971 in der Europäischen Verlagsanstalt Hamburg, sei hier ausdrücklich empfohlen. Der Autor dieses Essays verdankt Rolf Schwendter eine Vielzahl an Anregungen und Ideen, die er als junger Autor in den 1980er Jahren in Wien durch ihn erhalten hat.
21 Empfehlenswert zum Thema »Public Choice« und »Rent

Seeking« ist Gary S. Beckers Buch *Familie, Gesellschaft und Politik – die ökonomische Perspektive*. Hrsg. von Ingo Pies, Mohr-Siebeck, Tübingen 1996.
22 Siehe Gen 1,3-4: »Gott sprach: Es werde Licht. Und es wurde Licht. Gott sah, dass das Licht gut war. Gott schied das Licht von der Finsternis.«
23 Vgl. Evangelium nach Johannes, Kap. 1, das an Genesis 1 anknüpft.
24 Darwin, Charles Spencer: *On The Origin Of Species By Means Of Natural Selection, or the Preservation of Favoured Races in the Struggle for Life*, London 1859.
25 https://de.wikipedia.org/wiki/Cartesianismus, zuletzt abgerufen am 17. Mai 2021. Hügli, Anton; Lübcke, Poul (Hrsg.): *Philosophielexikon*, 5. Aufl., Rowohlt Verlag, Reinbek bei Hamburg 2003.
26 Mayr, Ernst Walter: *Das ist Evolution*, Bertelsmann Verlag, Gütersloh 2003, S. 25.
27 Lotter, Wolf: *Zusammenhänge. Wie wir lernen, die Welt wieder zu verstehen*, Edition Körber, Hamburg 2020.
28 Mayr, Ernst Walter: *Evolution*, ebd., S. 24.
29 Liessmann, Konrad Paul: *Lob der Grenze: Kritik der politischen Unterscheidungskraft*, Wien 2012.
30 Liessmann, Konrad Paul: *Lob der Grenze*, ebd., Kindle-Version (2012-08-26T23:58:59).
31 Ebd.
32 In meinem Buch *Innovationen. Streitschrift für barrierefreies Denken* (ebd.) führe ich das im Zusammenhang mit Talcott Parsons' AGIL-Begriff weiter aus. Das Neue »integrieren« bedeutet, es auszulöschen.
33 Luhmann, Niklas: *Die Gesellschaft der Gesellschaft*, Suhrkamp Verlag, Frankfurt a.M. 1997.
34 https://de.wikipedia.org/wiki/Ziele_f%C3%BCr_nachhaltige_Entwicklung, zuletzt abgerufen am 18. April 2021.
35 Simmel, Georg: *Theorie der Mode*, 1904, PDF.

36 https://de.wikipedia.org/wiki/Rhetorica_ad_Herennium, zuletzt abgerufen am 19. Juni 2021.
37 Lotter, Wolf: *Verschwendung: Wirtschaft braucht Überfluss*, Hanser Verlag, München 2006.
38 Werner Abelshauser im Interview mit Jens Bergmann: *Welchen Kapitalismus hätten Sie denn gern?*, in: *brand eins*: zweihundert Fragen – einhundert Antworten, Heft 05/2017. Online nachzulesen unter: https://www.brandeins.de/magazine/brand-eins-wirtschaftsmagazin/2017/fortschritt/welchen-kapitalismus-haetten-wir-denn-gern, zuletzt abgerufen am 18. April 2021.
39 https://www.brandeins.de/magazine/brand-eins-wirtschaftsmagazin/2016/geschmack/der-geschmackstraeger, zuletzt abgerufen am 18. April 2021; *brand eins*: Geschmacksfragen, Heft 12/2016.
40 Vanderbilt, Tom: *Geschmack. Warum wir mögen, was wir mögen*, Carl Hanser Verlag, München 2016.
41 Veblen, Thorstein: *The Theory of the Leisure Class.* Graphyco Editions, 2021.
42 Vogt, Ludgera: *Thorstein Veblen. The Theory Of The Leisure Class.* In: Kaesler, Dirk; Vogt, Ludgera (Hrsg.): *Hauptwerke der Soziologie*, Kröner Verlag, Stuttgart 2000, S. 435–439.
43 Bourdieu, Pierre: *La Distinction. Critique sociale du jugement*, Les Éditions de Minuit, Paris 1979. Die deutsche Ausgabe: *Die feinen Unterschiede. Kritik der gesellschaftlichen Urteilskraft*, übersetzt von Bernd Schwibs und Achim Russer, Suhrkamp Verlag, Frankfurt a. M. 1982.
44 John Lennon Plastic Ono Band »Working Class Hero« 1973.
45 Eribon, Didier: *Rückkehr nach Reims*, aus dem Französischen von Tobias Haberkorn, 14. Aufl., Suhrkamp Verlag, Berlin 2017.
46 Getabstract: Die feinen Unterschiede. Buchzusammenfassung, Manuskript.

47 Amann, Wilhelm: *Die Stille Arbeit des Geschmacks*. Königshausen und Neumann, Würzburg 1999.
48 Lem, Stanislaw: *Altruizin und andere kybernetische Beglückungen – Der Kyberiade zweiter Teil*, Suhrkamp Verlag, Frankfurt a. M. 1985.
49 Vgl. *Altruismus*: https://de.wikipedia.org/wiki/Altruismus, zuletzt abgerufen am 20. März 2021.
50 Lem, Stanislaw: *Altruizin*, Suhrkamp Verlag, Frankfurt a. M. 1985, E-Book Ausgabe 2021.
51 Elias, Norbert: *Die höfische Gesellschaft*, Suhrkamp Verlag, Frankfurt a. M. 1969.
52 Rawls, John: *Eine Theorie der Gerechtigkeit*, Suhrkamp Verlag, Frankfurt a. M. 1979.
53 Kersting, Wolfgang: *Soziale Gerechtigkeit und Differenzprinzip bei John Rawls*, in: Theorien der sozialen Gerechtigkeit. J. B. Metzler, Stuttgart 2000, S. 68 f.
54 Ebd.
55 Und gleich nach dem Handheben Amartya Sens Buch *Gleichheit? Welche Gleichheit?* (Reclam Verlag, Stuttgart 2019) lesen, eine – nicht nur auf Rawls bezogene – Grundkritik an allzu idealistischen und theoretischen Konstruktionen.
56 Ein zentraler Begriff in meinem Buch *Zusammenhänge*: Kontextkompetenz bedeutet, so viel über die wichtigsten Entwicklungen und Funktionen der Welt, in der man lebt, zu wissen, um sich darin selbst orientieren zu können und entscheidungsfähig zu bleiben.
57 Montesquieu: *Vom Geist der Gesetze*. Editiert von Kurt Weigand, Reclams Universal-Bibliothek, Stuttgart 1965.
58 Das Zitat ist eine Kapitelüberschrift in: Ortega y Gasset, José: *Der Aufstand der Massen*. Deutsche Verlagsanstalt, Stuttgart 1931.
59 McLuhan, Marshall: *Die Gutenberg-Galaxis. Das Ende des Buchzeitalters*, Econ Verlag, Düsseldorf 1968.
60 Ebd., S. 32 ff.

61 Scheller, Jörg: *Identität im Zwielicht. Perspektiven für eine offene Gesellschaft*, Claudius Verlag, München 2021.
62 Ebd., S. 43.
63 Schopenhauer, Arthur: *Parerga und Paralipomena*, Band 4 und 5, in: Sämtliche Werke in fünf Bänden, Suhrkamp Verlag, Frankfurt a. M. 1986.
64 Interessierte mögen sich dem Lambda-CDM-Modell zuwenden, in dem die Hintergründe dieses Phänomens beschrieben werden.
65 Man sollte nur nicht das eine mit dem anderen verwechseln oder wechselseitig begründen.
66 Diamond, Jared: *Guns, Germs and Steel. The Fates of Human Societies*, W. W. Norton, New York 1997. In der deutschen Übersetzung wurde das schnöde und wenig differenzierte *Arm und Reich* (Frankfurt a. M. 1999) daraus, eine Vereinfachung, die das Buch – erfreulicherweise – nicht einhält.
67 Diamond, Jared: *Arm und Reich. Die Schicksale menschlicher Gemeinschaften*, 5. Aufl., Fischer TB, Frankfurt a. M. 2005, zitiert als Diamond: *Arm und Reich*, S. 13.
68 Der Physiker Richard Feynman hat dieses Verhalten auf Organisationen und ihre Mitglieder umgelegt und »Cargo-Kult« genannt. Dieser tritt dort auf, wo sich die Angehörigen einer Organisation oder Gruppe irrationalen Routinen hingeben, um ein System zu erhalten, das real nicht mehr existiert. Es handelt sich um eines der zentralen Probleme der Transformation, den Cargo-Kult zu beenden.
69 Samuel Huntington hat dies 1968 mit seinem Buch *The Clash of Civilizations and the Remaking of World Order* (Simon & Schuster, New York 1996) in die Diskussion eingeführt.
70 An dieser Stelle sei auf meinen Essay *Strengt Euch an* (Ecowin Verlag, Salzburg 2021) verwiesen.
71 Jared Diamonds Buch bleibt lesenswert, allerdings, wenn möglich, ganz und nicht nur in Exzerpten. Eine ausführli-

che Kritik der methodischen Irrtümer, die er begeht, findet sich im nachstehend zitierten Werk von Doron Acemoğlu und James Robinson: *Why Nations Fail: The Origins of Power, Prosperity, and Poverty,* 2012. Auf Deutsch: *Warum Nationen scheitern: Die Ursprünge von Macht, Wohlstand und Armut,* übersetzt von Bernd Rullkötter, S. Fischer Verlag, Frankfurt a. M. 2013.

72 Acemoğlu, Doron; Robinson, James: *Warum Nationen scheitern. Die Ursprünge von Macht, Wohlstand und Armut* (German Edition), E-Book. Die Seitenangaben beziehen sich im Folgenden auf die Seiten im E-Book, Gesamtumfang 591 Seiten.

73 Ebd., S. 14.

74 Lotter, Wolf: *Innovation. Streitschrift für barrierefreies Denken,* 3. Aufl., Edition Körber, Hamburg 2018.

75 Acemoğlu, Doron; Robinson, James: *Warum Nationen scheitern.* a.a.O., S. 105.

76 Ortega y Gasset, José: *Der Aufstand der Massen.* Wesentlich erweiterte und aus dem Nachlass ergänzte Neuauflage, Bertelsmann Lesering, Gütersloh 1963, S. 375.

77 Ortega y Gasset, a.a.O., S. 381.

78 Ebd.

79 Ebd., S. 382.

80 Noelle-Neumann, Elisabeth: *Die Schweigespirale. Öffentliche Meinung – unsere soziale Haut,* Langen-Müller Verlag, München 1980, S. 14 ff.

81 In einem gemeinsamen Podcast mit dem Autor für »Good Work« von Jule Jankowski, veröffentlicht am 27. Juni 2021 auf YouTube und: https://humiq.de/podcast-good-work/wolf-lotter-_-leistung/.

82 Diesen Witz hat der Finanzminister des Landes Baden-Württemberg, Danyal Bayaz, Bündnis 90/Die Grünen, dem Autor im März 2021 erzählt.

83 Klemperer, Victor: *LTI,* Reclam Verlag, Stuttgart 2010.

84 Sternberger, Dolf; Storz, Gerhard; Süskind, W.E.: *Aus dem Wörterbuch des Unmenschen*, Ullstein Verlag, München 1989.
85 »Hollywood on Trial« (1976), gedreht unter der Regie von David Halpern, wurde 1977 mit dem Oscar als bester Dokumentarfilm ausgezeichnet. Dabei kommen Zeitzeugen, auch der spätere US-Präsident Ronald Reagan, zu Wort.
86 Vgl. https://de.wikipedia.org/wiki/Kriegswirtschaft abgerufen am 20. Juli 2021. Empfohlen sei allen, die sich mit diesem Thema vertieft auseinandersetzen wollen, Adam Toozes *Ökonomie der Zerstörung. Die Geschichte der Wirtschaft im Nationalsozialismus,* Pantheon Verlag, München 2018.
87 Kontextkompetenz verwende ich in meinem Buch *Zusammenhänge* als Fähigkeit, Wissen zu verstehen und zu teilen – im Sinne des Erschließens komplexer Bereiche, wie sie heute typisch sind.
88 (aus Staat, Militär, Politik, Industrie und Marktmacht, Anm. d. Verf.)
89 Das englische Original, President Dwight D. Eisenhower's *Farewell Address,* findet sich hier: https://www.ourdocuments.gov/doc.php?flash=false&doc=90&page=transcript, zuletzt abgerufen am 20. Juni 2021.
90 Der Autor wurde hierzu vom Landesparteitag Bündnis 90/Die Grünen in Neumünster am 23. Mai 2016 eingeladen. Die vielfach positiven Reaktionen zu diesem Thema zeigen, dass dieses Erbe der Selbstbestimmung der Grünen höchst vital ist. Die Rede findet sich hier: https://www.youtube.com/watch?v=lOolExADjUE&t=36s, zuletzt abgerufen am 14.01.2022.
91 Lotter, Wolf: *Konkurrenzlos*, in: *brand eins*, Ausgabe 07/2017.
92 An dieser Stelle sei auf die ausführliche Beschreibung des Königsmechanismus in meinem Buch *Zusammenhänge* hingewiesen, a.a.O.

93 Zitiert nach www.infojet.de/sport/trainingslehre, zuletzt abgerufen am 20. Juli 2021.
94 Homann, Karl: *Konkurrenzlos*, in: *brand eins*, Ausgabe 07/2017, im Online-Archiv: https://www.brandeins.de/magazine/brand-eins-wirtschaftsmagazin/2017/wettbewerb/konkurrenzlos, zuletzt abgerufen am 21. Juni 2021.
95 Ebd.
96 Vgl. https://de.wikipedia.org/wiki/Benchmark, zuletzt abgerufen am 14. Januar 2022.
97 Ries, Al und Laura: *The Origin of Brands*, Harper Collins, 2009, E-Book, zitiert hier aus *The Great Tree of Life*, Kapitel 1.
98 Ebd.
99 Funke, Joachim: *Psychologie der Kreativität*, PDF-Typoscript, Stand Juli 2019, https://www.psychologie.uni-heidelberg.de/ae/allg/mitarb/jf/Funke_2000_Kreativitaet.pdf, zuletzt abgerufen am 21. Juni 2021.
100 Stanley Kubricks Film *Dr. Strangelove or How I Learned To Stop Worrying and Love The Bomb*, GB/USA 1964.
101 https://www.brandeins.de/magazine/brand-eins-wirtschaftsmagazin/2006/verkaufen, zuletzt abgerufen am 23. Januar 2022.
102 McLuhan, Marshall: *Understanding Media. The Extensions of Man*, McGraw-Hill, New York 1964.
103 Deren Beiträge zu diesem Thema ausführlich in *Innovation* und *Zusammenhänge* beschrieben worden sind.
104 Anders, Günther: *Die Antiquiertheit des Menschen. Über die Seele im Zeitalter der zweiten technischen Revolution*, C. H. Beck, München 1962.
105 Meiner heißt Robi und wird eifrig gelobt (Anm. d. Verf.).
106 Etwa Jörg Schellers Buch *Identität im Zwielicht. Perspektiven für eine offene Gesellschaft*, Claudius Verlag, München 2021.
107 Jörg Scheller im Gespräch mit Wolf Lotter, 2021.
108 Ebd.

109 Stirner, Max: *Der Einzige und sein Eigenthum*, Otto Wiegand Verlag, Leipzig 1845, zitiert nach Wikiquote 07.2021, DTA, S. 313.
110 *Ihr nehmt die Kids zu ernst*, Interview mit Gil Scott-Heron, geführt von Christian Broecking am 18. November 2005, *taz* Archiv, https://taz.de/!515778/, zuletzt abgerufen am 21. Januar 2022.
111 Ebd.
112 Didier Eribon in seinem Bestseller *Rückkehr nach Reims*, a.a.O.
113 Vgl. https://de.wikipedia.org/wiki/Differenz_(Philosophie), zuletzt abgerufen am 18. Juli 2021.
114 Im Interview in der *taz*, a.a.O.
115 Vgl. https://de.wikipedia.org/wiki/Marsch_auf_Washington_f%C3%BCr_Arbeit_und_Freiheit, zuletzt abgerufen am 20. Juli 2021.
116 »Won't Get Fooled Again« (Shepperton Studios/1978) – YouTube: https://bit.ly/3olQY2z, zuletzt abgerufen am 20. Juli 2021.
117 Woolf, Virginia: *Ein Zimmer für sich allein*. Mit einem Nachwort von Axel Monte, Reclam Verlag, Ditzingen 2021.
118 Die 500 Pfund entsprechen dem Einkommen einer britischen Mittelklassefamilie zu Ende der 1920er Jahre, siehe Axel Monte, in: Woolf: *Ein Zimmer für sich allein*, a.a.O., S. 150.
119 Siehe https://de.wikipedia.org/wiki/Narziss, zuletzt abgerufen am 18. Juli 2021.
120 Monte, Axel, in: Woolf: *Zimmer*, a.a.O., Nachwort, S. 147.
121 Dieser Satz findet sich auch in meinem Buch *Zusammenhänge. Wie wir lernen, die Welt wieder zu verstehen*, Edition Körber, Hamburg 2020.
122 Sie ist dazu sogar »inkompatibel«, wie ich in *Innovationen* und *Zusammenhänge* bereits ausführlich dargelegt habe.

123 Zum Weiterlesen empfehle ich Michael Dellwings Buch *Zur Aktualität von Erving Goffman*, Springer Verlag, Wiesbaden 2014.
124 Stirner, Max: *Der Einzige und sein Eigenthum,* a.a.O.
125 Funke, Joachim: *Psychologie der Kreativität,* a.a.O., S. 285 f.
126 Toffler, Alvin: *Future Shock,* Random House, New York City 1970.
127 Bateson: Ökologie des Geistes, a.a.O., S. 618 f.
128 Funke: a.a.O., S. 288 f.
129 https://gallica.bnf.fr/ark:/12148/bpt6k6211139g/f369.image.r=Œuvres+de+Pasteur.langDE, zuletzt abgerufen am 24. Januar 2022.
130 Merton, Robert K.; Barber, Elinor: *The Travels and Adventures of Serendipity*, Princeton University Press, Princeton 2006.
131 Funke, Joachim: *Psychologie der Kreativität,* a.a.O.
132 Siehe Funke, Joachim, a.a.O., S. 288, Fußnote 3.
133 Ebd., S. 288 f.
134 Vgl. https://de.wikipedia.org/wiki/Krise, zuletzt abgerufen am 14. Juli 2021.
135 https://www.derstandard.de/story/2000078680092/forscher-lueften-geheimnis-um-aha-effekt, zuletzt abgerufen am 14. Juli 2021.
136 Paradigmen sind ausgesprochen große Wissensverhinderer, weil sie ein geschlossenes Weltbild, eine identitäre Vorstellung einer richtigen Methode oder einer »wissenschaftlichen Wahrheit« postulieren, die es aber nicht oder außerhalb der Naturwissenschaft nicht gibt.
137 Vgl. dazu Lotter, Wolf: *Innovation, Streitschrift für barrierefreies Denken*, Edition Körber, Hamburg 2018, insbesondere den Abschnitt *Wer ist ein Innovator?*, S. 115 ff.
138 Ebenfalls ein Begriff von Robert K. Merton, a.a.O.
139 Was den Hype wie auch die Panikmache angeht, den Prominente wie Elon Musk und der (mittlerweile verstorbene) britische Physiker Stephen Hawking auslösen

würden, dazu habe er eigentlich nur eins zu sagen: »I agree with the A in AI.« Er stimme also mit dem A wie Artificial, also künstlich, in AI überein. Vgl. https://www.cnbc.com/2018/02/23/steve-wozniak-doesnt-agree-with-elon-musk-stephen-hawking-on-a-i.html, zuletzt abgerufen am 21. Juli 2021.

140 Brückner, Peter: *Zur Pathologie des Gehorsam*, in: Flitner, Andreas et al.: *Einführung in Pädagogisches Sehen und Denken*. Piper, München 1975. Zitiert nach Arno Grün https://www.lptw.de/archiv/vortrag/2009/gruen-arno-der-fremde-in-uns-persoenliche-und-politische-konsequenzen-lindauer-psychotherapiewochen2009.pdf. Der Schweizer Psychotherapeut und Autor Arno Grün zitiert ihn in seiner bemerkenswerten Rede *Der Fremde in uns* aus dem Jahr 2009, zuletzt abgerufen am 21. Juli 2021.

141 Grün, Arno: *Der Fremde in uns*, a.a.O.

142 Gene Weltfisch zitiert in Grün, Arno: *Der Fremde in uns*, a.a.O., S. 3.

143 Gene Weltfish, zitiert in Grün, Arno: *Der Fremde in uns*, a.a.O.

144 Grün, Arno: *Der Fremde in uns*, a.a.O.

145 Grün, Arno: *Der Fremde in uns*, a.a.O.

146 Ebd.

147 Frankl, Viktor E.: *… trotzdem Ja zum Leben sagen. Ein Psychologe erlebt das Konzentrationslager*, dtv, München 1982. Das Original erschien im Jahr 1946 unter dem englischen Titel *Man's Search For Meaning: An Introduction to Logotherapy*.

148 Brecht, Bertolt: *Svendborger Gedichte*, in: Ausgewählte Werke in 6 Bänden, Bd. 3, Suhrkamp Verlag, Frankfurt a.M. 1997.

149 Bertolt Brechts Gedicht kann hier, gesprochen vom Dichter selbst, angehört (und gelesen) werden: https://www.lyrikline.org/de/gedichte/die-nachgeborenen-740, zuletzt abgerufen am 21. Juli 2021.

150 Ebd.

151 Das Zitat »Always remember that you are absolutely unique. Just like everyone else.« wird vielerorts Margaret Mead zugeschrieben.
152 Im Online *Time Magazine*: https://time.com/5459984/michelle-obama-go-high/, zuletzt abgerufen am 21. Juli 2021.

Wolf Lotter
Publizist

Wolf Lotter
Innovation
Streitschrift für
barrierefreies Denken

224 Seiten | Gebunden
Euro 18,– (D)
ISBN 978-3-89684-262-6
Auch als E-Book erhältlich

»Innovation ist nichts für Feiglinge«

Überall werden innovative Kräfte beschworen: In Wirtschaft, Technik, Politik und Gesellschaft herrscht eine regelrechte Innovations-Inflation. In seinem Essay fordert der Publizist und »brand eins«-Leitartikler Wolf Lotter einen Kulturwandel: weg vom Etikettenschwindel, hin zu wirklicher Erneuerung, zur Aktivierung kreativer Ressourcen, mit Mut zu Risiko und Irrweg. Denn Innovation bedeutet für Lotter die Bereitschaft zu beständiger Infragestellung und zum Experiment.

www.edition-koerber.de

Wolf Lotter
Publizist

Wolf Lotter
Zusammnenhänge
Wie wir lernen, die Welt
wieder zu verstehen

296 Seiten | Gebunden
Euro 20,– (D)
ISBN 978-3-89684-281-7
Auch als E-Book erhältlich

»Kontext ist King«

Die Welt ist so kompliziert, dass wir uns daran gewöhnt haben, den Wald vor lauter Bäumen nicht mehr zu sehen. Aber diese Blindheit können wir uns nicht mehr leisten, argumentiert Wolf Lotter. Sein Buch zeigt, wie wir die Welt in ihren Zusammenhängen neu verstehen können.

www.edition-koerber.de

Ozan Zakariya Keskinkılıç
Politikwissenschaftler

Ozan Zakariya Keskinkılıç
Muslimaniac
Die Karriere eines Feindbildes

272 Seiten | Gebunden
Euro 20,– (D)
ISBN 978-3-89684-289-3
Auch als E-Book erhältlich

Foto: Meltem Kaya

»Fremd gemacht«

Musliminnen und Muslime bleiben fremd in unserer Gesellschaft, denn sie werden zu Fremden gemacht. Keskinkılıç erzählt ebenso ehrlich wie sarkastisch von eigenen Erfahrungen mit antimuslimischem Rassismus und schaut tief hinab in historische Abgründe. Aus dieser Analyse entwickelt der Politikwissenschaftler und Lyriker ein poetisches Gegenbild: eine Gesellschaft, die für Widersprüche und Mehrdeutigkeiten offen ist.

www.edition-koerber.de

Raúl Krauthausen und
Benjamin Schwarz
Wie kann ich was bewegen?
Die Kraft des konstruktiven
Aktivismus
312 Seiten | Klappenbroschur
Euro 18,– (D)
ISBN 978-3-89684-291-6
Auch als E-Book erhältlich

»Wir sind nicht bereit, die Welt so hinzunehmen, wie sie ist.«

Immer mehr Menschen wollen nicht auf die Politik warten, sondern selbst etwas verändern – gesellschaftlich, ökologisch oder sozial. Aber wie schafft man es, wirklich etwas zu bewegen? Dafür gibt es viele konstruktive Beispiele, die in den Gesprächen der Autoren mit Deutschlands bekanntesten Aktivist:innen deutlich werden. Darunter Luisa Neubauer, Carola Rackete, Gerhard Schick, Margarete Stokowski und viele mehr.

www.edition-koerber.de